Christoph Meiners

Kleinere Länder- und Reisebeschreibungen

Christoph Meiners

Kleinere Länder- und Reisebeschreibungen

ISBN/EAN: 9783744637107

Hergestellt in Europa, USA, Kanada, Australien, Japan

Cover: Foto ©Andreas Hilbeck / pixelio.de

Weitere Bücher finden Sie auf **www.hansebooks.com**

Kleinere Länder- und Reisebeschreibungen

von

C. Meiners

Königlich-Großbritannischem Hofrath,
und ordentlichem Lehrer der Weltweisheit
in Göttingen.

Zweytes Bändchen.

Berlin.
bey C. Spener. 1794

Vorrede.

Die kleinen Länder- und Reisebeschreibungen, welche dieser zweyte Theil enthält, waren bisher alle ungedruckt, wie ich in der Vorrede des ersten Bändchens versprochen hatte.

Ich habe allenthalben so genau, als es in meinen Kräften war, beobachtet, und alle Nachrichten, die ich von Andern empfing, mit gleicher Sorgfalt geprüft. Nichts destoweniger bescheide ich mich, daß die Länder- und Reisebeschreibungen, die ich jetzt dem Publico vorlege, eben so wenig, als die besten Werke dieser Art ganz fehlerfrey sind. Diese Fehler hätte ich wegschaffen können, wenn ich meine Handschriften vor dem Druck den Unpartheyischen und Aufgeklärtesten meiner Freunde und Bekannten in den beschriebenen Gegenden und Städten zur Berichtigung hätte zuschicken wollen. Ich that dieses aber mit Fleiß nicht, um keinen mei-

Vorrede.

ner Freunde auch nur in die Möglichkeit einer Verantwortung zu setzen. Ich selbst habe bey keiner meiner vorhergehenden ähnlichen Arbeiten sowohl in der Wahl der Dinge, die ich vortragen, als in der Art, wie ich sie sagen wollte, eine solche Vorsicht, als bey diesen letzten angewandt. Sollte ich dessen ungeachtet Aergerniß geben; so muß ich gestehen, daß ich alles gethan habe, um kein Aergerniß nehmen zu lassen. Gleich bey der ersten Ausarbeitung ließ ich Vieles weg, was ich vor einigen Jahren ohne Bedenken sagen zu dürfen geglaubt hätte; und bey der wiederhohlten Durchsicht meiner Aufsätze habe ich noch vieles weggestrichen oder abgeändert, was mir das erste, oder die ersten Mahle unverfänglich schien.

Meine Bemerkungen über Mainz haben mehrere Nachrichten mit der kleinen Schrift gemein, die in der letzten Messe unter dem Titel: Mainz nach der Wiedereinnahme durch die verbündeten Deutschen: erschienen ist. Diese Uebereinstimmung ist sehr natürlich, da ich mit dem anonymischen Verfasser zu gleicher Zeit in

Vorrede.

Mainz war. Mehrere auch mir bekannte Anekdoten wollte oder durfte ich unter meinem Nahmen nicht drucken lassen, die der eben erwähnte Ungenannte öffentlich mittheilen konnte. Mein Aufsatz über Mainz ist unverändert so geblieben, wie ich ihn im August 1793. geschrieben und durchgesehen hatte.

In dem Zeitraume, der zwischen der Erscheinung des ersten und dieses zweyten Bandes von kleinen Reisebeschreibungen verflossen ist, habe ich mehrere Reisen gemacht, welche ich nicht für das lesende Publicum beschrieben habe. Eben dieses wird in der Folge gleichfalls, und noch mehr als bisher, geschehen. Viele Gegenden von Deutschland sind so bekannt, daß ein Fremder, der bloß zu seinem Vergnügen reist, nichts neues darüber sagen kann, weil das Neue, was man etwa sagen könnte, sich nicht öffentlich vorbringen läßt. Göttingen am 27. November 1793.

Inhalt.

Einige Bemerkungen über den Harz. Geschrieben im October 1791.

Briefe, über eine Reise nach Franken. Geschrieben im November 1792.

Bemerkungen auf einer Reise nach Mainz in einem Briefe an einen Freund. Geschrieben im August 1793.

Bemerkungen auf einer Herbstreise nach Schwaben. Geschrieben im November 1793.

Einige Bemerkungen über den Harz.
Geschrieben im October 1791.

Manche lehrreiche Schriftsteller haben den Harz fast von einer jeden merkwürdigen Seite geschildert. Die Meisten nahmen vorzüglich auf die verschiedenen Bestandtheile des Harzgebirges Rücksicht. Andere beschrieben die Anstalten und Künste, wodurch man die Schätze der Natur bisher zu gewinnen und zu veredeln gesucht hat, mit besonderer Aufmerksamkeit. Noch Andere endlich machten ihre Leser mit den Alterthümern oder Sagen des Harzes, oder mit der Geographie und politischen Verfassung desselben bekannt. Es sey mir erlaubt, zu der bisher zusammengebrachten Masse von Wahrnehmungen noch einen kleinen Beytrag hinzuzufügen, der vielleicht dadurch eine gewisse Neuheit erhalten wird, daß ich den Harz mit den Helvetischen Alpen, oder mit den mir sonst bekannten deutschen Hochgebirgen zu vergleichen im Stande war.

Meines beynahe zwanzigjährigen Aufenthalts in Göttingen ungeachtet hatte es mir noch nie gelingen wollen, eine kleine Gesellschaft von Freunden zusammenzubringen, welche mit mir eine Fußreise auf den Harz zu unternehmen Lust oder Zeit gehabt hätten, und dieser Mangel von begleitenden Freunden war die Ursache, daß ich den Harz noch immer nicht besucht hatte. Erst in dem gegenwärtigen Herbst war ich so glücklich, die Herren Hofräthe Feder und Gmelin, und den Herrn Universitätsprediger Marezoll zu bewegen, daß sie an der so oft beschlossenen und eben so oft vereitelten Harzreise Theil nahmen. Wir fuhren am 28. Sept. 1791. mit Extrapost nach Osterode, und gingen an demselbigen Tage bis Clausthal. Hier war der verdienstvolle Herr Viceberghauptmann*) von Trebra, den wir in dem Hause des verehrungswürdigen Herrn Generalsuperintendenten Dahme zu sehen das Vergnügen hatten, so gütig, den Plan unserer Reise zu entwerfen, und uns den Rath zu ertheilen, daß wir unsern angefangenen Lauf unverzüglich fortsetzen möchten, da bey dem hohen Barometerstande, und dem frischen Ostwinde aller Anschein vorhanden sey, daß das gute Wetter wenigstens einige Tage anhalten werde. Wir brachen also gleich am 29. Sept. wieder von Clausthal auf, und nahmen unsern Weg über den Sperberdamm, den Bruchberg und die Schluft nach Andreasberg, wo alle Arbeiten ruhten, weil

---

*) Jetzt Berghauptmann.

das Michaelisfest gefeiert wurde. Am Morgen des 30. Sept. fanden wir die beschatteten Seiten der Berge mit einem starken Reife, und stillstehende Gewässer mit einem ziemlich dicken Eise bedeckt. Durch diesen Reif und Frost war die Luft ganz gereinigt worden, und wir traten mit desto froherem Muthe unsern Weg über den Rehberger Graben nach der Oderbrücke, und von der Oderbrücke nach dem Brocken an. Wir erreichten die Spitze des großen Brockens gleich nach zwey Uhr, und da wir uns genug umgesehen hatten, gingen wir über Schierke nach Elbingerode, wo wir erst gegen acht Uhr äußerst ermüdet ankamen. Das dritte Tagewerk war das längste und beschwerlichste unter allen. Wir eilten von sieben Uhr Morgens bis $7\frac{1}{2}$ oder $7\frac{3}{4}$ Uhr Abends mit starken Schritten fort, und ruhten bloß eine halbe Stunde in dem Jägerhause oberhalb der Oderbrücke, und eine kleine Stunde auf dem Brocken aus. Einen solchen mehr als zehnstündigen Marsch würden wir schwerlich gewagt haben, wenn wir nicht durch die unrichtigen Angaben der Entfernungen der Oerter wären verführt worden. Gewöhnlich schätzt man den Abstand zwischen Andreasberg, und der obersten Höhe des Brockens auf drey, und den zwischen dem Brocken und Elbingerode auf zwey gute Stunden. Wir hingegen brauchten sechs Stunden um auf den Brocken, und mehr als vier Stunden um von dem Brocken nach Elbingerode zu kommen. Am ersten October gingen wir von Elbingerode nach Blankenburg, und am zweyten fuhren wir zuerst nach dem Roßtrapp, und von da nach Quedlinburg. Am dritten machten wir die sieben Meilen von Quedlinburg nach Goslar auf einem leichten offenen Wagen, weil kein anderer zu haben war. Am vierten gingen wir Nachmittags von Goslar nach Clausthal, wo wir abermahls auf das gastfreundschaftlichste von dem Herrn Generalsuperintendenten Dahme aufgenommen wurden, und den folgenden Tag fast ganz in dem Hause des Herrn von Trebra zubrachten. Am sechsten kehrten wir über Osterode nach Göttingen zurück. Wir durchgingen und umfuhren also den größten Theil des Harzes, und nur allein der südliche und westliche Rand desselben blieb von uns unberührt.

Auch unsere Erfahrung bestätigte die Wahrheit des Ausspruchs, wodurch Herr von Trebra uns in der späten Jahrszeit zur Reise aufgemuntert hatte: daß es sicherer sey, den Harz in einem schönen Herbste, als im hohen Sommer zu besuchen, weil die Luft im Herbste gewöhnlich reiner, und dunstfreier, als im Junius und Julius ist. An den beyden ersten Tagen unserer Reise kämpfte das gute Wetter mit dem schlechten, und es wurde bisweilen zweifelhaft, ob das Erstere oder das Letztere die Oberhand gewinnen würde. Am dritten Tage war der Sieg für eine dauerhafte gute Witterung entschieden. Der Himmel blieb vom 30. Sept. bis zum 6. Oct. stets unbewölkt. Wenn sich auch bisweilen kleine Wölkchen an den Seiten oder an dem Haupte des Brockens, der drey Viertel des Jahrs in einen undurchdringlichen Nebelschleier gehüllt ist, zu bilden anfingen; so wurden doch diese bald durch den standhaften Ostwind wieder zerstreut. Damit wir uns unsers Glücks um desto mehr freuen möchten; so änderten sich Wind und Witterung am Abend unserer Rückkunft, und es regnete schon, da wir kaum einige Stunden in Göttingen angekommen waren. Weil die Witterung unsere Reise so sehr begünstigt, und Bewegung und freye Luft unsere Körper so mächtig gestärkt, und unsere Gemüther nicht weniger erheitert hatten; so thaten wir uns gegenseitig das wahre und dankbare Geständniß, daß wir noch nie auf einer Reise von ähnlicher Dauer so viel Vergnügen genossen hätten. Zugleich gelobten wir uns, daß wir in der Folge, so oft wir könnten, ähnliche Excursionen machen, und aus den reinen Quellen der Natur und der Freundschaft neue Kräfte zu unsern Arbeiten schöpfen wollten.

So bald wir die ersten Erhöhungen hinter Osterode hinanstiegen, so gab ich Achtung, ob die Berge und Thäler des Harzes in mir die Eindrücke erwecken würden, welche die Schweitzerischen Gebirge sonst in mir hervorgebracht hatten. Diese Beobachtungen meiner selbst setzte ich in den folgenden Tagen fort, und das Resultat derselben war endlich dieses: daß der Harz den Schweitzerischen Vorgebirgen und Hochgebirgen von so wenigen Seiten ähnlich, und in so vielen Stücken denselben entgegengesetzt, oder doch davon verschieden ist, daß man den Einen gar nicht als ein Nachbild der Andern ansehen, und sich nach dem Erstern gar keine nur einigermaßen richtige und vollständige Vorstellung von der großen Natur in der Schweitz machen kann.

Der erste Hauptgrund der auffallenden Unähnlichkeit des Harzes und der Schweitzerischen Gebirge liegt in der Verschiedenheit ihrer Höhen. Der so genannte große Brocken ist nach der Angabe des Herrn Lasius nicht mehr als 3489 Fuß über die Oberfläche der Ostsee erhaben. Nach den verschiedenen Spitzen des Brockens sind der Bruchberg, der Wormberg und die Achtermannshöhe die erhabensten Gipfel des Harzes. Der Erste unter diesen drey Bergen hat eine Höhe von 2725, der Andere von 2667, und der Dritte von

2605 Fuß. Selbst der Brocken wird schon von den Beträchtlichsten unter den Schweitzerischen Vorgebirgen, zum Beyspiele von dem hohen Camor im Canton Appenzell, dem Rigi am Vierwaldstättersee, dem Pilatus im Luzerner Gebiet, dem Niesen und Stockhorn im Canton Bern, ja so gar von den höchsten Spitzen des Juragebirges um viele hundert oder mehrere tausend Schuh übertroffen. Und diese über den Brocken so weit wegsteigenden Berge verschwinden wieder, wenn man sie mit den höchsten unter den Schweitzerischen und Savoyischen Urgebirgen zusammenhält. Der Titlis in Unterwalden, der Tödi in Glaris, der Baduz in Bündten, die Jungfrau und das Schreckhorn im Bernischen Oberlande, das Finsteraarhorn in Wallis, der Montblanc und dessen Nachbaren sind insgesammt zwischen 1500 oder 1600 und 2300 bis 2400 Klaftern über die Oberfläche des Mittelländischen Meers erhaben, und also wenigstens drey bis viermahl so hoch, als es die oberste Fläche des Brockens ist. Wenn der Brocken mit den Schweitzerischen und Savoyischen Bergen unter gleicher Breite läge; so würde er beynahe dreymal größer seyn müssen, als er wirklich ist, um die Linie des unvergänglichen Schnees zu erreichen. Da nun die höchsten Harzgebirge so weit unter der Linie des unvergänglichen Schnees zurückbleiben; so fehlen ihnen alle die Merkmahle, wodurch die Natur die Schweizerischen Hochgebirge ausgezeichnet hat: unersteigliche, und mit ewigem Schnee bedeckte Felsspitzen, meilenlange Eisthäler oder Eismeere, wunderbar gestaltete Gletscher mit ihren Schründen, Eispyramiden und Eisgewölben, gewaltige Gletscherwasser, Bergströme und Wasserfälle, überirdische Erleuchtungen der Morgen- und Abendröthe, zerschmetternde und selbst in beträchtlicher Ferne tödtende Lauinen, himmelhohe und stundenlang fortlaufende Felswände, wie man sie auf der Gottharts- und Grimselstraße sieht, und unabsehliche Abgründe, in welche man den Brocken hineinsenken könnte, ohne daß sein kahles Haupt über die scheußlichen Klüfte hinausragte.

Wenn man gleich auf dem Harze alle die Erscheinungen nicht sucht, die der gebirgigen Schweitz entweder ganz allein eigenthümlich sind, oder in ungewöhnlichen Graden zukommen, so ist auch übrigens das Innere und Aeußere des Harzes und der Schweitz so sehr verschieden, daß man durch das, was man auf dem Erstern sieht, nur selten lebhaft an das erinnert wird, was man in der Letztern gesehen hat. Die größten Reichthümer der gebirgigen Schweitz bestehen in den trefflichen Alpen und Wiesen, die sie enthält, in den zahllosen Heerden von großem und kleinem Vieh, welche sie nährt, und in der diesen Heerden entsprechenden Quantität von Käsen und Butter, welche sie hervorbringt. Die größten Reichthümer des Harzes hingegen liegen in den Erzen, die mit unsäglicher Mühe aus den durchwühlten Gebirgen müssen hervorgezogen, und dann in den Schmelzhütten, oder Hammerwerken, oder andern großen Fabrikgebäuden bearbeitet werden. Diese verschiedene Beschaffenheit, und Benutzung des Harzes, und der gebirgigen Schweitz veranlaßt nicht nur eine große Verschiedenheit in den Beschäftigungen, den Wohnungen, der Nahrung und den Sitten der Bewohner dieser beyden Gegenden; sondern gibt auch selbst der Natur, in so fern sie von der Gewalt und Willkühr des Menschen abhängt, den Bergen und Thälern, den Gewässern, Wäldern und Wegen eine verschiedene Gestalt und Einrichtung. Das Hirtenleben in der Schweitz treibt die Menschen allenthalben hin, wo sie Weide und Futter für ihr Vieh zu finden hoffen. Die bewohnbaren Thäler sind daher mit den Winterwohnungen, und die Alpen mit den Sennhütten und den Heerden der Hirten überstreut. Wenn man auch kein städtisches Gewühl und Betriebsamkeit entdeckt; so trifft man doch allenthalben sanftes Leben und Regen an, ausge-

nommen an solchen Stellen, welche die Natur sich
gleichsam vorbehalten hat, und wo sie in ungestör-
ter heiliger Stille für das Wohl ganzer Länder
arbeitet. Der Bergbau hingegen und das Hüt-
tenwesen auf dem Harze, die nur von vielen vereinigten Händen und unter beständiger Aufsicht betrieben werden können, ziehen die Menschen in
dichte Haufen und wenige Puncte zusammen.
Clausthal und Zellerfeld, die gleichsam nur eine
einzige Stadt ausmachen, enthalten wenigstens die
Hälfte aller Bewohner des Oberharzes.

Wenn man diese und die übrigen Bergstädte
nebst einigen wenigen von Köhlern und Fuhrleuten
bewohnten Dörfchen abrechnet; so findet man auf
dem ganzen übrigen Oberharze nur einzelne und
seltene Viehhöfe und Jägerhäuser: und eben deßwegen erscheint der Harz dem Wanderer viel einsa-
mer und öder, als die gebirgigen Gegenden Helvetiens. Zwischen Clausthal und Andreasberg
stößt man auf einem Wege von sechs Stunden
bloß auf das Haus des Aufsehers des Sperber-
damms disseits des Bruchberges, und auf ein
Paar Hütten, die an dem andern Abhange desselbigen Berges in der Schluft erbaut sind. Wenn
man vom Andreasberg auf den Brocken geht; so
sind die Jägerhäuser, oberhalb der Oderbrücke
und auf der Heinrichshöhe, die einzigen Menschen-
woh-

wohnungen, denen man nahe kömmt. So bald man von Goslar aus den Fuß des Berges erreicht hat, der diese Stadt von Zellerfeld scheidet; so sieht man auch auf diesem Wege von drey bis vier Stunden nur ein einziges Haus, das Wirthshaus nämlich auf dem Auerhahn.

Clausthal und die übrigen Bergstädte sind mit trefflichen Wiesen umgeben, die sorgfältig gedüngt werden. Das Heu dieser Wiesen wird von allen Anwohnern des Harzes für zarter und kräftiger, als das Heu der benachbarten Thäler gehalten. Man merkt zwar die vorzüglichen Kräfte des Heus und der Bergweiden des Oberharzes nicht an der Größe des Rindviehs, denn dieses ist kaum so groß, oder doch nicht größer, als es in unsern Gegenden ist; allein der Butter und den Käsen des Oberharzes gibt man allgemein den Vorzug vor denen, die in den umliegenden flächern Ländern gewonnen werden. Man hängt den Kühen auf dem Harze eben solche Schellen an, wie auf den Helvetischen Alpen, und diese Schellen machen auch ein eben so angenehmes und harmonisches Geläute, als man auf den Helvetischen Alpen hört. Nur selten nahm ich an den Abhängen bewaldeter Berge solche Plätze wahr, dergleichen die Schweitzerischen Alpen oder Bergweiden sind. Wenn es auch richtig ist, was Zückert versichert, daß auf dem Oberharze jährlich 12000 Stück Vieh geweidet werden *); so kann ich doch nach dem, was ich gesehen habe, nicht umhin, dies Datum für unwahrscheinlich groß zu erklären. Die Hämmel des Harzes sind wegen der Zartheit und Schmackhaftigkeit ihres Fleisches weit und breit berühmt, welchen verdienten Ruhm auch wir durch unser Zeugniß bestätigen müssen.

In der Schweitz nehmen der Regel nach die Vortrefflichkeit der Alpen, die Größe des Rindviehes, die Fettheit der Bergmilch, und die Güte der daraus bereiteten Käse mit der Höhe der Bergweiden zu. Auf dem Harze findet gerade das Gegentheil Statt, indem die obersten Gipfel und Seiten der höchsten Berge für die Viehzucht, wenigstens für die Weiden von großem Vieh, ganz verlohren sind. Wenn man unter dem Nahmen Brocken nicht bloß die oberste Höhe, sondern auch den Königsberg oder so genannten kleinen Brocken, ferner die Heinrichshöhe, und die übrigen Abhänge und Stuffen zusammenfaßt, die noch nicht andern Bergen zugerechnet werden: so ist die Oberfläche des Brockens der Oberfläche des Camors in Appenzell, des Niesen im Bernischen Oberlande, oder des Rigi am vier Waldstättersee wenigstens gleich, oder übertrifft sie auch. Wie groß aber ist

---

*) S. 181. Beschreibung des Harzes.

der Unterschied zwischen der Fruchtbarkeit und Ergiebigkeit des Brockens, und der angeführten Schweizerischen Gebirge, unter welchen ein Jedes, wenn es einer einzigen Privatperson zugehörte, seinem Besitzer mehr reine Einkünfte einbringen würde, als der ganze Harz mit allen seinen Bergwerken und Wäldern unserm Könige einträgt! Der Brocken ist unläugbar so wie der Höchste, alsb auch der Nackteste, Unergiebigste und Schmutzigste unter allen Bergen des Harzes; und diese seine Gebrechen fallen am meisten in's Auge, wenn man ihn von der Oderbrücke an besteigt. Ohngefähr eine halbe Stunde oberhalb des ersten Jägerhauses ist der Boden noch immer fest, weil ein großer Granitsand an der Oberfläche herrschend ist. Selbst auf diesem Wege aber blickt allenthalben die schwarze Moor- oder Sumpferde hervor, und diese Sumpferde und das Sumpfwasser, womit sie angefüllt ist, überwältigen den Sandgrund, bevor man noch aus dem Walde herauskommt, der bis an das Brockenfeld hinanläuft. Das sogenannte Brockenfeld ist ein weit ausgedehntes Moor oder Torfsumpf, der selbst nach dem trocknen Sommer und Herbst, welche wir dieses Jahr gehabt hatten, undurchgänglich gewesen wäre, wenn man nicht an den tiefsten Stellen entweder Bretter oder Granitblöcke hingelegt gehabt hätte.

Kein anderer Theil der Brockenreise ist so gefährlich, als dieses Brockenfeld, wenn es nach anhaltendem Regen ungewöhnlich mit Wasser angefüllt ist, und Reisende alsdann von einem dicken Nebel oder gar von einem heftigen Sturmwinde und Schneegestöber überfallen werden. Unter solchen Umständen kann man leicht Stunden lang in diesen verrätherischen Sümpfen umherirren, und in die größten Lebensgefahren gerathen. Die Scheußlichkeit des Moors, oder wie man auf dem Harze sagt, des Bruchs, wird noch durch die Ruinen der Torfhäuser vermehrt, die man vormahls für Torfgräber, und zum Trocknen und Verkohlen des gestochenen Torfs hingebaut hatte. Da man aber fand, daß das Graben, Trocknen, Verkohlen und Hinabbringen des Torfs und der Torfkohlen viel mehr kostete, als die gewonnenen Torfkohlen werth waren; so brach man die Wohnungen der Torfgräber, und die Torfmagazine sowohl auf dem Brockenfelde als am Fuße des großen Brockens wieder ab, und nun verkündigen es die traurigen Ruinen allen Vorübergehenden, daß es sich nicht einmahl der Mühe verlohne, das zu benutzen, wovon man ohne die gemachten Versuche geglaubt hätte, daß es die Mühe des Arbeiters vergelten würde. Der kleine Brocken, oder der so genannte Königsberg, ist über und über mit kleinern oder größern Granitblöcken besäet; und wo diese nicht hervorragen, ist er mit hohem Heidekraute bewachsen, aus dessen Wurzeln und Halmen das Moor am Fuße des Berges entstanden ist. Vom kleinen Brocken stiegen wir nicht in gerader Linie auf die Spitze des großen Brockens zu, weil nach der Aussage unsers Führers gewaltige Haufen von Granitblöcken, und tiefe Sümpfe den nächsten und steilsten Abhang unzugänglich, oder doch äußerst schwer zu erklimmen machen. Wir umgingen also den Fuß des großen Brockens, als wenn wir erst das Brockenhaus auf der Heinrichshöhe erreichen wollten, und wandten uns dann in nicht großer Entfernung vom Brockenhause links, wo wir bald den Fußpfad antrafen, der von der Heinrichshöhe auf den obersten Gipfel des Brockens führt. Das Merkwürdigste auf diesem Wege ist eine gepflasterte Straße, die so breit ist, daß sie zur Noth noch jetzt von einem schmalen Fuhrwerk befahren werden könnte. Wir vergaßen uns zu erkundigen, ob dieser gepflasterte Weg zum Behuf der Torfhäuser auf dem Brockenfelde erbaut worden, oder ob er ein Ueberbleibsel älterer Zeiten ist. Den Zugang zum großen Brocken erschwerte vormahls ein dem Brockenfelde ähnliches Moor, dessen Gewässer der Hexensee, oder der Zaubersee, genannt wurde. Dieser berüchtigte See ist durch die jetzt aufgegebenen Torfgräbereyen verschwunden. Unterdessen ist der untere Abhang des großen Brockens so morastig, daß man ohne ähnliche Hülfsmittel, als man bey dem Brockenfelde angewandt hat, wenigstens nach einem anhaltenden Regenwetter, nicht würde durchkommen können. Da wir schon lange weder Bäume noch Gesträuche mehr gesehen hatten; so fiel uns um desto mehr am obersten Rande des großen Brockens ein kleines Gebüsche von Zwergtannen auf, die einige Aehnlichkeit mit einer niedrigen Laube hatten. Einer der neuesten Beschreiber des Brockens, ich glaube, Herr Schröder, erzählt, daß man den Gedanken gehabt habe, den Brocken allmählig von unten auf zu bepflanzen. Ich zweifle sehr, daß ein solcher Gedanke glücklich ausgeführt werden könne: und zwar nicht sowohl um der heftigen Winde und der kalten Luft willen, welche den von allen Seiten freyen Brocken bestürmen, als wegen des groben, rinnenden, und unfruchtbaren Granitsandes und der lockern Torferde, womit sein Haupt und sein Rücken bekleidet sind. Wenn die Bestandtheile des verwitterten Brockengranits und die Bestandtheile der Moose und Pflanzen, womit diese verwitterten Granittrümmer zuerst überzogen werden, fähig wären, kräftige Kräuter und brauchbare Bäume zu tragen oder zu erzeugen, so würden beyde schon lange ohne alle Dazwischenkunft der Menschen entstanden seyn. Auf der ganzen Harzreise litten wir nie mehr von der Hitze, als bey dem Besteigen des kleinen und besonders des großen Brockens, der den uns entgegenwehenden Ostwind auffing. Wir schickten deßwegen Einen unserer Träger voraus, damit er die Oberröcke losbinden, und bey unserer Ankunft auf dem Gipfel des Brockens bereit halten möchte. Wir empfanden auf der obersten Fläche des Brockens einen lebhaften Wind, der aber nicht so kalt war, daß wir uns demselben nicht unter dem Schutze der Oberröcke ohne Gefahr hätten bloß stellen können. Der Hexenbrunnen, der Hexenaltar und die Hexenkanzeln, zwey Haufen von Granittrümmern, die das Ansehen haben, als wenn sie von Menschenhänden wären zusammengetragen worden, schienen uns weniger merkwürdig, als die Aussicht, die man nach allen Seiten hin vom Brocken hat. Nachdem wir diese an der westlichen und östlichen Seite der Brockenfläche genossen hatten; so setzten wir uns an die westliche Wand des kleinen Hauses hin, welches im Jahr 1736. zur Aufnahme solcher Reisenden erbaut worden ist, die das Unglück haben, von heftigen Ungewittern, Regengüssen oder Schneegestöbern ergriffen zu werden. An diesem Platze, wo wir gegen die auf die Länge durchbringende Schärfe des Ostwindes gesichert waren, erquickten wir uns mit den Resten von kalten Speisen, die wir von Andreasberg mitgenommen hatten, und mit zwey Flaschen ächten Frankenweins von 1783, die wir in Göttingen hatten füllen lassen. Wir tranken auf die Wohlfahrt der Personen, und der Stadt, die uns Allen am theuersten sind, und dann zu Ehren der Mater Tellus und des Jupiter Bructerus. Die obere Fläche des Brockens ist trocken, aber schwammig, und dem Erdreich ähnlich, womit seine Abhänge bedeckt sind. Nach dem bloßen Augenschein würde man nicht vermuthen, daß diese Fläche eine halbe Stunde im Umkreise habe. So groß gibt sie Herr Schröder an, der sie mehrmahl umgangen hat. Unter den gangbaren Brockenwegen ist der, welchen wir nahmen, der mühsamste, wegen der Sümpfe, die man durchzuspringen hat, und in welchen man immer nasse Füße bekommt, weil das ätzende Moorwasser sich auch durch die festesten Stiefeln durchfrißt. Viel bequemer sind die Wege von Wernigerode, und von Blankenburg und Elbingerode auf den Brocken. Von den beyden ersten Städten aus kann man ohne alle Gefahr bis zur Heinrichshöhe oder dem Brockenhause hinanfahren. Ein verständiger Mann in Blankenburg, der die Fremden gewöhnlich auf den Brocken begleitet, betheuerte uns, daß man die Reise auf den Brocken in einem bedeckten Wagen mit drey Pferden machen könne. Eben dieser erzählte, was man uns auch auf dem übrigen Harze versicherte, daß der Harz noch nie von so vielen Fremden besucht worden sey, als in dem gegenwärtigen Jahre.

Der Brocken zeigt sich am wenigsten in seiner wahren Größe, wenn man ihn unten an den letzten Stufen oder Anhöhen, die eigentlich den Nahmen des Brockengebirges tragen, dem Königsberge, der Heinrichshöhe, oder am Fuße des großen Brockens betrachtet. Wenn man fühlen will, wie sehr sich der Brocken über seine Brüder erhebt; so muß man entweder auf der obersten Fläche des Brockens stehen, vor welcher alle umliegende Berge ihre Häupter neigen, oder man muß ihn in großer Ferne vom Lande aus betrachten: mit welchem letztern Nahmen man die Thalflächen bezeichnet, die um den Harz ausgebreitet sind.

Ungeachtet der Körper des Brockens ganz aus Granit besteht, so hat er doch gar nicht die Gestalt der Schweitzerischen Urgebirge. Diese laufen insgesammt in spitzige oder zackige Nadeln aus; und selbst die Ränder oder Enden ihrer abgerissenen Felswände sind scharf und eingekerbt. Die Gipfel des Brockens sind ohne Ausnahme stumpf und abgerundet, oder gewölbt, fast so, wie in der Schweitz die Erhöhungen, welche aus den herabgestürzten Fragmenten steiler Urgebirge entstanden, und allmählich mit einer Decke von Erde und Pflanzen überzogen worden sind. Nur aus dem Königsberge oder kleinen Brocken ragen zwey mäßige in dem Rücken des Berges fest gegründete Felsspitzen, oder wie man sich auf dem Harze ausdrückt, Klippen hervor, die unter dem Nahmen der Hirschhörner bekannt sind. Viel höhere Felsmassen steigen aus den Seiten oder Häuptern mehrerer benachbarten und mit dem Brocken zusammenhängenden Berge empor. Die Vornehmsten sind die Schnarcher auf dem Bahrenberge, die Klippen des Renneckenberges, die Hohneklippen, und besonders der Ilsenstein, deren Lage auf der petrographischen Charte des Herrn Lasius richtig ausgedrückt ist. Die Höchste unter den bis jetzt unzerstörten oder aufrecht stehenden Felsmassen ist der Ilsenstein, der auf 320 Fuß geschätzt wird. Diese so genannten Klippen sind nicht feste ungetheilte Felsmassen, wie die Hörner oder Nadeln der höchsten Alpen; vielmehr scheinen sie aus horizontal über einander gelegten Parallelepipidis aufgebaut zu seyn *). Noch viel erstaunenswürdiger aber ist es, daß das Innere der Berge nicht

----

*) Lasius S. 82.

eine einzige und ungetheilte Granitmasse aus: macht, sondern daß das ganze Granitgebirge des Harzes in Lager oder Bänke von Granitblöcken zerspalten ist*). Diese Granitbänke, die, wie die Blöcke, aus welchen sie zusammengesetzt sind, durch Schichten von Granitsand getrennt werden, bemerkt man sehr oft am Rehbergergraben, besonders an solchen Stellen, wo kleine Waldwasser sich tiefe Bette eingeschnitten haben. Die Harzischen Granitberge unterscheiden sich also von den Helvetischen und andern hohen Urgebirgen nicht bloß durch ihre äußere Farbe, sondern noch viel mehr durch ihren inneren Bau, indem ihre Körper zerbrochen, und Viele von ihren Gebeinen umhergeworfen sind. Ein Jeder, der auf die Millionen von Granitblöcken und kleineren Steinen merkt, die auf allen Abhängen des Brockens dicht zusammen liegen, kann sich der Betrachtung nicht erwehren, daß der Brocken vormahls, als alle diese Bruchstücke noch Theile seines unversehrten Körpers waren, ohne Vergleichung größer gewesen seyn müße, als er jetzt ist. Nur derjenige aber, der die ganz verschiedene äußere Gestalt, und die

---

*) Ebend. S. 59. 60. Renovanz in seiner Beschreibung des Altaischen Gebirges meldet etwas ähnliches von diesem uralten Gebirge. S. 222. Die Titelvignette seines Buchs stellt Haufen von zerbrochenen Granitblöcken und Bänken vor, die den Harzischen vollkommen ähnlich sind.

innere Beschaffenheit anderer granitischen Urgebirge beobachtet hat, kann auf den Gedanken kommen, daß die Erde auf dem Brocken viel älter scheine, als in der Schweitz; und daß, allem Ansehen nach, die höheren ursprünglichen Gebirge des Harzes viel stärkere Revolutionen erfahren haben, als die Helvetischen und andere diesen ähnliche Hochgebirge. Wenn die Zerklüftung oder Zerstükkelung in Bänke, und der Bänke in einzelne Blökke durch den ganzen oder einen großen Theil des Brockens geht; so leidet dieses Gebirge noch immerfort viel mehr, als die ungeheuren Granitmassen der Schweitzerischen Alpen. Diese werden bloß an ihrer Oberfläche durch die Veränderungen der Luft, durch Regen und Schnee, durch Lauinen und Bergwasser angegriffen und verwundet. Ausser diesen zerstörenden Ursachen arbeiten in den gespaltenen Granitbergen des Harzes noch andere Kräfte zu ihrem schnellern Untergange. Luft und Wasser drängen sich in die Zwischenräume der Bänke und Blöcke ein, und zerfressen gleichsam die innersten Eingeweide der Berge.

Die Harzgebirge bieten dem Forscher der Natur eine ungleich größere Mannichfaltigkeit von Erzstufen dar, als die Schweitzerischen Berge. Dagegen enthalten diese eine beträchtlichere Mannichfaltigkeit von Steinarten, als der Harz.

Gneus, Bittersteine, schöne Glimmer, Feldspath- und Bergchrystalle, Serpentine, Porphyr, Hornstein, Kieselschiefer, u. s. w. finden sich auf dem Harze entweder gar nicht, oder nur selten, und in geringen Quantitäten, da sie in der Schweiz große Massen oder ganze Gebirge bilden. Zu den räthselhaften Phänomenen des Harzes gehören die Granitblöcke, die von den Bergwerken sehr weit entfernt liegen, und tief angebohrt sind. Wir fanden mehrere solcher angebohrten Granitblöcke. Den Ersten an dem Wege, der von der Schluft über den nächsten Granitberg wegführt, und einen Andern zwischen den Ufern der Bode, und dem Dorfe Thale oder Dahle. Den Ersten zeigte uns Einer unserer Träger als einen Beweis, daß das angebohrte Bruchstück aus einem Bergwerk herstammen müße. Dieser Wahn, so wie das Wunderbare dieser angebohrten Felsstücke fällt ganz weg, so bald man sich besinnt, daß auf dem Harz niemals Minen im Granitgebirge geöffnet worden; daß man aber hin und wieder Granitblöcke gesprengt habe, die den Weg verengten, oder sonst durch ihre Lage und Größe beschwerlich wurden.

Die Aussichten auf dem Harze haben etwas eben so Eigenthümliches, als das Gebirge, auf welchem und über welches sie sich eröffnen. Die Harzaussichten weichen denen in der Schweiz nicht sowohl durch eine geringere Ausgedehntheit, als durch die geringere Mannichfaltigkeit, Größe und Schönheit der Gegenstände, die man mit dem Auge umfassen und deutlich unterscheiden kann. Auf dem Heiligenstock vor Clausthal, auf den Anhöhen, oder den Bergwiesen vor Andreasberg, besonders aber auf dem Bruchberge übersieht man einen großen oder den größten Theil des Oberharzes; und auf dem letzten Berge entdeckt man Clausthal und Zellerfeld eben so hell, als vom Heiligenstock die Stadt Osterode und die benachbarten Thäler. Der Anblick einer oder einiger Städte vermindert aber nur wenig den Eindruck von Einförmigkeit und von trauriger Verlassenheit, welchen die unangebauten und mit Fichtenwäldern bewachsenen Berge, und die dunklen menschenleeren Thäler in der Seele erzeugen. Ganz neu, und durch ihre Neuheit interessant, waren mir die unermeßlichen Fichtenwälder, welche nicht bloß die Höhen und Abhänge der Berge bedeckten, sondern selbst in die tiefsten Thäler hinabsteigen, und diese Thäler ganz ausfüllen. Die Lücken, die man in einsamen Gegenden in den sonst ununterbrochenen Waldungen antrifft, sind meistens Wirkungen des Wurmfraßes, der vor einigen Jahren die Harzischen Forsten verheerte; und diese Lücken beleidigen das Auge am meisten durch die weißen übrig gebliebenen Stämme der abgehauenen Bäume, die gebleichten Gerippen oder Gebeinen gleichen. Wenn die ewigen Tannenwälder das Auge ermüden; so erregen sie auf der andern Seite die höchste Bewunderung über die Vorsicht, womit die Wälder geschont worden sind. Acht Jahrhunderte sind verflossen, seitdem man die ersten Bergwerke auf dem Harze anlegte. Diese Bergwerke vermehrten oder erweiterten sich, wie die Mühlen, Hütten und Hammerwerke mit jedem Menschenalter, und verlangten jährlich viele Tausende von Baumstämmen: weßwegen man auf dem Harze zu sagen pflegt, daß eben so viel Holz in den Bergen stecke, als noch immer auf denselben stehe. Und dieses so starken und so viele Jahrhunderte fortdaurenden Holzverbrauchs ungeachtet haben die Harzischen Forsten das Ansehen, als wenn sie noch kaum wären angegriffen worden, da man in Sibirien die reichsten Minen in wenigen Menschenaltern hat aufgeben müßen, weil man die unentbehrlichen Wälder auf eine unvernünftige Art vernichtet hatte.

Die Aussichten vom Brocken sind die Weitesten und Reichsten, die man sich auf dem ganzen Harze verschaffen kann. Während unsers Aufenthalts auf dem Brocken war der Himmel ganz heiter, und eben so rein und nebelfrey waren die

Rücken der Berge; nur gegen Morgen und Mitternacht lag an dem äußersten Ende des Horizonts ein feiner Duft, der unsern Blick beschränkte, und die Gegenstände verdunkelte. Gegen Westen beherrschten wir den ganzen Oberharz und die ganze Kette von Bergen, die vom Weißner bey Witzenhausen bis nach Eimbeck hinaufläuft. Diese Kette von Bergen, besonders den Weißner und hohen Hagen, sieht man von allen höheren Standpuncten des Harzes, und sie dienten uns daher dazu, uns zu orientiren. Herr Hofrath Feder, dessen scharfes Auge eben so weit reichte, und viel mehr umfaßte, als das Meinige mit Hülfe eines Dollonds, entdeckte auf den ersten Blick gegen Westen die Bruck hinter Kerschlingeroderfelde, und den See bey Seeburg, der von der Sonne lebhaft erleuchtet, und dadurch so sehr gehoben wurde, daß er viel höher zu liegen schien, als er wirklich liegt. Gegen Morgen und Mitternacht sahen wir die Städte Elbingerode, Blankenburg, Quedlinburg und Halberstadt, mit allen Schlössern, Flecken und Dörfern, die in ihren Zwischenräumen erbaut sind, gleichsam zu unsern Füßen. Von Wolfenbüttel entdeckten wir bloß die Thurmspitzen. Magdeburg hingegen, Nordhausen und der Friedenstein blieben uns unsichtbar. Wir thaten also auch Verzicht auf die Gegend um Hamburg, die

Ritter

Ritter mit einem achtzehnschuhigen Fernrohr gesehen haben wollte, die aber wahrscheinlich kein sterbliches Auge jemahls vom Brocken gesehen hat, und sehen wird.

Bey der außerordentlichen Größe des Umkreises, den wir nach allen Seiten hin umspannten, und bey der Menge von merkwürdigen Oertern und Gegenden, die wir unter uns hatten, empfand ich doch nicht den Grad des Entzückens, in welchen ich vormahls durch die Aussichten von Aubonne, von Petit-Sacconex, vom hohen Camot oder vom Bielerberge versetzt wurde. Ich vermißte nicht bloß die vergoldeten Schneeberge Helvetiens, sondern auch die reißenden Ströme dieses Landes, und seine prächtigen Seen mit ihren sanft abfallenden und emporsteigenden Ufern. Einen Hauptgrund, warum ich von dem Anblick in die fruchtbaren östlichen und nördlichen Ebenen nicht nach dem Verhältniß ihrer Schönheit gerührt wurde, glaubte ich darin suchen zu müssen, daß wir zu hoch standen, und die Landschaften in einer ungewöhnlichen Richtung mit einem fast senkrecht herabfallenden Blick betrachteten. Durch die Höhe unsers Standpunktes verkleinerten sich, oder flossen die Gegenstände zu sehr zusammen. Die schönen oder seltsamen Hügel des Unterharzes versanken gleichsam in den Erdboden, und die höhern Berge ausgenommen, schien Alles eine einzige einförmige Ebene zu seyn. Auf unserer ganzen Harzreise ist es mir nur dreymahl gewesen, als wenn ich in gewiße Gegenden der Schweiz versetzt worden wäre. Das erstemahl erfuhr ich diese Täuschung auf dem romantischen Damm, der etwa eine Viertelmeile hinter Andreasberg anfängt, und an dem aus Granit- und Trappsteinen gemauerten Oderkanal drey Stunden lang bis an die Oberbrücke und den Oberteich fortläuft. Der mit grobem Granitsande überschüttete Damm ist so eben, als die kunstreichsten Gänge in großen Gärten oder auf berühmten Promenaden nur seyn können; und so breit, daß ein enges Fuhrwerk sich ohne Gefahr hinaufwagen könnte: wiewohl man seine Ausgänge aus guten Gründen gegen alles Fuhrwerk verwahrt hat. Auf diesem Damm hat man, wenn man aufwärts geht, stets die rauschende Bode und den steilen mit prächtigen Bäumen bewachsenen Rehberg zur linken Seite. Rechts ist ein beständiger tiefer Absturz, dessen Ende man meistens vor den hohen Fichten, womit er besetzt ist, und wodurch der Damm beschattet wird, nicht einmahl wahrnehmen kann. Nur hin und wieder ist der obere Rand des Damms von Bäumen frey, und alsdann sieht man die in Abgründen stehenden Wälder, und die gigantische

Achtermannshöhe mit ihrer entblößten Felsenstirn. An beyden Seiten des Damms wechseln, häufiger als sonst irgendwo auf dem Oberharze, einzelne Stämme oder kleine Gruppen von Buchen, Ahornen, Birken und Espen mit der den Hercynischen Bergen eigenthümlichen Fichte ab; und solche Laubbäume sieht man nie mit größerem Wohlgefallen, als wenn man sie an Stellen antrifft, wo man sie gar nicht erwartet hatte. Noch überraschender und erfreulicher waren uns auf dem ersten Drittel des Damms, die in der Erde befestigten und mit Bänken umgebenen Tische, und die zwar kleinen aber festen und sauberen hölzernen Häuschen, die man neben den Tischen und Bänken an günstigen Plätzen erbaut hat. Diese Häuschen, Tische und Bänke sind zur Ergötzung von frohen Gesellschaften aus Andreasberg oder andern Bergstädten bestimmt, die einen schönen Tag im Schoß der freyen Natur zubringen wollen. Viel höhere Gefühle, als die bisher angeführten Reize oder Merkwürdigkeiten des Rehberger Grabens und Dammes erregt die so genannte Rehberger Klippe, welche das merkwürdigste Schweitzerstück auf dem ganzen Wege ist. Die Rehberger Klippe ist eine beträchtliche, oben steil abgeschnittene, nach unten aber etwas hervorragende Felsenwand, die unstreitig durch den Einsturz eines Theils des Rehberges entstanden ist. Sie ist höher als die Felsenwände der Schöllenen am Gotthart, fast so hoch, als die senkrechten Felsmauern in den berühmten Klüften des Münsterthals, und wie diese, sowohl an ihrem obersten Rande, als an den mittleren und unteren Abhängen mit Bäumen und Büschen besetzt. An einigen Stellen bewies es die ähnliche Richtung und Farbe der Trümmer, daß diese noch nicht lange, und wie in einem Guß, wahrscheinlich durch eine Lauine herabgeworfen worden. Viele auch der größern Bruchstücke schienen so unsicher zu liegen, und einem neuen Umsturze so nahe zu seyn, daß selbst Herr Hofrath Feder seinem eifrigen Untersuchungsgeiste Einhalt that, und dem Erklimmen der Klippe entsagte. Nach unserer Rückkunft erzählte uns Herr vom Trebra, daß er mit Herrn Göthe die Klippe so hoch erstiegen habe, als sie nur irgend ersteiglich sey; und daß er seinen Naturforschenden Freund empor gehoben und gehalten habe, damit er die Lage und Folge des Gesteins desto besser beobachten könne. Die Rehberger Klippe ist für den Mineralogen und Geologen noch interessanter, als für den Zeichner, weil sie ursprünglichen Granit, nicht ursprüngliches granitisches Gestein, und Trapp, und sehr oft Schichten von Granit zwischen zwey andern von Trapp enthält.

Ein anderes Schweitzerisches Landschaftstück ist die Gegend zwischen der Heinrichshöhe und Schierke. Der ganze Abhang des Brockens bis nach Schierke hin ist mit Granitblöcken und Granitplatten wie gepflastert. Manche der Letztern sind nicht weniger ungeheuer, als die an der Grimselstraße, die von allen Reisenden angestaunt werden. An mehrern Stellen liegen fast so große Haufen von Granitblöcken, als an dem Gotthartswege, so wie man auch Gesträuche und Bäumchen auf einzelnen Granitmassen stehen sieht. In diesen erhabenen Trümmern erschien uns der Brocken viel ehrwürdiger, als wir ihn bis dahin gefunden hatten. Das Herabsteigen über diese unordentlich zusammengestürzten Ruinen ist fast eben so beschwerlich, als mir und meinen Freunden vormahls der Weg durch die Bergspalte am hohen Camor nach Sennwald wurde. Die Steine und Felsmassen am Brocken sind härter und größer, als am hohen Camor. Die kalte Bode aber, die vom Brocken herabkömmt, ist lange nicht so wüthend, als das Bergwasser, das vom Camor herabbraust.

Die den wildesten Schweitzerscenen am meisten ähnlichen Gegenden finden sich nicht auf dem Oberharze, sondern auf dem Unterharze in der vormahligen Grafschaft Regenstein um den so genannten Roßtrapp, und vom Roßtrapp bis an das Dorf Thale oder Dahle. Der Roßtrapp liegt fast am Ende der beyden Gebirgketten, zwischen welchen die Bode mehrere Meilen eingeschlossen ist, oder sich vielmehr ihren Lauf gebahnt hat. Der Kern beyder Gebirgketten besteht aus Granit, und diese Gebirgketten werden mit Recht als Fortsetzungen des Brockens angesehen, ungeachtet sie vom Brocken ganz getrennt sind. Wenn man von Quedlinburg oder Blankenburg aus den Fuß des Gebirges erreicht hat, zu welchem die Roßtrappfelsen gehören; so braucht man etwa eine Stunde, um an den Roßtrapp zu kommen. Der Fußsteig hebt sich an einigen Stellen etwas steil. Man wandelt ihn aber doch mit Vergnügen, weil er gar nicht rauh, und durch das herrlichste Laubholz beschattet ist. Nach unten zu ist der Berg, über welchen man weggeht, mit Trapp bekleidet. Gegen den Gipfel und den Abhang nach dem Roßtrapp zu, trifft man Granit an. Nach dem Zeugnisse der beyden gelehrten Mineralogen unserer Gesellschaft, der Herren Gmelin und Feder sieht man auf dem ganzen Harze den Uebergang von Trapp zu Porphyr, und von Porphyr zu Granit nicht so deutlich, als auf dem Roßtrappsgebirge. So bald man von dem obersten Rücken des Berges hinabsteigt, so hört man schon das Rauschen der Bode durch das Rauschen des Waldes. Der eigentliche Roßtrapp ist ein Felsengerüste oder eine Felsmauer, die aus dem Gebirge herausläuft, und an drey Seiten bis zu einer Tiefe von 500 bis 800 Schuh abgeschnitten ist. Die Breite ihrer obern Fläche, welche man besteigt, beträgt 4 bis 6 Schuh, und diese Fläche würde daher für schwindlichte Personen noch viel zu schmal seyn, wenn sie nicht fast durchgehends mit Gebüschen bewachsen wäre, welche die Aussicht in die nahen Abgründe hemmen, und bey einem Fehltritt einen Halt darbieten. Auf dem äußersten und höchsten Ende der Felswand ist eine Vertiefung, die eine entfernte Aehnlichkeit mit dem Abdruck eines Pferdehufes hat; und von dieser Vertiefung erzählt die Volkssage, daß sie durch ein Pferd gemacht worden, auf welchem eine verfolgte Fürstentochter über die Bode weg bis an die gegenseitige Felsenwand gesetzt habe. Die Felsen am Roßtrapp und überhaupt an beyden Ufern der Bode haben die wunderbarsten Gestalten, bey welchen es nicht schwer wird, sich Mönche, Schlösser, Balken, u. s. w. vorzustellen. An der rechten Seite des Roßtrapps macht die Bode den stärksten Wasserfall des ganzen Ober- und Unterharzes. Das herabfallende Wasser ist über und über mit Schaum bedeckt; und eben so schäumend reißt es sich aus dem Becken wieder heraus, in welches dasselbe hineinstürzt. Man hat mehrere Beyspiele, daß Personen, die hineingefallen waren, einige Augenblicke nachher wieder herausgeworfen wurden. Die Höhe des Falls schätzt man auf 6 oder 8 Fuß. Wenn der Fall auch viel höher und die Masse des Wassers in gleichem Verhältniß stärker wäre; so würde der Bodefall doch immer nur einen schwachen Eindruck machen, weil man zu hoch steht, als daß man ihn in der Nähe beobachten könnte, in welcher große Wasserfälle beobachtet werden müßen. Unser Blick verweilte auch weniger auf dem Wasserfall, und selbst auf der Felsenwand, auf welcher wir standen, als auf den majestätischen Felsufern der Bode. Diese Felswände sind eben so hoch, als die Roßtrappfelsen, und so steil, daß auch die kühnsten Jäger es nie versucht haben, an diesen Wänden hinabzusteigen oder heraufzuklimmen. Hier an den Felsenufern der Bode scheint der Granit fest, und nicht in Bänke oder Lager zerbrochen zu seyn. Die Granitmassen an der Bode sind nicht ganz so nackt, oder bloß mit Moosen bedeckt, wie die felsichten Ufer der Aar oder der Reuß, sondern sie sind an manchen Stellen mit grünenden Gesträuchen oder Bäumchen ausgeschmückt, wodurch ihre starre Wildheit gemildert wird. Die Gesträuche und Bäumchen an den Felsenwänden der Bode wachsen ungestört fort, bis ein so harter Winter einfällt, der selbst die Bode mit einer dicken Eisdecke belegt. Alsdann fahren die armen Leute aus den umliegenden Gegenden die Bode mit kleinen Schlitten hinauf, und hauen alles Holz ab, was sie erreichen können. Keine Uebereinstimmung des Harzes und der gebirgigen Schweiz ist so groß und auffallend, als die zwischen den Ufern der Bode und der Tamina; und zwischen dem Wege von Ragatz nach dem Pfeffersbade, und dann von dem Roßtrapp nach dem Dorfe Dahle hinunter. Nur ist der Letztere beschwerlicher, als der Erstere, weil er schmäler und dichter mit Büschen bewachsen ist.

Wenn man liest, oder hört, daß die höchsten Berge des Harzes selbst an ihren Gipfeln mit beträchtlichen Mooren, oder Morästen umgeben sind, und dann mit diesem Dato die Nahmen der Flüsse verbindet, die auf dem Oberharze entspringen; so muß man fast glauben, daß der Harz sehr wasserreich sey. Diese Meinung wäre aber sehr irrig. Man darf vielmehr behaupten, daß der Oberharz, nach dem Verhältnisse seines Umfangs und seiner Höhe, ärmer an lebendigem Wasser sey, als alle, oder die meisten großen Gebirgstrecken in der Schweiz und in Teutschland. Man kann Stunden und Meilen weit auf dem Harze gehen, ohne eine einzige Quelle oder Bach anzutreffen; und wenn man dergleichen antrift, so sind sie fast ohne Ausnahme so dürftig, daß es leicht ist, sie nicht zu bemerken. Auf dem ganzen Harze ist kein einziger beträchtlicher See, und selbst die Teiche sind künstliche Wasserbehälter, in welche man die seltenen und schwachen Wasseradern auffängt und zusammenspart. Die große Armuth an Wasser beweisen überdem die kostbaren Kanäle und Dämme, die man angelegt hat, um das zu einzelnen Bergwerken erforderliche Wasser aus einer Entfernung von mehrern Stunden oder Meilen herbey zu führen. Endlich ist unter allen sogenannten Harzflüssen kein einziger, der bey seinem Ausgange aus dem Harze den Nahmen eines Flusses mit Recht verdiente. Die meisten kommen nicht einmahl mächtigen Bächen in andern Gegenden gleich.

Unter den sogenannten Harz- oder Brockenflüssen strömen allein die Holtemme und die Bode der Elbe zu. Die Uebrigen, nämlich die Oder, Sieber, Söse und Ocker, die Ilse, Ecker, Radau und Innerst ergießen sich insgesammt in die Rume oder Leine, oder Aller, und mit diesen Flüssen in die Weser. Die Hälfte der zuletzt angeführten Harzflüsse wird von der Rume und Leine verschlungen, die beide auf dem Eisfelde entspringen, und beide ihres niedrigen Ursprungs unge-

achtet eine viel größere Wassermasse führen, als
die Harzflüsse. Die meisten Harzflüsse entstehen
nicht, wie man denken sollte, auf dem hohen und
morastigen Brocken, sondern auf dem Bruchberge,
von welchem die Oder, die Sieber, die Söse und
Ocker auslaufen. Der größte unter allen Harz-
strömen ist die Bode, die, wenn sie die Gebirge
verlassen hat, den Nahmen der Bude erhält.
Auch erkennt man ihren höhern Ursprung und
ihren größern Wasserreichthum an den vielen und
prächtigen Granitblöcken, womit ihr Bett bis an
das Dorf Dahle oder Thale angefüllt ist. Das
Wasser aller Harzflüsse ist schwärzer oder brauner
als das Wasser von Bächen und Strömen in
andern Gegenden. Die eigentliche Farbe der Holz-
gewässer entsteht ohne Zweifel daher, daß sie fast
alle aus Mooren oder Torfsümpfen ausfließen,
oder doch Moorbäche aufnehmen. Wenn man
aber aus den schwarzen oder braunen Flüssen Wasser schöpft, so ist dieses meistens chrystallhell, und
von reinem Geschmack. Die Bäche und Flüsse des
Harzes enthalten viele und trefliche Forellen, und
besonders haben die Forellen der kalten Bode, die
man in Elbingerode ißt, den Ruhm, daß sie die
wohlschmeckendsten auf dem ganzen Harze seyen.
Wenn es vielleicht in Teutschland kein anderes
Gebirge von gleichem Umfange giebt, das so we-

nig Wasser hat, als der Harz, so ist vielleicht auch keins, dessen Gewässer mit einer solchen Sorgfalt und Kunst gesammelt und genutzt wird. Man kann beynahe sagen, daß auf dem ganzen Harz kein Wassertropfen verlohren gehe. Man hat an den bequemsten Plätzen Teiche gegraben, um das Wasser zu sammeln. Auch hat man die kostbarsten Kanäle und Stollen gebaut, um das Wasser hinzuleiten, wo man es braucht, und abzuleiten, nachdem man es gebraucht hat. Wenn man Bäche und Flüsse nicht mehr in den Bergwerken nöthig hat, so wendet man sie zur Betreibung von unzähligen Mühlen und Hüttenwerken an. Eins der unbeträchtlichen Harzgewässer, die Hältemme, treibt während eines Laufs von vier bis fünfthalb Meilen sechszig Mühlen, und über 180 Räder.*) Für den Bergbau und die Hüttenwerke soll die Innerst der Nützlichste unter allen Harzflüssen seyn. **)

Der Harz hat darin vor dem größten Theil der gebirgigten Schweiz einen nicht geringen Vorzug, daß über denselben nach allen Richtungen Wege gebahnt sind, die man nicht bloß gehen und reiten, sondern auch fahren kann. Von Harzburg aus geht eine große Landstraße nach Braun-

---

*) Schröder S. 236.
**) ib. 295 S.

schweig, und in das übrige Niedersachsen, die besonders von solchen Fuhrleuten gewählt wird, welche die hohen Preußischen Zölle vermeiden wollen. Dieser Weg streicht nur zwey Stunden unter der obersten Höhe des Brockens durch, und theilt sich bey der Oderbrücke in drey Arme. Mehrere Wege im Innern des Oberharzes, zum Beyspiel der über den Bruchberg, sind so eben und fest, als kaum die besten Chausseen sind. Die Meisten aber sind so steil, so rauh und so hohl, daß man sie mit Reisewagen, welche niedrige Räder haben, gar nicht befahren kann, und daß selbst die Fuhrleute es vortheilhafter finden, Lasten auf Pferden, Mauleseln oder Eseln, als auf schweren vierspännigen Wagen hinauf zu bringen. Da die Bewohner des Oberharzes fast alle Nothwendigkeiten und Bequemlichkeiten des Lebens aus den benachbarten niedrigen Gegenden ziehen, und Alles, was man aus den Bergen des Oberharzes gewinnt, oder auf denselben verarbeitet, auf der Achse, oder durch Lastthiere herab gebracht werden muß; so würde es für den Harz sowohl, als für die umliegenden Provinzen eine unschätzbare Wohlthat seyn, wenn die Hauptwege so angelegt oder ausgebessert würden, wie sie in Tyrol und andern Oestereichischen Ländern, oder in den Gebirgen von Neuchâtel gebaut worden sind.

Freunde der Natur und Liebhaber der teutschen Geschichte und Alterthümer, die den Oberharz bereisen, sollten billig, wenn sie nur einigermaßen Zeit hätten, und die Witterung nicht ganz entgegen wäre, einige Tage darauf wenden, um die intereßantesten Gegenden und Oerter des Unterharzes zu besuchen. Der Unterharz umfaßt diejenigen gebirgigen oder höheren Gegenden, die dem Oberharze gegen Mitternacht und Morgen, und zum Theil gegen Abend liegen, und wegen ihrer höheren Lage mehr Bergbau und einen andern Ackerbau und Viehzucht haben, als die flacheren Länder, die weiter vom Harze entfernt sind. Die Gränzen des Unterharzes werden von verschiedenen Schriftstellern auf die verschiedenste Art angegeben, indem Einige die Fürstenthümer Anhalt und Schwarzburg-Sondershausen, so wie die Grafschaft Mansfeld, das Stift Quedlinburg und das ehemalige Bisthum Halberstadt zum Unterharze rechnen, und Andere nicht. Billig sollte man alle gebirgige oder höhere Gegenden, die den Oberharz nach allen Seiten hin umgeben, vorharzische oder unterharzische nennen.

Der Unterharz in der gewöhnlichen, aber etwas weitläuftigen Bedeutung des Worts, verdient aus vielen Ursachen die Aufmerksamkeit des Reisenden so sehr, als irgend ein anderer Theil des nördlichen Teutschlands. Er enthält zuerst Aussichten, Landschaften und Merkwürdigkeiten der Natur, die einzig in ihrer Art sind; und ich bin überzeugt, daß ein Künstler auf dem Unterharz unendlich mehr Stoff, als auf dem Oberharze finden wird. Keine andere nördliche Provinz unsers Vaterlandes ist für die Geschichte des zehnten, eilften und zwölften Jahrhunderts so wichtig, als der Unterharz, wo man fast nirgends hintreten oder hinsehen kann, ohne ehrwürdige Ueberbleibsel oder Spuren des Alterthums zu erblicken. Hier wohnten die teutschen Könige und Kaiser von Heinrich dem Ersten bis auf Heinrich IV. am liebsten und längsten, und in diese Gegenden kehrten sie selbst aus Italien mit Sehnsucht zurück. Hier gründeten sie, oder ihre Gemahlinnen und Töchter, entweder aus ihren Stammgütern, oder aus den Ländern welche sie den nahewohnenden Slawen oder Wenden abnahmen, die berühmtesten Stifter und Bisthümer. Hier ruhen bis auf den heutigen Tag die Gebeine der größten Beherrscher, die Teutschland gehabt hat, an heiliger Stätte. In diesen Gegenden vorzüglich versammelte Heinrich I. seine Sachsen zuerst in feste Oerter. Hier übte er sie in den Waffen, und ging dann den Ungarn entgegen, um Teutschland von einem schimpflichen Tribut und einem immer wiederkehrenden Feinde zu befreyen. Die Sachsen in diesen Gegenden waren es, die mit **Heinrich dem Vierten** und **Heinrich dem Fünften** die blutigsten Kriege führten, und in diesen Gegenden fielen auch die merkwürdigsten Schlachten und Belagerungen vor. In diesen Gegenden endlich erhoben sich die erlauchtesten noch immer fort blühenden Geschlechter, deren Stammhäuser, so wie die Wohnsitze der teutschen Könige, auf den Bergen und Hügeln des Unterharzes in Trümmern liegen.

Nur alsdann, wenn man die Schönheit, die Fruchtbarkeit und die übrigen natürlichen Vortheile des Unterharzes durch den Augenschein kennen gelernt hat, nur alsdann kann man es sich recht erklären: warum die Sächsischen Kaiser und selbst **Heinrich der Vierte**, der gegen die Sachsen sonst im höchsten Grade erbittert war, so gern in Goslar, auf der Hatzburg und andern nahe liegenden Schlössern wohnten. In ganz Teutschland findet sich keine an Wildprett unerschöpflichere, und allen Arten von Jagd mehr günstige Gegend, als der Unterharz. So wie der benachbarte Oberharz die schönsten und weitläuftigsten Fichtenwälder enthielt; so bot der Unterharz die schönsten und weitläuftigsten Laubwälder dar, die auch bis auf den heutigen Tag so trefflich unterhalten

halten werden, daß man sie mit Recht eine der größten Zierden desselben nennen kann. Mit dieser für die Jagd so außerordentlich günstigen Lage verband sich der große Vortheil, daß den Pfalzen und Burgen am Fuße des Harzes alle Nothwendigkeiten des Lebens leicht, und im Ueberflusse aus den umliegenden fruchtbaren Gegenden zugeführt werden konnten, und daß ihre erlauchten Bewohner auch den Hauptquellen des Reichthums im 10. und eilften Jahrhundert, den Bergwerken, nahe waren, die anfangs eine ungleich größere Ausbeute gaben, als man in spätern Zeiten erhalten hat. Die letzte Ursache, warum besonders die ersten Sächsischen Kaiser am längsten und liebsten in den Burgen und Städten, oder Stiftern am Fuße des Harzes wohnten, scheint mir darin zu liegen, daß sie hier den ergiebigsten Wendischen Ländern am nächsten waren, und eine jede Gelegenheit ergreifen konnten, um neue Eroberungen zu machen, oder wenigstens den in Furcht gesetzten Wendischen Fürsten und Herren Tribut aufzulegen.

Das gröste Interesse haben die nordwestlichen Gegenden des Unterharzes für die Geschichte Heinrichs IV., die man unmöglich ganz verstehen kann, wenn man nicht die Schauplätze seiner Bedrückungen und Ausschweifungen, oder die Lage der Oerter, wo beide ausgeübt wurden, gesehen hat. Ich dachte mir vormahls Goslar und die Harzburg tiefer in die Harzgebirge hinein, und die Harzburg nahmentlich viel höher liegend, als sie wirklich ist. Es war mir räthselhaft, daß um die Harzburg ein so zahlreiches vulgus Saxonicum, oder eine so große Menge von Gemeinen, auf kleinen Höfen (villulis) wohnen konnte, als nothwendig waren, um das feste kaiserliche Schloß in kurzer Zeit zu zerstören. Auch begriff ich nicht, wie der Kaiser auf den sträflichen Einfall kam, die Sachsen, die sich nicht zu Knechten machen lassen wollten, ganz auszurotten, und ihre Schlösser und Höfe den Schwaben zu übergeben.

Der Berg, auf welchem vormals die Harzburg, oder die kaiserliche Pfalz stand, ist ein einzelner pyramidalischer Berg an dem äußersten Saume des zusammenhängenden Harzgebirges. Wenn man ihn in einiger Entfernung sieht, so scheint er kleiner, als er wirklich ist, weil man gerade hinter demselben den Brocken entdeckt, den man im ganzen Unterharze nicht tiefer herab überschauen kann, als in der Richtung, oder Gegend, wo vormahls die Harzburg lag. Diese berühmte kaiserliche Burg ist viel mehr, als andere Bergschlösser des Unterharzes, verfallen, oder verwüstet worden. Nach den Berichten von mehreren glaubwürdigen Augenzeugen sind nur einige wenige Spuren von

Über den Harz.

Mauern übrig, und man merkt es am meisten an einem noch nicht verschütteten Brunnen, daß der Gipfel des Berges in älteren Zeiten reiche und mächtige Bewohner gehabt habe. Der Nahme Harzburg sollte eigentlich nur den wenigen Trümmern der kaiserlichen Burg gegeben werden. Allein mit diesem Nahmen belegt man in der Volkssprache des Harzes bis auf den heutigen Tag die Oerter Neustadt und Binthein, die an dem Fuße des Harzburger Berges liegen, besonders den erstern Ort. Wie glücklich der Harzburger Berg zu einer kaiserlichen Burg gewählt war, erhellet am meisten daher, daß bey der Harzburg der Haupteingang in das Harzgebirge aus Sachsen und Thüringen war, und noch ist; daß alle Fahrwege auf dem Oberharze nach Harzburg zusammenlaufen, und daß in Neustadt die meisten Fuhrleute des Harzes wohnen. Nach Westen und Norden breiten sich die fruchtbaren Auen und Aecker des Fürstenthums Anhalt, des Stiftes Quedlinburg, des Bisthums Halberstadt, der Grafschaft Stollberg, u. s. w. aus. In eben diesen Gegenden erheben sich zahllose Hügel und Berge, auf welchen Heinrich der Vierte Burgen, oder feste Thürme erbaute, und Söldner hineinlegte, um die Sachsen zum Gehorsam zu bringen. Alle Reisende erstaunen über die ungeheure Menge von Thürmen und

Schlössern, deren Ruinen noch jetzt auf den nächsten Anhöhen um Quedlinburg zerstreut sind, und die, wie **Voigt** *) richtig vermuthete, größtentheils Denkmähler des Sachsenhasses des Kaisers **Heinrich** IV. sind. Die schrecklichen Fehden, welche die Sachsen mit **Heinrich dem Vierten**, und **Heinrich dem Fünften**; welche **Heinrich der Löwe** mit den Sächsischen Bischöfen, und nachher die Städte mit den Fürsten und Herren führten, zwangen den Landmann, entweder in die Städte zu fliehen, oder sich in den Schutz mächtiger Herren zu begeben: und das Zerstreute, oder Einzelwohnen des Landmanns hörte daher auf dem Unterharze, wie in den meisten übrigen Gegenden von Teutschland auf. Unterdessen liegen von der Ockerhütte an bis Goslar noch manche kleine Höfe, oder villulae, dergleichen diejenigen gewesen seyn mögen, als womit zu **Heinrichs** IV. Zeiten das ganze flache Land um die Harzburg bedeckt war.

Der Gedanke **Heinrichs** IV., den Theil von Sachsen, welcher der Harzburg und der Pfalz am nächsten war, den Schwaben einzuräumen, floß, allem Vermuthen nach, nicht bloß aus seiner Vorliebe für die Schwaben, sondern auch aus der

*) Geschichte von Quedlinburg I. 143. S.

Erinnerung der Ansprüche, welche die Schwaben einst an die schönsten Gegenden des Unterharzes gehabt hatten. Der Ober= sowohl als Unterharz gehörte bis an das sechste Jahrhundert zum Thüringischen Reich, und fiel nach dem Umsturze desselben durch die Franken und Sachsen den Letztern zu. Die neu angesiedelten Sachsen, welche das Anhaltische, Halberstädtische und Mannsfeldische Gebiet eingenommen hatten, ließen sich von den Longobarden bereden, an dem Zuge nach Italien Theil zu nehmen. Ungeachtet den verbündeten Longobarden und Sachsen die Eroberung dieses schönen Landes gelang; so brachen doch die Sachsen wieder nach ihrem Vaterlande auf, weil die Longobarden ihnen nicht gestatten wollten, nach ihren eigenen Gesetzen zu leben. Als die Sachsen in ihre Heimath zurückkamen, so fanden sie, daß ihre Wohnsitze von Schwaben besetzt waren, welche die Fränkischen Könige Chlothar und Sigisbert widerrechtlich dahin gewiesen hatten. Die Schwaben wollten sich mit dem kleinsten Theile der von den Sachsen verlassenen Besitzungen begnügen. Die Sachsen hingegen verlangten, daß die Schwaben die weggenommenen Wohnungen und Güter durchaus räumen sollten. Diese Forderung schien den Schwaben, so wie das Verlangen der Letztern den Sachsen ungerecht. Man kämpfte hartnäckig und zu wiederhohlten Mahlen um den Besitz des schönen Landes. Die Sachsen siegten zuletzt; doch scheinen die Schwaben nicht gleich ausgerottet zu seyn. Wenigstens behielt der ganze Strich bis in das eilfte Jahrhundert den Nahmen des Schwabengaus bey *). Die lange Dauer dieser Benennung ist um desto merkwürdiger, da schon im eilften und zwölften Jahrhundert die Gegenden des Ober- und Unterharzes vorzugsweise Sachsen hießen **), oder wenigstens hauptsächlich verstanden wurden, wenn von dem Lande der Sachsen die Rede war. — Man kann es gewiß voraussetzen, daß die Schwaben, die bey Heinrich IV. alles galten, es dem Kaiser werden geklagt haben, daß ihre Vorfahren von den Sachsen verdrängt worden seyen, und daß diese Klagen in Heinrich IV. den Entschluß veranlaßten, die usurpirenden Sachsen zu vertreiben, und den Schwaben das Land ihrer Väter wiederzugeben. Heinrich der Vierte wollte also nicht alle von Sachsen bewohnten Länder, sondern nur diejenigen, welche sie vormahls den Schwaben wieder abgenommen hatten, diesen von neuem einräumen.

*) Neues histor. Magaz. I. 328. 329. S.

**) I. 391. Voigt.

Elbingerode ist 1623 Pariser Schuh über die Oberfläche der Ostsee erhaben, und liegt nur 117 Schuh niedriger, als Clausthal. Man kann es also auch durch die hohe Lage der erstern Stadt rechtfertigen, daß sie von unserm Bergamt zum Oberharze gerechnet wird. Bis Elbingerode bestehen die Waldungen aus lauter Fichten, da man zwischen Elbingerode und Blankenburg nichts als Laubholz sieht. Die Nacht, die wir in Elbingerode zubrachten, war so kalt, daß die Fenster stark gefroren. Von Elbingerode aus hat man nur eine mäßige Anhöhe hinanzusteigen, um auf die Bergfläche zu kommen, die zwischen dieser Stadt und Blankenburg liegt. Der Abfall dieser Bergfläche gegen Blankenburg ist ungleich steiler und beträchtlicher, und auch daraus sieht man, daß Blankenburg eine niedrigere Lage habe, als Elbingerode. Wir bedauerten es sehr, daß unsere beschränkte Zeit uns nicht erlaubte, die schönen Gegenden und die Naturseltenheiten um Elbingerode aufzusuchen, da beide der Untersuchung so sehr werth sind. Nähere Nachweisungen findet man in den Schriften des Herrn von Rohr, und der Herren Schröder und Lasius.

Der halbe Tag, den wir für Blankenburg bestimmt hatten, reichte kaum hin, zum Louisenhaus, welches beträchtlich höher, als das Schloß liegt, hinaufzusteigen, und die Ruinen des Schlosses Regenstein zu besehen. So unläugbar es ist, daß die Aussicht vom Brocken ausgedehnter ist, als die von der Terrasse, auf welcher das Louisenhaus erbaut ist; so trage ich doch keinen Augenblick Bedenken, der Letztern den Vorzug vor der Erstern zu geben, und in dieses Urtheil stimmten, so viel ich weiß, alle meine Freunde ein. Man aber sieht freylich auf der Terrasse des Louisenhauses nicht den ganzen Oberharz, und noch weniger die entfernteren Hessischen und Sollingergebirge; dagegen hat man aber auch den Brocken und dessen Nachbaren nahe vor sich. Wenn der Anblick des Brockens der Uebersicht des ganzen Harzes nicht gleich kommen sollte; so wird das, was dem Erstern gegen die Letztere fehlt, dadurch mehr, als ersetzt, daß man die fruchtbaren und bevölkerten Thäler des Unterharzes, sammt seinen mahlerischen Hügeln und Bergstrecken, vom Louisenhause eben so weit, als vom Brocken, und dabey ungleich näher und deutlicher überschaut. Blankenburg, die Trümmern und Felsen des Regensteins, der Heydelberg, ostwärts von der Stadt und dem Schlosse Blankenburg, mit seinen verrufenen Teufelsmauern, Quedlinburg, das Schloß Ballenstedt, und Halberstadt waren mit allen dazwischen liegenden Oertern so unterscheidbar, daß man an den Bergen die einzelnen Felsen, und in den Städten die Thürme und Häuser hätte zählen können. Ueber Halberstadt weg sah ich in großer und dämmernder Entfernung etwas weißen Gebäuden Aehnliches. Der Invalide, der uns heraufgeführt hatte, sagte, daß dieses Wolfenbüttel sey. Magdeburg entdeckten wir vom Louisenhause eben so wenig, als vom Brocken. Wenn man diese Stadt bei heiterem Wetter vom Brocken erkennen kann; so glaube ich, daß man es auch vom Louisenhause bei Blankenburg könne.

Dem Schlosse Blankenburg gegenüber, und eine kleine Stunde von der Stadt, sind die Ruinen des Stammhauses der Grafen von Reinstein, oder Regenstein*), die ein Zweig der Grafen von Blankenburg, und lange die Schirmherren des Stifts und der Stadt Quedlinburg waren. Das Schloß Regenstein, dessen Besitzer erst im sechszehnten Jahrhundert ausstarben, unterschied sich von allen mir bekannten Bergschlössern dadurch, daß es größtentheils aus dem harten Sandfelsen gehauen war, auf deren obersten Höhen es ruhte. Die Festung Regenstein war noch im siebenjährigen Kriege mit einigen hundert Preußischen Invaliden besetzt, die sich den anrük-

---

*) Beide Nahmen finden sich in alten Urkunden.

kenden. Franzoſen ergeben muſten. Die Franzöſiſche Beſatzung wurde wieder vom Prinzen Heinrich gefangen genommen. Nach der Wiedereroberung ließ der Sieger die Feſtungswerke, und die bisherigen Wohnungen der Beſatzung ſchleifen; und jetzt iſt alſo nichts mehr unverſehrt, als die Gemächer und Behältniſſe, die in dem harten Felſen ſelbſt hineingearbeitet waren, und die nicht ohne große Koſten und Zeitverluſt hätten geſprengt werden können. Unſer Begleiter ſagte uns, daß die größern Gewölbe in dem Felſen vormahls zu Capellen gedient hätten, welches mir unwahrſcheinlich vorkam, bis ich in Rohrs Beſchreibung des Unterharzes *) las, daß man an der Kirche, die noch zu ſeiner Zeit gebraucht wurde, gar kein Mauerwerk, außer an dem Dache, wahrgenommen habe. Ein viel größeres Werk, als alle übrige Aushöhlungen der Felſen, war der Brunnen, der, ungeachtet er auf Befehl des Prinzen Heinrich verſchüttet worden, noch immer ſo tief iſt, daß man zweifelt, ob man den Fall eines hineingeworfenen Steins hören werde; ſo lange währt es, bis der Schlag des hinabgeſtürzten Felſenſtücks heraufdringt. Der Aufgang von der Blankenburger Seite iſt nicht ſehr beſchwerlich. Nach der

*) S. 70.

Seite von Halberstadt aber sind die Sandfelsen, deren äußerster Rand das Schloß berührte, unersteiglich abgeschnitten, und der Blick fällt senkrecht von einer Höhe von 5 bis 600 Schuh in das untenliegende Thal hinab. Aus dieser steilen Felsenwand ragt links eine starke Sandsteinsäule, wie ein natürlicher Erker hervor. Das obere Ende dieser Säule ist so weit ausgehöhlt, daß eine Gesellschaft von 6 bis 8 Personen zugleich darin stehen, oder sitzen kann. Ich vermochte es nicht, in dem nach allen Seiten mit Abgründen umgebenen, und über einem Abgrunde hängenden Sitze lange auszuhalten, weil es mir war, als wenn die hervorschießende Felsmasse sich gerade jetzt ablösen könne, wie dieses Tausenden von ähnlichen Felsstücken wiederfahren ist. An dem Fuße des Regensteins werden chalcedonartige Conchylien gefunden. Auch der Sandsteinfels selbst ist mit vielen Versteinerungen angefüllt.

Zwischen Blankenburg, Quedlinburg und Halberstadt erheben sich viele kleine Berge und Bergstrecken von Sandstein, unter welchen der Heydelberg der längste ist, indem er eine halbe Meile gegen Quedlinburg hinläuft. Aus dem Rücken dieses Berges ragen nackte Sandsteinfelsen von den verschiedensten Gestalten hervor, denen der gemeine Mann den Nahmen der Teufelsmauern gegeben hat, weil sie mit alten Gemäuern, Pfeilern, oder deren Ruinen eine gewisse Aehnlichkeit haben. Die kleinern oder größern Strecken von Sandsteinbergen haben fast ohne Ausnahme eine gleiche Richtung von Westen gegen Osten. Sie sind im Durchschnitt an ihren westlichen Enden höher und unverdorbener, als an den östlichen; und scheinen ein desto festeres Korn zu haben, je näher sie dem Brockengebirge sind. Viele dieser Sandsteinberge sind schon in niedrige Hügel zusammengesunken, und solche Hügel sind bisweilen so dicht mit großen Sandsteinen überstreut, wie die Abhänge des Brockens mit Granitblöcken. In allen umliegenden Thälern ist der Boden sandig, und man kann wohl mit eben der Zuversicht annehmen, daß der Sand der Thäler aus den verwitterten Sandsteinfelsen, als daß diese aus den Quarztheilen des verwitterten Brockengranits entstanden seyen.

Wir konnten uns in Quedlinburg nicht länger als in Blankenburg aufhalten, und wir mußten uns also das Vergnügen versagen, die in dieser Stadt lebenden würdigen Gelehrten zu besuchen. Wir wandten uns vorzüglich an den berühmten Herrn Pastor Götze, von welchem die Herren Hofräthe Gmelin und Feder über einige mineralogische Gegenstände Aufklärung zu erhalten hofften. Unglücklicherweise war dieser vortreflche Mann nicht zu Hause, als wir uns zuerst melden ließen. Wir stiegen daher allein den Stiftsberg hinauf, und ließen uns die Stiftskirche von einem Chorknaben ofnen, der uns aber nicht das alte Münster unter dem Altar aufschließen konnte, wo die Gebeine Heinrichs I. und seiner Gemahlinn Mathilde unter ganz einfachen Leichensteinen ruhen *). Die Fläche des Berges, auf welchem das Stift stehet, ist zu beschränkt, als daß sie auch für die Kaiserliche Burg Platz genug gehabt hätte. Es ist daher viel wahrscheinlicher, daß die Burg auf dem benachbarten Münzenberge gestanden habe **). Eine Gegend unter der Stiftsresidenz hat bis jetzt den Nahmen des Finkenheerdes, und eine Andere nach Dittfurth hin den der Finkenflucht behalten; und diese Benennungen verdienen allerdings für die in und um Quedlinburg noch immer herrschende Sage angeführt zu werden: daß Heinrich I. zu Quitling auf seinem Finkenheerde mit dem Vogelfange beschäftigt gewesen sey; als ihm die Nachricht von seiner Wahl zum teutschen Könige zuerst gebracht worden ***). Unter den verschiedenen Oertern, die auf eine gleiche Ehre

---

*) Voigts Geschichte von Quedlinburg I. 205. S.
**) S. 192. ib.
***) ib. S. 74.

Anspruch machen, kann vielleicht keiner diese Ehre der Nachbarschaft von Quedlinburg aus so triftigen Gründen streitig machen, als die Staufenburg hinter Gittelde, deren Ruinen uns der Herr Amtsschreiber Meier aus seinem Garten von Osterode zeigte. Bey der Staufenburg wird ein gewisser Platz, der wegen des Zusammenstoßens der Gebirge zum Vogelfange außerordentlich günstig ist, noch immer der Heinrichswinkel genannt, und bey der Staufenburg zeigt man auch noch einen Heinrichssteig. Einer uralten Ueberlieferung zufolge, soll Heinrich der Erste sich in dem Heinrichswinkel mit dem Vogelfange ergötzt haben, als ihm die königliche Würde angetragen wurde.

Da wir auch in der Stiftskirche nicht fanden, was wir suchten; so gingen wir zum nächsten Thore hinaus, um die Beschaffenheit der Sand- und Sandsteinhügel in der Nähe zu betrachten. Wir kehrten durch den schönen Lustwald, in welchem man breite Wege für Spatziergänger ausgehauen hat, in die Stadt zurück, und fanden dann eine Einladung von Hrn. Götze, zu ihm zu kommen. Herr G. war so gütig, uns seine Sammlung von Fötibus (foetibus) von allerley Thieren, zu zeigen, die vielleicht an Vollständigkeit, und sauberer Bereitung oder Erhaltung keine ihres gleichen hat. Wir bewunderten die Schönheit und

Merkwürdigkeit der seltesten Stücke, z. B. eines Armadilla und eines Tigerfötus kaum so sehr, als das Lehrreiche fast aller Präparate, besonders derjenigen, wo man Thiere von ihren ersten Keimen beynahe durch alle Stuffenfolgen der Entwickelung bis zu ihrer vollkommenen Bildung beobachten kann. Herr G. wünscht dies vortrefliche Cabinet noch bey seinem Leben zu verkaufen. Er verlangt nicht mehr als 1000 Thaler, welche Forderung uns äußerst bescheiden schien, und erbietet sich noch überdem, die übrigen Merkwürdigkeiten der Natur und Kunst, die er besitzt, als eine Zugabe hinzuzufügen. Bey dem Verkauf des Cabinets macht er nur eine unerläßliche Bedingung: daß er es, so lange er lebt, behalten dürfe. Diese Erlaubniß will er dadurch wieder vergüten, daß er es auf eben die Art, wie er bisher gethan hat, mit neuen Stücken bereichert. Wenn die Anerbietung dieses unermüdeten Naturforschers bekannt, und das raisonnirte Verzeichniß des ganzen Cabinets gedruckt wird *); so kann es fast nicht fehlen, daß sich nicht bald ein Käufer finden sollte. — Beym Weggehen sahen wir einen Pfeil, der vor nicht gar langer Zeit in der Gegend von Quedlinburg gefunden worden war. Die Spitze war sehr klein, und der

---

*) Dies ist jetzt geschehen. — Bald nachher starb der verehrungswürdige Gelehrte.

Schaft dünn, und höchstens anderthalb Fuß lang.
Die Schwäche dieses Pfeils beweist allein schon,
daß er keine teutsche Waffe war. Am glaublichsten
ist es, daß er Einem der Hunnischen oder Ungari‑
schen Krieger zugehörte, die unter dem Attila,
und vor und zu Heinrichs des Ersten Zeiten
durch, oder in diese Gegenden hereinstreiften.

Zwischen Quedlinburg und dem neuen Kruge
waren, die dem Oberharz zunächst liegenden Stri‑
che ausgenommen, alle Gegenden, durch welche
wir kamen, sehr gut angebaut. Besseres Geschirr
und schönere Pferde, als wir auf diesem Wege
sahen, wird man schwerlich irgendwo in Teutsch‑
land antreffen. Und doch fuhren wir von Qued‑
linburg zwey Stunden, ohne durch ein Dorf zu
kommen, und ohne dergleichen in der Nähe zu er‑
blicken. Die Seltenheit der Dörfer, und der all‑
gemeine Anbau des Landes scheinen mit einander
im Widerspruche zu stehen.

Goslar fand ich viel weniger todt und verfal‑
len, als ich mir diese Stadt vorgestellt hatte. Der
Hauptgrund, warum Goslar ein weniger veral‑
tetes und rauchiges Ansehen hat, als andere kleine
Reichsstädte, liegt in den beiden großen Bränden,
welche die Stadt in dem gegenwärtigen Jahrhun‑
dert erfahren hat. Solche Brände sind für Städte,
die nach dem Verhältniß ihrer Volksmenge zu viele

Häuser

Häuser haben, kein so großes Unglück, als man gemeiniglich glaubt. Nach heftigen Feuersbrünsten bebaut man nur diejenigen Straßen und Brandstellen wieder, von denen man voraussieht, daß sie das angelegte Capital hinlänglich verzinsen werden. Die Uebrigen werden zu Gärten und öffentlichen Plätzen angewandt; und die Häuser, welche stehen geblieben sind, erhalten einen größern Werth, als sie vorher hatten. Wenn Goslar noch jetzt 1100 Häuser, und nicht einmahl 5000 Einwohner hat, wie man uns sagte; so könnte die Stadt wenigstens noch die Hälfte ihrer Häuser entbehren. Es wäre zu wünschen, daß man die unnöthigen, und stete Unterhaltung erfordernden Festungswerke gegen ein gutes Pflaster in allen Straßen vertauschen könnte.

Man rühmte uns allgemein die großen Verdienste des Worthalters, oder Bürgerfürsprechers von Siemen. Er brachte es dahin, daß alle diejenigen, welche öffentliche Gelder verwalten, genaue Rechenschaft ablegen müssen; daß ein Fond zur Tilgung der öffentlichen Schulden errichtet, und daß die Schulden beträchtlich abbezahlt wurden. Zur Tilgung der Schulden brauchte man auf die Veranlassung des eben genannten Patrioten auch die Summen, die man aus dem Verkauf, oder der Miethe der Stadtgräben löste,

E

welche der Bürgerschaft als Gärten oder Gartenländer ausgetheilt wurden.

Die frühern Stunden des Morgens, den wir für Goslar bestimmt hatten, brachten wir in der Ersteigung des Rammelsberges, und in der Besichtigung der äußeren Werke, vorzüglich des neuen Englischen Röstofens zu. Nachher führte uns der Herr Bergschreiber Volkmer, der so gütig gewesen war, uns auf den Rammelsberg zu begleiten, in die Domkirche. An der Seite der Domkirche ist ein großer leerer Platz, auf welchem die alte kaiserliche Pfalz stand. Von dem kaiserlichen Pallast sind nicht einmahl Trümmer übrig. Die ehmaligen Pferdeställe dienen zu einem Kornmagazin. Die Domkirche in Goslar ist noch viel kleiner, und ungeschmückter, als die Stiftskirche in Quedlinburg; und man begreift nicht, wie eine solche Kirche einen so zahlreichen Hof, als die Kaiser an hohen Festen, und bey Reichsversammlungen hatten, faßen konnte. Ganz im Geschmack der ältesten Zeit ist der kaiserliche Thron, oder Armsessel, den man auf dem hohen Chore zeigt, und dessen Rück- und Armlehnen aus Laubwerk von Eisen bestehen. Wenn der sogenannte Altar des Crodo, mit seinen Säulen und Statuen wirklich aus den Zeiten des Heidenthums ist; so verstanden die unbekehrten Sachsen die Bearbeitung der Metalle in einem hohen Grade von Vollkommenheit. Eine gleiche Kunst verräth der große eiserne Ring, der von der Decke der Kirche herabhängt, und den der Bischof von Hildesheim, welcher unter Heinrich dem Vierten den Abt von Fulda, und dessen Reisigen mit vielem Blutvergießen aus der Kirche treiben ließ, zur Büßung seiner Gewaltthätigkeit hereinschenken muste. Wenn der hohe Altar im eilften Jahrhundert nicht größer war, als er jetzt ist; so bleibt es unerklärlich, wie der rangsüchtige Bischof einen Haufen von Bewaffneten hinter dem Altar verbergen konnte. Man zeigt noch immer die ehemahlige Oeffnung in der Mauer, durch welche der Teufel seine Freude über den blutigen Kampf bezeugt haben soll, und in der Decke an der rechten Seite den abgebildeten Kopf, und die Hand des Geistlichen, welcher Heinrich den Vierten durch eine vergiftete Hostie aus der Welt schaffen wollte. Die Bildnisse Heinrichs V. Conrads III. und Friedrichs I. auf den gemahlten Fenstern hinter dem Altar müssen sehr alt seyn, wenn man aus der Rohheit der Arbeit auf hohes Alterthum schließen darf. Sehr alt sind gewiß auch die Meßgewänder in der Sacristey, in welche allerley scheußliche Figuren mit Goldfäden eingewirkt, und eben so sonderbare erhobene Zierrathen hineingearbeitet sind. Diese Stoffe rühren nicht aus den Zeiten des Heidenthums her. Vielleicht sind sie nicht einmal von christlichen Händen, sondern von Sarácenen verfertigt, und gekauft, oder erobert worden. Eine nicht geringe Zahl von Urkunden aus den Zeiten der Sächsischen, Fränkischen und Schwäbischen Kaiser, liegt in einem schlechten hölzernen Kistchen durcheinandergeworfen und zusammengepreßt, und in einer Urkunde Otts des Ersten führen die zerbrochenen Hälften des Sigills, wie etwas Unbedeutendes, was gar nicht dazu gehörte, auf gut Glück umher. In keinem Closter habe ich Urkunden von einem solchen Werth auf eine solche Art behandelt gesehen, wie die Denkmähler in der Domkirche zu Goslar behandelt werden. Wenn die Urkunden in dem Stadtarchiv nicht auf eine ähnliche Art vernachlässigt worden sind, und es dem Magistrat in Goslar einmal gefallen sollte, Kennern den Zutritt zum Archiv zu erlauben; so kann sich die ältere Kaisergeschichte vielleicht noch manche Aufklärung aus bisher ungebrauchten Schriften versprechen.

In Goslar ist seit kurzem zum Besten der dasigen und anderer benachbarten Bergleute ein kleineres Kornmagazin angelegt worden. Das Größere ist in Osteróde, und hat mit Recht die In-

Schrift: utilitati Hercyniae. Dies einfache, aber höchst solide Kornhaus kann zwölftausend Malter fassen, und giebt in theuren Zeiten an die Harzischen Bergleute den Himpten um einen Gulden. Vom Jahr 1789 an, maaß man in 18 Monaten über 16000 Malter aus. Man kauft das Getraide größtentheils aus Sachsen und Thüringen ein, um in unsern Gegenden den Kornpreis nicht zu erhöhen. Der jetzige Inspector, ein eben so verständiger als rechtschaffener Mann klagte darüber, daß man aller Vorsicht ungeachtet mit dem Sächsischen Getraide den schwarzen Wurm erhalte, gegen welchen man frisches Herbstheu als das sicherste Gegengift auf den Boden gebracht hatte, wo er sich fand. Zur Ertödtung des weißen Wurms waren die Ständer, oder eichenen Säulen, an welchen er hinaufkriecht, mit Theer bestrichen. Die Unkosten des Magazins steigen der Regel nach, jährlich nicht höher, als auf 900 Rthl. Ein Drittel dieses Schadens tragen die Gewerke, ein anderes Drittel die Invalidencasse der Bergleute, und das letzte Drittel die Cämmerey in Goslar. Die Mäßigkeit des Schadens, welchen das Magazin leidet, zeugt für die höchste Redlichkeit der Verwalter. Dem Oberaufseher wird jährlich für jede hundert Malter, die aufgeschüttet liegen, eins zu gute gerechnet. Der jetzige Inspector ist, wie sein Vorgänger es auch war, so gewissenhaft, daß er den Ueberschuß dieses Procents, oder das was weniger als ein Malter von hundert verlohren geht, stets dem Magazin berechnet.

Ich beschliesse diese Nachrichten mit einigen Bemerkungen über die Gasthöfe, Mundarten, und Sitten des Harzes, und dann mit einigen frommen Wünschen, oder patriotischen Träumen über eine von der gegenwärtigen ganz verschiedne Benutzung der Harzgebirge.

In den Gasthöfen der Bergstädte sowohl, als der Städte des Unterharzes sind Caffee, Wein, Speisen, und Zimmer entweder recht gut, oder doch so, daß man sich damit begnügen kann, und wir sind nirgend auf eine unbillige Art übernommen worden. Nur zwey Dinge waren uns beschwerlich; die Fußboden von Estrich, die fast allgemein sind, ungeachtet sie auf dem Harze mehr als anderswo schaden; und dann die Schwierigkeit, saubere Bettwäsche zu erhalten. Damit man es um desto weniger bemerken soll, daß die Wäsche, die man giebt, schon von Andern gebraucht worden; so überzieht man die Küssen so wohl, als die Ueberdecke gemeiniglich mit bunter oder gefärbter Leinewand. Als wir uns in einem der angesehensten Wirthshäuser darüber beklagten, daß die Betttücher nicht frisch gewaschen seyen, wie man uns doch versprochen habe, so antwortete uns das Mädchen mit einer gutmüthigen Naivetät: daß sie keine andere, als reinliche und ordentliche Leute aufnähmen, und daß sie von allen ordentlichen Leuten glaubten, daß sie eben so sauber, als sie selbst seyen. An Fußreisen von angesehenen Personen ist man noch zu wenig gewöhnt. Fast allenthalben, wo wir hinkamen, wies man uns anfangs schlechte Zimmer an, oder man wußte nicht, was man aus uns machen sollte. Wir sahen uns daher gezwungen, die Zweifel der Wirthe oder Keller dadurch zu heben, daß wir gleich die besten Zimmer im Hause forderten.

Das Platteutsche, was im Blankenburgischen, Quedlinburgischen, Halberstädtischen und in Goslar gesprochen wird, hat mit dem Dialekt im Bremischen viel mehr Aehnlichkeit, als das, was man in Göttingen und den umliegenden Gegenden redet. Ein Träger aus Goslar hatte nicht bloß die Aussprache, sondern auch Wörter, und Redensarten, wie sie im Bremischen gebräuchlich sind. Ganz fremd aber war mir die Gewohnheit Unbekannte, zu denen man in dem übrigen Niedersachsen Good Fründ, oder guter Freund sagt, mit dem Nahmen Vetter anzureden, welches die Puchknaben auf dem Oberharze auch thun. Die Bergleute in Goslar reden Platteutsch. Hingegen ist die Sprache der Bergleute in Clausthal ganz voigtländisch, und daraus hat man mit Recht geschlossen, daß die Vorfahren derselben aus dem Voigtlande, oder aus der Nachbarschaft desselben auf den Harz versetzt worden. Zückert *) führt eine Sage an, daß der Canzler Heinrichs II. Fränkische Bergleute habe kommen lassen, um den Rammelsberg von neuem zu bearbeiten, und daß der obere Theil der Stadt Goslar von diesen Franken den Nahmen des Frankenberges erhalten habe. Wenn diese Ueberlieferung richtig wäre, so müste die Sprache der Goslarischen Bergleute Fränkisch und nicht Altsächsisch seyn. Im Anhaltischen ist eine Mischung von Obersächsischer, und Niedersächsischer Mundart.

Der Zustand der Oberharzischen Bergleute ist eine eigenthümliche Zusammensetzung von Knechtschaft, und Ungebundenheit. Der Lohn, um welchen sie arbeiten, und die Zeit und Dauer ihrer Arbeit hängen nicht von ihrer Willkühr, sondern von dem Willen des Herrn ab, welchem sie dienen. Man überläßt es ihnen nicht, für sich selbst in Zeiten der Krankheit, oder der Theurung, und für Wittwen und Kinder nach dem Tode zu sorgen. Man reicht ihnen das nöthige Getraide um einen

---

*) I. 92. S.

bestimmten Preis, hält ihnen Aerzte, giebt ihnen Arzeneyen, und zwingt sie, von ihrem Lohn etwas für diese Bedürfnisse zurück zu lassen. Junge Bergleute dürfen nicht eher heirathen, als bis sie von ihren Obern die Erlaubniß erhalten haben. Alle diese Umstände machen es wahrscheinlich, daß die Harzischen, wie alle übrige Teutsche Bergwerke, zuerst von Sclaven, oder von Knechten unteutschen Ursprungs bearbeitet wurden, und daß man sie, wie andere Leibeigene allmählich entfesselt habe, weil man fand, daß dieses für die Herrn so wohl, als für die ehemaligen Knechte besser sey. Ungeachtet die Bergleute viel weniger frey sind, als unsere Landleute und Bürger; so beweisen sie doch in ihren Reden und Betragen gegen ihre Obern eine ungleich größere Freymüthigkeit, und weniger Ehrerbietung. Auch werden sie durch Reden und Maaßregeln von Predigern und andern Vorgesetzten, die sie für beleidigend halten, leichter zu gefährlichen Ausbrüchen von Rache gereizt. Die Unverschämtheit der Puchjungen im Betteln und Schimpfen ist bekannt, und hat wenig, oder gar nicht, abgenommen.

Die Härzischen Bergleute erhalten beynahe einen doppelt so starken Lohn, als die Bergleute im Erzgebirge, die wöchentlich nur zwey Gulden verdienen; und doch bringen die Erstern sich und ihre Familien nur sehr kümmerlich durch. Sehr oft wohnen vier Familien in einer Stube, welches nothwendig zu beständigen Zänkereyen, kleinen Diebereyen, und andern Unordnungen Anlaß gibt. Die gewöhnliche Nahrung der Bergleute ist Wasser, Brod, und etwas Wurst. Man behauptet, daß die Bergleute seit einigen Menschenaltern an Stärke und Dauerhaftigkeit sehr verlohren haben, weil sie sich bey den steigenden Preisen der Lebensmittel nicht so gut nähren können, als ihre Väter und Großväter. Der Wuchs und die Kraft des Körpers wird schon durch die übermäßige Arbeit, wozu die Puchknaben vom zehnten und eilften Jahre angehalten werden, zerknickt. Die Puchjungen sind daher im Durchschnitt kleiner, als andere Kinder von gleichem Alter, so wie diejenigen, die von ihren zartesten Jahren an gesponnen, oder gestrickt und geknüppelt haben, wieder schwächer, als die Puchknaben sind. Große und schöne Männer sind unter den Bergleuten äußerst selten, und uns kam nur ein einziger junger Bergmann von hohem Wuchse und schöner Bildung in Goslar vor. Auf dem Harze glaubt man, daß die Weiber im Ganzen schöner seyen, als die Männer. Wenn man nach den alten sowohl, als jungen Weibern urtheilen durfte, die uns zwischen Osterode und Clausthal, oder zwischen der letztern Stadt und

Goslar in großen Haufen begegneten; so würde man die Harzweiber für noch häßlicher, als ihre Männer und Brüder erklären müssen.

In Rücksicht ihrer Sitten stehen die Bergleute, und noch mehr ihre Weiber, die im Lande schlechtweg Harzweiber genannt werden, in keinem guten Ruf. Uneheliche Geburten sind auf dem Oberharze eben so häufig, als in den verdorbensten teutschen Städten. Die große Anzahl von unehelichen Geburten setzt aber auf dem Harze nicht eine gleiche Sittenverderbniß, wie in den Städten voraus, weil manche Geburten bloß deswegen unehelich werden, weil die Bräutigame die Erlaubniß zu heirathen nicht früh genug verlangt oder erhalten haben. Vergnügte und ruhige Ehen sollen unter den Bergleuten seltener, als unter den Landleuten, oder geringern Bürgern seyn. Ein feiner Beobachter suchte den Grund davon in der Lebensart der Bergleute und ihrer Weiber selbst. Die Männer sind den ganzen Tag von ihren Weibern getrennt, und legen sich, wenn sie Abends ermüdet von der Arbeit kommen, gleich zur Ruhe. Auch die Weiber laufen fast beständig zwischen ihrem Wohnort und den benachbarten Städten umher, um durch das Hinauf- oder Hinabtragen von allerley Sachen einige Groschen zu erwerben. Die Eheleute lernen sich also weniger kennen, als in andern niedrigen Ständen, und daher geschieht es häufig, daß, wenn die Frau am Ende der Woche, wo der Mann seine Löhnung erhalten hat, das für die Haushaltung nothwendige Geld verlangt, der Mann die Forderungen übertrieben findet, und Schläge austheilt, an Statt Liebkosungen zu erweisen. Solche Auftritte sind der ehelichen Treue eben so wenig günstig, als die stets fortdauernde Abgesondertheit. Die Ehen würden glücklicher seyn, und die Familien der Bergleute selbst würden weniger darben müssen, wenn nicht die Männer gewöhnlich einen großen Theil ihres wöchentlichen Lohns am Sonntage in den Wirthshäusern verpraßten.

Die Bergleute sind, wie fast alle Europäische Slawen, bey ihrer Armuth eines stets heitern Sinnes, und zu Gesang und Musik geneigt. Nicht weniger allgemein soll ihr Hang zum Diebstahl seyn, und heimliche Diebereyen sind daher, wie nächtliche Einbrüche auf dem Harze häufiger, als in den benachbarten Gegenden. Von den Harzweibern erzählt man, daß es ihnen beynahe unmöglich sey, sich vom fremden Gute, dessen sie habhaft werden können, zu enthalten. Wenn sie an Oertern, wo sie in Haufen beysammen sind, nichts erhaschen können; so bestehlen sie sich unter einander, und verbergen das Gestohlene auf eine so heimliche und geschickte Art, daß man fast nie die Thäterinn entdecken kann. Die Harzweiber ertragen lieber die größten Beschwerden, als daß sie anhaltend arbeiten sollten. Im Winter waten sie auf dem Oberharze durch den tiefsten Schnee, und am Fuße des Gebirges durch eben so tiefes Wasser, um durch das Hinauftragen von einigen Bündeln Stroh drey Groschen zu verdienen, da sie, wenn sie zu Hause spönnen, wenigstens 2½ Groschen in Ruhe erwerben könnten. Die Harzweiber tragen viel größere Lasten, als die Männer, und schwere Lasten tragen sie für einen geringern Lohn irgendwohin, als einzelne Briefe, weil sie dieses für etwas Wichtigeres oder Vornehmeres halten. Wenn die Weiber und Töchter der Bergleute sich einmahl an die häusliche und weibliche Industrie gewöhnten, die den Frauen und Töchtern der Erzgebirgischen Bergleute gemein ist; so werden sie nicht mehr nöthig haben, die Lastthiere des Harzes zu seyn, und ihre Männer werden sich mit einem geringern Lohn begnügen können.

Da die Minen- und Hüttenarbeiten die Hauptbeschäftigung der Bewohner des Harzes ausmachen; so kann der Harz lange nicht so bevölkert seyn, als solche gebirgige Gegenden, wo entweder der Bergbau, oder die Viehzucht mit andern nützlichen Gewerben verbunden wird. Wenn man uns anders recht berichtet hat; so enthält der Harz, so weit er Churhannöverisch ist, auf ohngefähr 12 Quadratmeilen 22300 Menschen. Es ist notorisch, daß die Bearbeitung der Minen wenigstens so viel, oder fast so viel kostet, als die Berghandlung einbringt. Mehrere einsichtsvolle Personen fürchten sogar, daß die Ausbeute sich in der Folge noch immer verringern werde.

Wenn die jetzt noch ergiebigen Minen immer mehr und mehr abnehmen, und zuletzt ganz verschwinden sollten; so wird alsdann von selbst auf dem Harze eine andere Ordnung der Dinge entstehen, als bisher da war; und ich bin fest überzeugt, daß bey einer solchen allmähligen Revolution sowohl der Wohlstand der Harzbewohner, als die öffentlichen Cassen gewinnen werden. Die entbehrlichen Hände, welche der Bergbau zum Theil schon eine Zeitlang mit unfruchtbaren Arbeiten beschäftigte, werden nützlichen Handthierungen zuwachsen, und sich entweder zum Stricken, oder zum Spinnen und Weben, oder zum Drechseln, oder zur Verfertigung von allerley hölzernen Waaren hinwenden. Die zunehmende Industrie wird die Bevölkerung, und die Bevölkerung die Ausrodung der Wälder, die Verminderung des flurenverwüstenden Wildes, und die Vervielfältigung von fruchtbaren Alpen, und deren Producten befördern. Die hunderte oder tausende von Stämmen, die man bisher jährlich in die Bergwerke versenkte, werden zum Vortheile der landesherrlichen Cassen, und mit großem Gewinn derer, welche sie erhandeln, oder fortbringen, verkauft werden. Sollten einige reiche Minen übrig bleiben; so ist fast gar nicht zu zweifeln, daß diese wenigstens so gut, als bisher, bearbeitet, die Erze eben so gut benutzt, und die daraus verfertigten Waaren schneller und vortheilhafter würden verkauft werden, wenn man die Bergwerke gegen einen mäßigen Antheil an der Ausbeute, Privatpersonen überließe. So wie der Bergbau in dem größten Theile von Teutschland betrieben wird; so hat er alles das gegen sich, was man schon längst gegen landesherrliche Fabriken überhaupt vorgebracht hat, und was ich hier nicht zu wiederholen, oder anzuwenden brauche *).

*) Man sehe unter andern Townsend's Journey through Spain. London 1791. Vol. I. p. 241.

Briefe über eine Reise nach Franken.

Geschrieben im November 1792.

―――

Erster Brief.

Sie wünschen, werthester Freund, daß ich Ihnen die wichtigsten Bemerkungen mittheilen möge, welche ich auf meiner letzten Reise nach Franken gemacht habe. Ich erfülle diesen Wunsch, so wie alle Ihre übrige Wünsche, deren Befriedigung in meiner Gewalt ist, um desto lieber, da ich zufälligerweise, und ohne es im geringsten vorausgesehen zu haben, zu einer solchen Zeit nach Franken kam, wo in der Nachbarschaft die merkwürdigsten Veränderungen vorgingen, und Wirzburg der Versammlungsplatz von vielen Fremden, so wie der Vereinigungspunct von vielen Neuigkeiten wurde. Ich war schon in Wirzburg, als Speier und Worms zuerst von den Franzosen besetzt wurden. Ich war noch in Wirzburg, als Cüstine gegen Mainz anrückte, und diese Stadt zu belagern drohte. Bey solchen Gelegenheiten hört und sieht

Briefe über eine Reise nach Franken.

sieht man Vieles, welches sich auch nachher nicht ohne Interesse erzählen und lesen läßt. Ueberdem verschaffte mir die letzte Reise neuen Stoff für Untersuchungen, womit ich mich in den letzten Jahren beschäftigt, und worüber wir uns oft unsere Gedanken eröffnet haben. Wenn ich Ihren zu günstigen Erwartungen nicht ganz genug thue; so hoffe ich wenigstens, daß ich Ihnen die Zeit, welche das Lesen meiner Briefe erfordert, nicht ganz verderben werde.

Damit ich Sie in Ansehung der Zeit, worin manche von den folgenden Beobachtungen gemacht worden, gehörig orientire; so ist es nöthig, Ihnen vorläufig ein kurzes Schema unserer Reise vorzuzeichnen. Wir verließen Göttingen am eilften September, und kamen am folgenden Tage in Gotha an, wo wir uns drey Tage bey unsern liebreichen Verwandten und Freunden aufhielten. Von Gotha brachen wir am 16. Sept. auf, an welchem Tage wir sieben und zwanzig Wägen mit Preußischem Gelde zur Armee abführen sahen. Ungeachtet wir gleich nach sechs Uhr ausreisten, und Gotha von Meiningen nur sieben Meilen entfernt ist; so langten wir doch in der letzten Stadt erst um 8 Uhr an. Am siebenzehnten hingegen würden wir die 12½ Meilen, welche man von Meiningen nach Wirzburg bezahlen muß, in zwölf Stunden zu-

F

rückgelegt haben, wenn man uns nicht in Melrichsstadt eine, und in Werneck zwey Stunden aufgehalten hätte. Die Postillions zwischen Meiningen und Wirzburg fahren sehr gut. Es wäre aber auch bey gutem Fahren unmöglich, 12½ Meilen in der Zeit zu machen, in welcher man sie wirklich macht, wenn die Meilen so richtig, als im Hannoverischen gemessen wären. Unsere Absicht war, acht Tage in Wirzburg auszuruhen, und dann gleich auf acht Tage nach Bamberg zu gehen. Dieser Entwurf wurde durch das schlechte Wetter vereitelt, welches in den ersten vierzehn Tagen nach unserer Ankunft in Wirzburg fast ununterbrochen anhielt. Mancherley Hindernisse erlaubten es uns nicht eher, als am 9. October, nach Bamberg zu gehen, und nicht länger als drey Tage in dieser Stadt zu bleiben, unter welchen drey Tagen der erste wiederum durch einen beständigen Regen gleichsam vernichtet wurde. Nach unserer Rückkunft von Bamberg, fesselte uns die ausserordentliche Güte unsers Gastfreundes, des vortreflichen Oberthür, bey welchem wir die ganze Zeit über wohnten, so sehr, daß wir uns nicht vor dem 22. Octob. losreissen konnten. Drey Tage vor unserer Abreise war es noch unser fester Vorsatz, über Aschaffenburg, Hanau und Butzbach zurückzukehren, weil wir diesen Weg noch nicht gemacht, und die Gärten bey Aschaffenburg noch nicht gesehen haben. Das Vorrücken der Franzosen zwang uns, diesen Reiseplan aufzugeben. Wir fürchteten nicht sowohl das Begegnen der Franzosen, deren strengen Mannszucht selbst Oesterreichische und Mainzische Officiere die günstigsten Zeugnisse gegeben hatten, als vielmehr die Schwierigkeit, oder Unmöglichkeit, auf manchen Stationen Pferde zu bekommen. Um aber doch nicht genau denselbigen Weg zurückzunehmen, den wir vor sechs Wochen gemacht hatten, gingen wir über Meiningen und Eisenach nach Cassel. In Eisenach kamen wir früh genug an, um die Wartburg ersteigen zu können. In Cassel besahen wir die neuesten Anlagen am Weißenstein, von welchen man fürchtete, daß sie bald würden zerstört werden. Man erwartete die Franzosen, von welchen es hieß, daß sie schon bey Hirschfeld stünden, in den nächsten Tagen. Der Landgraf, oder dessen Minister und Generale, hatten alle Pferde in der Stadt, besonders auf der Post, in Beschlag genommen. Ich muste also zu meinem großen Verdruß am 25. Oct. in Cassel liegen bleiben. Nur mit genauer Noth, und durch eine besondere Gefälligkeit der würdigen Frau Postmeisterinn, erhielt ich am nächsten Morgen Pferde, die mich nach Münden brachten. Münden war mit Flüchtlingen aus Frankfurt, Cassel, Wezlar und andern Städten angefüllt, und kurz vor dieser Stadt trafen wir einen Theil der Bedeckung an, welche den Schatz des Landgrafen bis an die Gränze begleitet hatte. Der Postillion, der uns nach Münden führte, versicherte, daß er in drey Tagen und Nächten nicht eine einzige Stunde geschlafen habe. Am 26. Oct. stiegen wir schon vor 5 Uhr vor unserm Hause aus.

Man mag nach Wirzburg reisen, in welcher Richtung man will, über Gotha, Smalkalden und Meiningen, oder über Cassel, Eisenach, und Meiningen: oder über Cassel, Vach und Fulda, oder über Butzbach, Hanau und Aschaffenburg; so kann man schlechten Wegen, und zwar sehr schlechten Wegen, niemahls ganz ausweichen. Die am wenigsten schlechten Wege trifft man auf der letzten Route an. Ich weiß aber nicht, ob es sich um dieser weniger verdorbenen Wege willen der Mühe verlohnt, sechs bis acht Meilen umzureisen. So wie unsere Chaußee fast ganz bis an die Eichsfeldische Gränze fortgeführt ist; so sind auch die Wege zwischen Heiligenstadt und Dingelstädt beynahe ganz gebaut. Man arbeitet ferner mit Macht an dem Wege von Heiligenstadt nach Göttingen, welche Straße es unter allen am meisten nöthig hat; denn als ich sie das letztemahl fuhr, waren durch den anhaltenden Regen solche Löcher hineingerissen, daß sie mehr einer Ravine, oder tiefen Bergspalte, als einer Landstraße ähnlich sah. Wenn die Wege einmahl zwischen Göttingen und Gotha, und dann zwischen Gotha und Meiningen gebaut seyn werden; so wird man ganz bequem in drey Tagen nach Wirzburg kommen können. Zwischen Meiningen und Barchfeld fand ich diesmahl die Wege weniger halsbrechend, als vor sechs Jahren: nicht sowohl deswegen, weil die Wege wären gebessert worden, als weil die Post in Meiningen jetzt vom Hofe besorgt wird, und die Hofpostillions die Freyheit haben, allenthalben, wo sie wollen, und können, über Wiesen und Felder zu fahren. Zwischen Barchfeld und Eisenach waren die Wege noch viel schlimmer, als da ich das erstemahl durch diese Gegenden reiste; und gerade in Barchfeld hörte ich einen Fuhrmann heftig auf die Chaußee fluchen. Durch die Chaußeen, sagte dieser Kärner, sey das Fuhrwesen in Verfall gekommen. Vormahls habe man nur mit Pferden fahren können. Jetzt könne man es auch mit Kühen thun. Unter den Chaußeen, die ich auf der letzten Reise gesehen habe, ist die Meiningische von der Stadt Meiningen bis an die Wirzburgische Gränze die schönste. Um desto mehr ist es zu bedauern, daß man an solchen Stellen, wo kleine Wasseradern oder zusammenstürzende Regen= und Schneewasser durchlaufen, statt der Brücken, Vertiefungen in der Chaußee gemacht, und diese an ihren Abhängen mit platten Steinen ausgepflastert hat. Man empfindet jedesmahl einen unangenehmen Stoß, wenn der Wagen in solche ausgehöhlte Canäle hinein= und wieder heraus gerissen wird; und ich glaube gern, daß Wägen, deren Achsen nicht recht stark sind, darin zerbrochen werden können. Aehnliche künstliche Löcher finden sich auch auf den Wirzburgischen Chaußeen, besonders zwischen Bamberg und Wirzburg. Auf eben diesen Chaußeen herrscht ein großer Mißbrauch; von welchem es mich wundert, daß er noch nicht gehoben worden ist, da man ihn schon öffentlich gerügt hat. Die Postillions fahren unter dem Vorwande, daß sie sich nicht aufhalten wollen, vor den Weghäusern vorbey, und nehmen dem Reisenden am Ende der Station anderthalb oder zweymahl so viel Chaußeegeld ab, als er schuldig ist. Der Postillion, der mich von *** nach *** führte, hatte sogar die Unverschämtheit, in Gegenwart des Postmeisters der letzten Stadt, zweymahl so viel zu verlangen, als ich hätte geben sollen, und auf dieser Prellerey zu bestehen, ungeachtet der Postmeister selbst sagte, daß seine Forderung ungerecht sey. Ich habe diese Erpressungen mehreren Mitgliedern der Wirzburgischen

Regierung gemeldet, und ich hoffe, daß sie bald werden abgestellt werden. Dies kann nicht sicherer geschehen, als wenn man den Einnehmern des Chaußeegeldes bey Strafe der Cassation befiehlt, daß sie keinen Wagen ohne Entrichtung des Weggeldes vorüberfahren lassen, und daß sie, so bald ein Wagen da ist, selbst hinausgehen, und die Chaußeezettel abgeben. Wenn man das Chaußeegeld auch jedesmahl bezahlen will, so erwarten die Einnehmer, daß es ihnen von den Postillions an das Fenster gebracht wird: aus welcher pflichtwidrigen Bequemlichkeit leicht Unglück entstehen kann, wenn die Pferde nicht ganz sicher sind.

In diesem Herbst war es das vierte Mahl, daß ich Wirzburg besuchte, und ich konnte daher Vergleichungen zwischen dem gegenwärtigen, und vormahligen Zustand der Stadt und des Bisthums anstellen. Das Resultat dieser Vergleichungen war immer dieses, daß die Stadt sich jedesmahl, wenn ich sie wieder sah, verschönert, und das Wirzburger Land sich verhältnißmäßig emporgehoben habe. Diese Verschönerungen und Verbesserungen verdanken Stadt und Land, vorzüglich der Weisheit und Güte des jetzt regierenden Fürsten, und den Bemühungen der vortrefflichen Männer, welche er als Gehülfen und Werkzeuge seiner wohlthätigen Absichten gebraucht hat, und noch braucht.

In unserm ganzen Erdtheile, sind gewiß nur wenige Fürsten, die so sehr geliebt und geehrt werden, als der gleich große und gute Bischof von Bamberg und Wirzburg, jetzt von seinem Volke geliebt und geehrt wird. Dieses an edeln Fürsten fast ganz allein beneidenswerthe Glück genoß selbst Franz Ludewig nicht immer in demselbigen Grade. Als er zur Regierung gekommen war, wurde er von der Wichtigkeit und Heiligkeit seiner neuen Pflichten so sehr durchdrungen, daß er darüber eine Zeitlang in eine gewisse Aengstlichkeit fiel, die ihn hinderte, manches Gute so bald zu thun, als man es wünschte. Eben diese Aengstlichkeit machte ihn zu einem Widersacher von mehreren rechtschaffenen und wahrhaftig frommen Männern, an deren Rechtgläubigkeit er zweyfelte, oder von Andern zu zweyfeln bewogen wurde. Kurzsichtige, oder nichtswürdige Heuchler schlichen sich zwar nicht in seine Gunst ein, allein sie überraschten ihn doch nicht selten von einer Seite, von welcher sie wusten, daß er ihren Künsten allein zugänglich war. Die ängstliche Frömmigkeit des Fürsten verbreitete über die Stadt, wie über den Hof eine gewiße düstere Stille, die um desto auffallender war, da man sich unter dem letzten Regenten seinem Genius ungescheut überlassen hatte. Wenn man auch nicht umhin konnte, den von je her unsträflichen Wandel, den durchbringenden Geist, die gründliche Gelehrsamkeit, die unermüdliche Thätigkeit, und die auf das Wohl des Staats und der Religion ganz allein abzielenden Gesinnungen des neuen Herrn zu bewundern; so konnte man ihn doch nicht im gleichen Verhältnisse lieben, weil man immer fürchtete, daß der oft nur angebliche Mangel einer gewissen Religiosität und Rechtgläubigkeit der Vorwand von verminderter Gnade, oder von kränkenden Beunruhigungen werden möchte. Der fromme Fürst betrieb die beschwerlichsten geistlichen Verrichtungen mit einem solchen Eifer, daß seine nicht starke Gesundheit dadurch auf eine gefährliche Art erschüttert wurde. Die traurigen Folgen einer übertriebenen Gewissenhaftigkeit nöthigten endlich die Aerzte, ihrem Herrn die nachdrücklichsten Vorstellungen zu machen. Auf den Rath der Aerzte enthielt sich der Fürst von den angreifenden Visitationen. Seine Gesundheit stärkte sich von Jahr zu Jahr, und so wie diese zunahm, so wurde seine Frömmigkeit milder und duldsamer, sein Geist heiterer, und entschlossener, und der Gang der Geschäfte rascher, als er Anfangs gewesen war. Ungeachtet der Fürst noch immer täglich mehrere Stunden auf stille Andachtsübungen, und gottesdienstliche Handlungen wendet; so verlangt er doch im geringsten nicht, daß Andere ein Gleiches thun. Man denkt, redet, und schreibt in Wirzburg eben so frey, als in irgend einem andern katholischen Lande. Der Fürst weigerte sich standhaft, an den Verfolgungen Theil zu nehmen, die man jetzt in so vielen Gegenden von Teutschland mit der größten Ungerechtigkeit gegen die ehemaligen Illuminaten übt, indem er sagte: daß er die Illuminaten zwar nicht für Engel, aber auch nicht für solche Teufel halte, als wofür man sie jetzt ausgebe. *) Bey der ursprünglichen Stimmung seines Geistes, und bey der seit vielen Jahren befestigten Richtung seines Gemüths, würde der Fürst von Wirzburg vielleicht doch keine kühne, und durchgreifende Verbesserungen der Geistlichkeit, und der Kirche wagen; wenn er auch dazu ermuntert würde. Weit entfernt aber den Fürsten zur Abstellung der unvernünftigsten, und schädlichsten Misbräuche aufzufordern, widersetzt sich der größere Theil der geistlichen Regierung in Wirzburg öffentlich oder heimlich den wohlgemeynten Absichten des aufgeklärten Fürsten, und der aufgeklärten Weltgeistlichkeit; und in dieser Widersetzlichkeit liegt der Grund, warum viele Ueberbleibsel des alten Aberglaubens, deren Untersa-

---

*) Ein anderer geistlicher Fürst gab denen, die ihn zu Inquisitionen gegen die Illuminaten bereden wollten, zur Antwort, daß er noch Illuminaten, oder Erleuchtete, brauche, indem es in seinem Lande sehr finster sey.

gunst der Fürst der geistlichen Regierung gleichsam abnöthigte, dennoch hartnäckig von den Mönchen beybehalten werden. Die Freunde der Aufklärung, und der ächten Religion wünschen laut, daß die wackern Mitglieder der geistlichen Regierung, die geistlichen Räthe Gregel, Leibes, Sündermahler u. s. w. bald mehrere ihnen ähnliche Gehülfen, und durch deren Mitwirkung allmählich das Uebergewicht erhalten mögen.

Unter den größern geistlichen Fürsten unsers Vaterlandes sind jetzt Viele, deren Finanzen in der besten Ordnung sind. Ich weiß aber nicht, ob sich unter ihnen nur noch ein Einziger findet, der mit der sorgfältigsten Verwaltung der öffentlichen Einkünfte eine solche Sparsamkeit gegen sich selbst vereinigt, als der Fürst von Wirzburg; und der so fest, als er, überzeugt ist, daß Alles, was er vom Lande hebe, auch dem Lande wieder gehöre. Franz Ludewig wendet nicht nur die Revenüen seiner Chatouille, sondern auch sogar den Ertrag seiner Familiengüter zum gemeinen Besten an. Kein Teutscher Fürst, und nur Wenige von Adel leben so einfach, als er, und schränken sich so sehr in Rücksicht auf Hausrath, Equipage, Tafel, Kleidung, Lustsitze und Lustgärten ein. Er unterscheidet sich selbst von den meisten großen und sparsamen Fürsten dadurch, daß er auch nicht eine einzige kostbare Liebhaberey hat. Alle Unterthanen stimmen einmüthig darin überein, daß ihr Fürst keine andere Leidenschaft, als die Glückseligkeit seines Volks habe, und wie ist es möglich, einem Fürsten eine prächtigere Lobrede zu halten, als in dieser Herzensergießung der Nation enthalten ist!

Bey einer so weisen Ordnung und Sparsamkeit, als der Fürst von Wirzburg von jeher eingeführt, oder beobachtet hat, wurde es ihm nicht schwer, in einer Zeit von 8 Jahren 6 bis 700000 Gulden auf die Errichtung oder Verschönerung von gemeinnützigen öffentlichen Gebäuden zu wenden. Unter diesen Denkmählern seiner Huld wird keins die Weisheit und Wohlthätigkeit des Stifters, auch der spätern Nachwelt, so laut und rühmlich verkündigen, als das neue und große Spital in Bamberg, das in Ansehung der Reinlichkeit, und der musterhaften Einrichtung und Verwaltung das Einzige in seiner Art ist. So lange der Fürst regiert, ließ er stets mehrere hoffnungsvolle junge Gelehrte, oder Künstler, oder künftige Geschäftsmänner auf seine Kosten reisen, oder erleichtert wenigstens ihre Ausbildung durch beträchtliche Zuschüsse. Er trug von Anbeginn an, und trägt auch jetzt noch zu der neuerrichteten Witwencasse, zur Armencasse, zum Fond für die Erleuchtung der Stadt Wirzburg, und andern ähnlichen Anstalten und Unternehmungen mit fürstlicher Freygebigkeit bey. Die großen Summen nicht einmahl gerechnet, um welche er Naturalien- und Kunstcabinette zum öffentlichen Gebrauch für Wirzburg und Bamberg gekauft hat. Der Fürst beobachtet in seiner Freygebigkeit das Maaß, welches man in der Ausübung dieser, wie der übrigen Tugenden nicht überschreiten darf, wenn sie nicht aufhören sollen, lobenswürdig zu seyn. Die beiden öffentlichen Cassen, die Cammer nämlich, und die Obereinnahme sind in der treflichsten Verfassung. Beide sind fast ganz frey von den Schulden, die bey dem Antritt der Regierung des jetzigen Fürsten darauf hafteten. Die Cammer hat eben so viele Capitalien, als sie schuldig ist, und bey der ehemahligen ständischen Casse übersteigen die Schulden die ausgeliehenen Capitalien nur um einige hundert tausend Gulden. In der Cammer ist immer ein baarer Vorrath von einigen hundert tausend Gulden vorhanden, damit man bey unvorhergesehenen Vorfällen nicht gleich zu Anleihen gezwungen ist. Die Ankunft zweyer Kaiser, und des Königs von Preußen, die mit einer der Würde dieser hohen Personen angemessenen Pracht gefeiert wurde, kostete sehr große Summen. Nichtsdestoweniger wurde gleich nach Endigung der Feierlichkeiten alles baar bezahlt, ohne daß der Cammer die Fonds zu andern nöthigen und nützlichen Dingen gefehlt hätten. Man rechnet, daß die Einnahme beider Cassen ohngefähr gleich ist, und etwa eine Million betrage. Die Revenüen dieser Casse im Stifte Bamberg werden zu 400000 Fränkischen Gulden angeschlagen. Fast eben das Verhältniß, was sich zwischen dem Ertrage der öffentlichen Cassen in den Stiftern Bamberg und Wirzburg findet, soll auch zwischen der Einnahme der Wirzburger und Bamberger Chatouille Statt haben. Der gemeinen Schätzung nach bringt die Erstere 30000 Gulden, und die Andere 15000 Gulden ein.

Der Fürst von Wirzburg glaubt, daß er alle seine Zeit und Kräfte, wie seine Einkünfte, dem Volke, über welches er herrscht, schuldig sey. Unabläßiges Arbeiten ist für ihn Bedürfniß, und eben deßwegen auch sein einziges Vergnügen. In den ersten Jahren seiner Regierung ritt er bisweilen spatzieren. Schon lange aber geschah dieses eben so selten, als Spatzierenfahren, oder Spatzierengehen. Nur läßt er sich seit der Ankunft des Churfürsten von Mainz, der täglich mehrere Stunden spatzieren geht, bewegen, seinen Bruder zu begleiten. Ein Jeder sagt voraus, daß diese Zerstreuungen nicht länger dauern werden, als der

Churfürst sich hier aufhalten wird. Es ist der allgemeine Wunsch des dankbaren Publicums, daß der Fürst seinem Cörper öfter gesunde Bewegungen, und den Genuß von freyer Luft, so wie seinem Geiste das Vergnügen angenehmer Unterhaltung gönnen möchte. Man behauptet nicht ohne Grund, daß der Fürst alsdann von manchen kleinen Beschwerden, die ihn jetzt bisweilen heimsuchen, frey werden, und dem Lande länger erhalten werden würde.

Kein Stand kann mit Recht darüber klagen, daß er von dem Fürsten vernachläßigt werde. Unterdessen hat der Zahlreichste und Nützlichste, der Bauernstand, vielleicht am meisten Ursache, die Aufmerksamkeit und Gnade des Fürsten zu preisen. Die Lage des Landmanns hat sich unter dem gegenwärtigen Fürsten so sehr gebessert, daß der Bauer ein Gegenstand des Neides der übrigen Stände, besonders des Bürger- und Rathsstandes, geworden ist. Die Einwohner der Städte beschweren sich darüber, daß der Landmann an ihnen einen schädlichen Wucher übe, indem er seine Producte nicht eher verkaufe, als bis sie den höchsten Preis erstiegen hätten. Auch wirft man den Bauern vor, daß sie allmählich alles baare Geld an sich ziehen, und in ihre Kisten einschließen. In den meisten Getraidegauen strecken sich die Bauern einander große und kleine Summen vor. Die durch den Wohlstand des Bauern erniedrigten Zinsen drücken den Städter eben so sehr, als die gestiegenen und noch immer steigenden Preise der Lebensmittel. In keiner andern Gegend von Teutschland leidet der Landmann so wenig durch die Verheerungen des Wildes, als im Wirzburgischen. Der Fürst gab schon lange der Jägerey so ernstliche Befehle zur Verfolgung des Wildes, daß dieses beynahe vertilgt, oder wenigstens bis zur gänzlichen Unschädlichkeit vermindert worden ist; und dieses Beyspiel beweist, daß die Fürsten, wenn sie nur kräftig wollen, ihre Unterthanen bald gegen die Anfälle des Wildes schützen können. Im Wirzburgischen war es seit undenklichen Zeiten her Sitte, daß die Amtleute, oder die sogenannten Amtskeller, von ihren Untergebenen Bittfrohnen forderten, aber sie auf eine solche Art darum ersuchten, daß die Bauern sie nicht gut abschlagen konnten. Der Fürst hat diese Bittfrohnen auf das strengste untersagt, und den Amtskellern zugleich befohlen, daß sie die Frohnen, welche die Bauern zu leisten schuldig seyen, aus ihrer eigenen Tasche bezahlen, nicht aber, wie bisher, der Cammer anrechnen sollen. Würden die Amtskeller beweisen, daß sie die Frohnen selbst nicht zahlen dürften; so sollten sie deßwegen von der Cammer eine billige

Entschä-

Entschädigung erhalten. Der Wohlstand des Landmanns ist gewiß die Haupturfache, daß wir von der Wirzburgischen Gränze an bis an die Hauptstadt auch nicht ein einziges Mahl angebettelt worden sind. Wären die Bauern so arm, als in manchen benachbarten Gegenden; so würden alle Verbote und Strafen diesen Unfug nicht hindern können. In der Stadt Wirzburg wagt es zwar nicht leicht Jemand, einen Vorübergehenden geradezu um ein Allmosen anzusprechen. Dagegen aber geschieht es nicht selten, daß liederliche Buben, oder Weiber und Männer mit bettlerischer Zudringlichkeit Blumen anbieten, um bey dieser Gelegenheit ihre Noth klagen zu können. Einsichtsvolle Patrioten haben mir versichert, daß die Bevölkerung und Cultur des Landes unter dem jetzigen Fürsten um ein Viertel, wenigstens um ein Fünftel zugenommen habe. Das Stift Wirzburg, dessen Flächeninhalt man auf 95 bis 100 Quadratmeilen angibt, soll 260000 bis 262000 Menschen in sich fassen. Wenn man die Besitzungen und Unterthanen der Clöster und Stifter, die in dem Gebiete des Bisthums liegen, mitrechnen wolle; so könne man, sagte mir einer der größten Kenner des Landes, die ganze Volksmenge auf 500000 Menschen anschlagen. Jemand erzählte es mir, als eine gemeine Meynung: daß die ritterschaftlichen Bauern

G

glücklicher, als die der Fürsten, so wie die der Fürsten glücklicher, als die der Churfürsten seyn sollten. Ich möchte nicht die Richtigkeit dieser Behauptungen, am wenigsten die der erstern verbürgen.

Es wäre unnatürlich, wenn ein solcher Regent, als der Fürst von Wirzburg ist, nicht von seinen Unterthanen geliebt, und von seinen Nachbaren und Mitständen in gleichem Grade verehrt würde. Auch hat der Fürst von Wirzburg durch seine persönlichen Eigenschaften auf den Kreistagen sowohl, als auf dem Reichstage ein viel größeres Gewicht, als er nach dem Range, den er als Reichsstand behauptet, und nach der Größe seiner Länder erwarten könnte. Die Liebe der Unterthanen, und die Hochachtung von Auswärtigen ist durch das Betragen, welches der Fürst bey der Preußischen Besitznehmung der Fürstenthümer Anspach und Baireuth, und in den Französischen Angelegenheiten beobachtet hat, ausserordentlich vermehrt worden. Ungeachtet der Fürst von Wirzburg ein Freund von Leopold war, und nach dem Tode dieses Kaisers in genauen Verbindungen mit dem Hause Oesterreich blieb; so ließ er sich doch nicht bewegen, an dem Kriege wider Frankreich Theil zu nehmen, oder die Emigrirten in seinem Lande zu schützen. Er erlaubte es nicht einmahl, daß einzelne Ausgewanderte sich auf eine längere Zeit in seinem Lande niederließen: noch vielweniger nahm er sie in grossen oder bewaffneten Haufen auf. Diese Strenge wurde dem Fürsten anfangs von manchen Personen übel gedeutet. Nachdem aber die Franzosen Speier und Worms besetzt hatten, und die antifranzösischen Fürsten, Herren und Edelleute in aller Eile und mit großen Unkosten entfliehen musten; so fand man, daß der Fürst von Wirzburg recht gehandelt hätte: Da in den meisten umliegenden Gegenden alle diejenigen, die etwas zu verlieren haben, mit bangen Schrecken erfüllt sind; so lebt man in den Bisthümern Wirzburg und Bamberg so ruhig, als wenn noch kein fremder Feind einen Fuß auf den Teutschen Boden gesetzt hätte; oder setzen könnte; und Jeder, der sich des glücklichen Friedens freut, erkennt es, daß er diesen Segen der Klugheit und Standhaftigkeit des Fürsten zu danken habe. Ich bin, u. s. w.

Zweyter Brief.

Sie fragen mich in Ihrem letzten Briefe, ob dann auch im Stifte Wirzburg der Handel, und die städtische Betriebsamkeit mit dem Wohlstande der Bauern, und der Cultur des Landes in einigem Verhältnisse stehe? Diese Frage kann ich nicht anders, als mit nein! beantworten. Die Ursache des wenig beträchtlichen Handels, und der wenig beträchtlichen Gewerbe liegt gar nicht in dem Mangel des guten Willens des Fürsten*); sondern in den Gebrechen der Verfassung aller geistlichen Staaten, welche der größte und beste Fürst nicht wegräumen kann, und darf. Ueber diese Gebrechen könnte ich Sie bloß auf die neuesten Schriften der Herren von Moser und von Sartori verweisen. Da Sie aber schwerlich diese Schriften gleich zur Hand haben; so will ich Ihnen kürzlich das Wesentliche des Inhalts derselben mit beständiger Rücksicht auf die beiden Stifter Wirzburg und Bamberg mittheilen; denn nur auf diese, oder eine andere ähnliche Art kann ich die Erscheinung erklären, deren Erklärung Sie von mir verlangt haben.

Ich zweyfle sehr, ob in Teutschland noch ein anderes Bisthum von gleicher oder ähnlicher Größe existirt, das so viele, und so reiche Stifter, Clöster, und andere pia corpora enthält, als das Stift Wirzburg. In der Stadt Wirzburg allein sind

---

*) Nie war ein geistlicher Fürst mehr als der regierende Bischof von Wirzburg davon entfernt, sein Land, wie ein fremdes Gut anzusehen, wovon er nur eine Zeitlang den Mießbrauch habe, und das er also zu seinem, oder der Seinigen Vortheil, so viel als möglich, zu nützen suchen müsse.

außer dem Domstift noch vier andere Collegiatstifter, und zwölf Manns- oder Frauenclöster. Wenn ich die Stellen in den Collegiatstiftern ausnehme, welche der verstorbene und jetzige Fürst an verdiente Lehrer der hohen Schule, oder andere würdige Diener des Staats verschenkt haben; so bestehen diese Stifter und Clöster aus Männern, die vom Staat reichlich, andre nothdürftig ernährt werden, ohne daß sie nach dem Verhältniß ihrer Einkünfte nützliche Arbeiten verrichten. Die vielen Stifter und Clöster schaden also dem Staat auf eine doppelte Art: sowohl durch die brauchbaren Männer, als durch die großen Summen, welche sie nützlichen Beschäftigungen und Lebensarten entziehen.

Die Einkünfte der Domcapitel in Bamberg und Wirzburg sind nicht genau bekannt. Unterdessen behaupten die am besten unterrichteten Männer, daß die Einkünfte des Einen, und des Andern wenigstens den dritten Theil der Einkünfte eines jeden Landes, das heißt der Cammer und Obereinnahme ausmachen. Aus diesen Einkünften unterhält das Domcapitel in Wirzburg, neben einer Menge von weltlichen Bedienten, vier und zwanzig Capitularen, dreyßig Domicellaren, und dreyßig und einige Vicarien. Eine einfache Domherrenpfründe bringt in Wirzburg 1500 bis 2000;

in Bamberg 2500 Gulden ein. Domicellaren erhalten in Wirzburg 800 Gulden, und die Vicarien 500 Gulden. Fast alle Domherren besitzen zwey, oder drey Pfründen. Außer diesen empfangen die Aelteren sogenannte Obleyen, welche in guten Jahren einzelnen Mitgliedern der Domcapitel zehn bis zwölf tausend Gulden abwerfen können. Zu den Pfründen und Obleyen kommen endlich noch reiche Oberpfarreyen, eben so reiche Probsteyen in Collegiatstiftern, und in Bamberg Geheimeraths-Besoldungen, die allen Domherren ausgezahlt werden. Wenn alle diese Summen nicht bloß verzehrt würden, so ist kein Zweyfel, daß der Ackerbau, der Handel, oder auch Manufacturen außerordentlich dadurch belebt werden müsten.

Die Art, wie die Einkünfte der Domstifter verzehrt werden, thut der Industrie, und dem Handel der geistlichen Länder einen nicht geringen Abbruch. Einige wenige peremtorische Tage ausgenommen, ist gewöhnlich nur der vierte oder fünfte Theil der Domherren in den Stiftsstädten, wo sie präbendirt sind, gegenwärtig. Wenige unter den residirenden Domherren halten selbst ein Haus. Vielmehr leben die Meisten als Gäste, oder als Reisende, die wiederfortziehen, so bald es die Statuten erlauben. Diese bauen also weder Gärten, noch Häuser, und tragen wenig oder gar nichts zur Verschönerung der Städte, und zur Vermehrung der bürgerlichen Nahrung bey. Nicht selten geschieht es, daß Domherren mehr brauchen, als sie einnehmen, und daß die von ihnen gemachten Schulden am Ende unbezahlt bleiben. Es wäre ein unbeschreibliches Glück für die geistlichen Länder, wenn viele Mitglieder der Domcapitel ihre Einkünfte auf eine so wohlthätige oder würdige Art anwendeten, als die Dalberge, die Waltersdorfe, die Fechenbache, die von der Leyen, die Bibra's, die Stadione, die Große und andere diesen ähnliche, von ganz Teutschland verehrte, Männer thun.

Die weltlichen Mitglieder eben der Geschlechter welche die bisher erwähnten Vortheile genießen, fordern oder erlangen, vermöge ihrer Geburt die einträglichen Hofämter, und Oberamteyen, so wie die ersten Stellen im Militär. Dies ist einem Protestanten um desto befremdender, da die reichsritterlichen Familien nicht einmal einen Theil des Volks, und ihre Besitzungen keinen Bestandtheil des Landes ausmachen: da sie gar nichts zu den öffentlichen Lasten beytragen, der obersten Gewalt nicht unterworfen sind, und alle Einrichtungen, die zur Sicherheit, oder Aufnahme des Landes getroffen werden, Schulanstalten, Verbesserungen des Armenwesens, und der übrigen Policey in ihren Gebieten nicht annehmen dürfen, und sehr oft absichtlich hindern. Vormahls war es in Wirzburg und Bamberg, wie wahrscheinlich in allen übrigen Stiftern, hergebracht, daß Junge von Adel eine Zeitlang die Regierung besuchten, um bald zu Oberamteyen befördert zu werden, und daß solche junge ablische Hofräthe, ohne Beweise ihrer Fähigkeiten und Kenntnisse gegeben zu haben, eben so gültig votirten, als die Fleissigsten und Tüchtigsten unter den gelehrten Hofräthen. Dieser Brauch schien dem regierenden Fürsten mit zu nachtheiligen Folgen verbunden zu seyn, als daß er ihn länger fortdauern lassen könne. Adeliche Hofräthe gehen nach, wie vor, auf die Regierung, und arbeiten, oder arbeiten nicht; allein sie werden zu keinem Voto zugelassen, so lange sie nicht durch eine Proberelation ihre Tüchtigkeit bewiesen haben. Wenn adeliche Hofräthe sich nicht auf eine so ehrenvolle Art auszeichnen, als in Wirzburg die Herren von Groß, von Gebsattel, und von Bibra, und in Bamberg die Herren von Guttenberg und von Stauffenberg; so dürfen sie auch niemahls in peinlichen und Jurisdictionssachen, das heißt in solchen Sachen, wo Güter und Einkünfte des Stifts oder Capitels streitig sind, referiren. — Die Ober amtleute im Stifte Wirzburg hatten bisher das Recht, ohne Zuziehung ihrer Amtskeller Gericht zu halten. Dies Recht besitzt jetzt, so viel mir bekannt ist, der Herr von Reigersberg nur allein noch als ein verdientes Privilegium. Die übrigen Oberamtleute haben nach einer Verordnung des jetzigen Fürsten bloß concurrentem jurisdictionem mit ihren bürgerlichen Amtskellern. Weil die Oberamtleute sich durch diese Verfügung gekränkt glauben; so entziehen sie sich lieber allen Arbeiten, und verzehren die Einkünfte ihrer Stellen entweder auf ihren Gütern, oder in der Hauptstadt. Man hört von einsichtsvollen Männern oft die Bemerkung: daß ein Theil dieser Einkünfte nützlicher entweder zur Verbesserung der elenden Caplaneyen, und Schulmeisterstellen auf dem Lande, oder zur Unterstützung der Armen und Dürftigen, oder zur Belohnung der Fleißigen und Betriebsamen angewendet werden könnte.

Noch in der ersten Hälfte des letzten Jahrhunderts machte das Domcapitel in Wirzburg nur einen Theil der Landesstände aus. Als die Städte, Prälaturen und Stifter in den bedrängten Zeiten des dreyßigjährigen Krieges, wo es ihnen zu beschwerlich wurde, so oft zusammen zu kommen, und so lange beysammen zu bleiben, als es die Bedürfnisse des Landes verlangten, dem Domcapitel die Rechte der Stände wiederruflich übertrugen; so fing dieses Corpus bald an, sich von den gemeinen Lasten zu eximiren. Die übrige Geistlichkeit, und die Städte konnten oder durften sich diesen Exemtionen nicht widersetzen, da das Domcapitel selbst dem Fürsten Gesetze vorschrieb. Die Exemtionen, welche das Capitel als Repräsentant des ganzen Volks sich selbst verliehen hatte, sind allmählig so weit ausgedehnt worden, daß es schon lange zu keiner gemeinnützigen Anstalt, viel weniger zu den gemeinen Bedürfnissen etwas beygetragen hat: nicht zur Verbesserung der Schulen, oder der Lage der Volkslehrer: nicht zur Erbauung von neuen Wegen, oder zur Verschönerung der Hauptstadt: nicht einmahl zur Unterstützung der Armuth, oder der Armencassen. Das Domcapitel war bisher nicht im Stande einen Prediger zu besolden, welcher der ersten Kirche eines so berühmten Stifts würdig gewesen wäre; und eben deßwegen predigt noch immer im Dome zu Wirzburg, der Religion zur Schande und der gesunden Vernunft zum Hohn, der alte Exjesuit Winter, weil dieser sich mit einer jährlichen Besoldung von hundert Thalern begnügt. — Vor einiger Zeit hinterließ ein Domherr von Wolfskeel dem Capitel ein Legat von einigen hunderttausend Gulden, um sie zur Ehre Gottes zu verwenden, doch mit der ausdrücklichen Bedingung, daß das Legat weder zur Verschönerung der Kirche, noch zur Vermehrung des Kirchenschatzes, oder Kirchenornats gebraucht werden sollte. Nach dieser Einschränkung wusten die Häupter des Capitels, welchen ihr Alter, oder ihre Würden das gröste Gewicht gaben, durchaus nicht, wie das Vermächtniß zur Ehre Gottes könne verwendet werden, wenn es weder zur Zierde der Kirche, noch zur Bereicherung des Kirchenschatzes gebraucht werden solle. Das große Legat liegt bis auf den heutigen Tag ungenutzt da, oder es werden auch Zinsen auf Zinsen gehäuft. Allem Ansehen nach ist die Zeit nicht weit entfernt, wo solche Dinge nicht mehr geschehen, und wo viele Dinge, die geschehen sind, allmählich werden abgeändert werden; und diese für das Domcapitel sowohl, als für das ganze Bisthum glückliche Zeit wird alsdann kommen, wann es denjenigen Mitgliedern des Capitels, welche das ganze Land als aufgeklärte Menschenfreunde kennt, und innig verehrt, dereinst gelingen wird, ihren Mitbrüdern ähnliche Gesinnungen und Grundsätze einzuflößen *).

*) Diese Weissagung ist zum Theil schon jetzt in Erfüllung gegangen. Im März 1793 schrieb mir ein Freund aus Wirzburg, daß man zur Bestreitung der Kosten, welche das Contingent des Bisthums nothwendig mache, keine neue Steuern ausschreiben werde. Das Domcapitel habe sich freywillig entschlossen, zur Erleichterung der Unterthanen den zehnten Theil seiner Einkünfte in die Kriegs-

Da es in den geistlichen Staaten viel mehr Dienste, oder einträgliche Stellen, als in den weltlichen gibt; da alle Stifter, Prälaturen, und reiche Clöster eine Menge von Amtskellern, Verwaltern, Einnehmern, Schreibern, oder Anwälden brauchen; da endlich die Stifter, und Clöster selbst jährlich ergänzt werden müssen; so ist es sehr natürlich, daß fast alle junge Leute, die sich über die mit der Hand arbeitenden Classen erheben wollen, in die niedern und höhern Schulen zusammenströmen, um dereinst bedienstet, oder in Stiftern und Clöstern versorgt zu werden; und daß für den Handel, für Fabriken und Manufacturen Wenige, oder gar keine übrig bleiben. Als ich neulich einer Preisaustheilung auf dem Gymnasio in Wirzburg beywohnte, erstaunte ich über den dichten Cranz von jungen Leuten, die ich vor mir, und um mich her sah; und bey genauern Erkundigungen hörte ich, daß auf dem Gymnasio in Wirzburg allein sechshundert junge Leute studiren. Wenn man die von dem Fürsten abhangenden Civildienste ausnimmt; so werden die Uebrigen,

casse zu liefern, und man hoffte gewiß, daß die übrige Geistlichkeit bald nachfolgen werde. Durch solche Entschließungen kann der Teutsche Klerus viel sicherer, als durch alle andere Maaßregeln die Gefahren abwenden, wodurch die Französische Geistlichkeit vernichtet worden ist.

welche Stifter, Clöster, oder weltliche Herren zu vergeben haben, im Durchschnitt nach Gunst verliehen. Da dieses notorisch ist; so bemühen sich die meisten Candidaten, nicht sowohl sich zu den Stellen, welche sie wünschen, tüchtig zu machen, als angesehene Empfehlungen zu erhalten, ohne welche ihnen Talente, Kenntnisse, und Fleiß nur wenig helfen würden. Wegen dieser Art von Dienstsuchung und Dienstvergebung werden in geistlichen Staaten die Bedienungen häufiger, als in weltlichen, mit untüchtigen, oder untreuen Subjecten besetzt. Die Geschäfte, Cassen und Güter werden schlechter verwaltet, gute Verordnungen weniger ausgeführt, und die Unterthanen weniger geschont, oder mehr gedrückt: weßwegen auch die Klagen über die Tyranney der Unterbedienten in den geistlichen Ländern viel allgemeiner, als in den weltlichen sind. Wenn die Güter und Einkünfte der Domstifter und Collegiatstifter, der Prälaturen und reichen Clöster mit einer solchen Einsicht und Treue verwaltet würden, als die Domänen und Cassen der protestantischen Fürsten; so würden sie verhältnißmäßig zu den öffentlichen Lasten beytragen können, und ihre Einkünfte würden dennoch größer, und die Unterthanen glücklicher seyn, als sie jetzt sind.

Wenn man nun bedenkt, daß die verzehrende Classe in den geistlichen Staaten viel zahlreicher ist, als in den weltlichen, und daß aus den erstern jährlich viel mehr Geld weggetragen wird, als aus den letzteren; so kann man es leicht erklären, wie zwar in dem Stifte Wirzburg unter einem sparsamen und gütigen Regenten der Ackerbau, der Obstbau, und Weinbau bis zu einem nicht geringen Grade von Vollkommenheit emporsteigen, und dennoch Handel und Manufacturen nur schwach seyn, und bleiben können. Unter den Handlungshäusern in Wirzburg ist nur ein einziges, dessen Vermögen eine halbe Million Gulden übersteigen soll. Keine andere Teutsche Provinz von gleicher Größe hat einen so reichen Weinbau, als das Stift Wirzburg, und dennoch ist in Wirzburg kein einziger großer Weinhändler. Der Viehhandel, der Handel mit Tüchern, oder andern Zeugen, und mit Putzwaaren ist größtentheils in den Händen von Juden, oder Italiänern. Jene sind in den stiftischen, und ritterschaftlichen Ländern in übermäßiger Zahl vorhanden. Ungeachtet sie keine Nacht in Wirzburg bleiben dürfen; so sieht man sie doch täglich auf allen Straßen stehen, oder laufen, indem sie jeden Morgen in die Stadt kommen, und an jedem Abend wieder zu Hause gehen. In Wirzburg können Protestanten eben so wenig, als in den meisten übrigen geistlichen Residenzen Bürger werden, oder in Gilden und Zünfte kommen. Bey der Annahme von Bürgern und Meistern wirken Empfehlungen und Protection eben so sehr, als bey der Besetzung von Aemtern. Weil es nicht verlangt, oder leicht davon dispensirt wird; so reisen die Handwerkspurschen, und besonders die Söhne von Meistern nicht so viel, als in den protestantischen Ländern geschieht. Eben daher sind die Handwerker in den geistlichen Residenzen im Durchschnitt nicht so geschickt, als in kleinern protestantischen Städten: eine Bemerkung, die jedem Reisenden sogleich durch den Anblick der Einrichtungen der Häuser, des Ameublements, der Kleidungsstücke, Schuhe und Frisuren aufgedrungen wird. Wenn sich auch wirklich kunstreiche Arbeiter in den geistlichen Residenzstädten niederlassen, wie es deren Mehrere sowohl in Wirzburg, als in Bamberg gibt; so werden diese nicht genug ermuntert, um ihre Gaben zeigen, und fortbilden zu können. Die Vornehmen haben noch immer eine überwiegende Vorliebe für ausländische Arbeiten und Waaren; und wenn sie auch bey einheimischen Meistern Bestellungen machen, so sehen sie mehr auf die Wohlfeilheit, als auf die Güte der Arbeit, und dingen so genau um den Preis, daß der Handwerksmann schlecht arbeiten muß, wenn er auch noch so gut arbeiten kann, und gern arbeiten möchte. Man trifft in Wirzburg, wie in allen geistlichen Städten, einen großen Schatz von Gemählden an. In den meisten wohlhabenden Privathäusern sieht man eine Sammlung von guten Schildereyen; und dennoch ist bis jetzt keine Zeichenschule errichtet worden. Der Fürst hat sich alle ersinnliche Mühe gegeben, durch die Anlegung von Industrieschulen Neigung und Fähigkeit zu nützlichen Arbeiten unter dem Volke zu verbreiten. Diese ruhmwürdigen Anstalten würden noch grössere Wirkungen hervorgebracht haben, als man bisher wahrgenommen hat, wenn nicht in der Verfassung selbst schwer zu überwindende Hindernisse einer großen Betriebsamkeit lägen. Ich weiß aber nicht, ob man der Verfassung deßwegen Vorwürfe machen kann, daß das Spinnen von Flachs, und das Weben von Leinwand, welche Arbeiten sich am besten mit den übrigen Beschäfftigungen des Landmanns vertragen, im Bambergischen und Wirzburgischen weniger gemein sind, als in vielen andern Gegenden von Teutschland.

Bey den großen Vortheilen, welche die stiftsmäßigen Familien genießen, sollte man denken, daß der Teutsche Stiftsadel der reichste in ganz Europa seyn müste. Die Erfahrung lehrt hievon gerade das Gegentheil. In den Stiftern Bamberg

berg und Wirzburg sind nur sechs oder sieben Familien, die 10 bis 15000 Gulden Einkünfte haben. Der größte Theil würde darben, wenn nicht der Hof, oder die Capitel ihnen zu Hülfe kämen. Es wäre eben so überflüßig, Ihnen die natürlichen Ursachen dieser Erscheinung erklären, als Sie auf eine andere aufmerksam machen zu wollen: daß nämlich der Adel nirgends reicher ist, als in England und Holland, wo er solche Vorrechte nicht besitzt, als dem Stiftsadel in Teutschland zukommen.

In meinem nächsten Briefe werde ich Ihnen einige abgerissene Beobachtungen über den Zustand der Aufklärung und Religion im Stifte Wirzburg mittheilen.

Dritter Brief.

In ganz Teutschland kann man keine andere katholische Schule, keine andere Residenz eines geistlichen Fürsten nennen, wo das Licht der wahren Aufklärung so lange geleuchtet hätte, oder auch jetzt noch heller leuchtete, als in Wirzburg. Schon dies ganze Jahrhundert durch waren die Jesuiten theils durch einsichtsvolle Fürsten, theils durch gutdenkende weltliche und geistliche Gelehrte nirgends mehr eingeschränkt, als in eben dieser

Stadt. Mit der Aufhebung ihres Ordens hörte auch beynahe ihr ganzes Ansehen auf, und nirgends fand daher das Gerücht von dem allgemeinen Einflusse der Jesuiten, und ihrer stets zunehmenden Macht weniger Glauben, als in Wirzburg. Eins der würdigsten Mitglieder der ehemahligen Gesellschaft Jesu, die jetzt noch übrig sind, ist der Professor Egel, ordentlicher Lehrer der Physik. Dieser achtungswürdige Gelehrte ist fast ein eben so geschickter Mechaniker, als er gründlicher Physiker ist. Das neue physische Museum, welches er unter seiner Aufsicht hat, ist gewiß eins der reichsten und schönsten akademischen Museen in Teutschland, und macht dem Fürsten, durch dessen Begünstigung es eingerichtet worden ist, und dem Manne, den er dazu gebraucht hat, gleich viel Ehre.

Vielleicht leben auf allen übrigen katholischen Universitäten in Teutschland nicht so viele Lehrer, die einen großen Theil ihrer letzten Ausbildung Göttingen zu verdanken haben, als in Bamberg und Wirzburg, von woher sie fast Alle auf das Geheiß des jetzt regierenden Fürsten zu uns kamen. Einem Göttingischen Professor ist daher in diesen Städten fast eben so zu Muthe, als wenn er zu Hause wäre. Ein sicherer Beweis der ächten Aufklärung der Bambergischen und Wirzburgischen

Gelehrten ist dieser, daß sie gar nicht mit einer stürmischen oder unruhigen Neuerungssucht verbunden ist.

Ungeachtet die Universität zu Wirzburg ihren alten Ruhm mit Nachdruck behauptet; so hat sie doch dieses mit den übrigen geistlichen Residenzen gemein, daß das schönste Licht, und die dickste Finsterniß auf derselben viel greller mit einander contrastiren, und viel öfter und näher an einander gränzen, als in protestantischen Städten von gleicher oder ähnlicher Größe. Wahre Aufklärung und gründliche Gelehrsamkeit sind fast ganz allein auf die Mitglieder der hohen Schule, und der weltlichen Collegien aus dem bürgerlichen Stande eingeschränkt. Der Adel, die Ordensgeistlichkeit, der Bürgerstand, und das Landvolk sind vielleicht in einigen Gegenden des katholischen Teutschlandes schon weiter, als im Bisthum Wirzburg vorgerückt.

Die Universitäts-Bibliothek enthält einen ansehnlichen Vorrath von älteren sowohl, als neueren nützlichen Werken. Bey dem sehr mäßigen Zufluß aber, den sie jährlich aus dem Fond der Universität *) erhält, wird es noch lange dauern, bis sie für die Bedürfnisse der Wirzburgischen Ge-

---

*) Die Einkünfte der Universität sollen jährlich 30000 fl. betragen.

lehrten hinreichend wird. Die meisten Lehrer sehen sich genöthigt, die wichtigsten Werke aus ihrem Fache selbst anzuschaffen. Dies würden die Professoren vom geistlichen Stande, die nur 500 fl. Besoldung genießen, nicht thun können, wenn nicht der Fürst immer mehr und mehr anfinge, die Pfründen in den Collegiatstiftern, die von ihm abhangen, an Mitglieder der Universität zu vergeben. Unter allen geistlichen Beneficien werden diese gewiß am zweckmäßigsten angewandt. Die Stahelische Buchhandlung in Wirzburg ist eine der angesehensten in Teutschland, und doch klagt man, daß man viele neue Bücher entweder gar nicht, oder nur um sehr hohe Preise erhalten könne. Die Stahelische Handlung fürchtet sich, wie man vermuthet, am meisten deßwegen vor dem Mitbringen einer großen Menge von neuen Büchern, weil sie ungewiß ist, ob nicht vielleicht die geistliche Regierung dieses oder jenes Werk verbieten werde. Das Verbot von Büchern hat keine andere Wirkung, als daß man sie desto begieriger von Erlangen oder Nürnberg kommen läßt, von welchen Städten aus die meisten Bücherliebhaber versorgt werden.

Lesebibliotheken, Lesegesellschaften, und Zeitungsträger, von welchen man alle beliebige Zeitungen um ein geringes zum Lesen erhalten kann, sind in Wirzburg noch unbekannt: woraus auch Sie schließen werden, daß das Bedürfniß zu lesen in der Stadt Wirzburg noch nicht so allgemein sey, als es bey uns in kleinen Städten, und selbst auf dem Lande ist.

Die Lateinischen Schulen sind jetzt mit viel geschickteren und treuern Lehrern, als zu den Zeiten der Jesuiten besetzt. Auch haben sich Lehrbücher, Lehrarten, und Behandlung der Schüler gänzlich geändert; und besonders ist die grausame Prügelmethode der Jesuiten schon lange abgeschafft worden. Nur Schade, daß man die alte Schuleinrichtung noch immer beybehält: daß man die Schüler ausschließend Jahre lang mit der so genannten Grammatik, dann mit der Rhetorik, und zuletzt mit der Philosophie beschäfftigt, und so viele kostbare Zeit in unnützen Repetitionen verliert, welche die lernbegierigsten Schüler ermüden. Die feierlichen Preisaustheilungen, die man in alle höhere und niedere Schulen eingeführt hat, bringen einen ausserordentlichen Wetteifer unter den Lernenden hervor. Unter denen, welche diesen Herbst im Gymnasio Prämien erhielten, waren mehrere Söhne aus den angesehensten Familien des Fränkischen und Rheinischen Kreises. Vorzüglich hatte sich ein junger Herr von Halbritter, und ein junger Graf von Benzel, ein

Sohn des verstorbenen Curators in Mainz, ausgezeichnet. Von dem Letztern las ich zwey Gedichte, ein Lateinisches, und ein Teutsches, auf den Zug der Teutschen Heere gegen Frankreich, die ungewöhnliche Anlagen verriethen. Alle Gymnasiasten gehen beständig, und erschienen auch bey der Preisaustheilung, in Mänteln, die meistens blau und abgeschabt sind. Diese Mäntel machen auf diejenigen, die nicht daran gewöhnt sind, einen äußerst widrigen Eindruck, und haben überdem die schädliche Wirkung, daß junge Leute sich in ihrer Kleidung weit weniger sauber halten, und ihren Cörper weniger vortheilhaft tragen, als ohne Mäntel geschehen würde. Unter den jungen Leuten, welche Prämien empfingen, war nur Einer und der Andere, der mit einem gewissen Anstande zu seinem Lehrer hinging, und eine solche Verbeugung machte, wie man in diesem Alter allgemeiner erwarten sollte. Von der Rohheit, und den groben Ausschweifungen der Gymnasiasten, welche die tyrannische Zucht der Jesuiten veranlaßte, an Statt sie zurück zu halten, hört man jetzt gar nichts mehr. Auch Frauenzimmer könnten sich in unsern Zeiten ohne Gefahr in die Prüfungen oder Prämienaustheilungen der Gymnasiasten wagen. Zur Zeit der Jesuiten würde man sie Preis gemacht haben. Sehr unterrichtete Gelehrte haben mir verſichert, daß das Laſter der Selbſtbefleckung, den genaueſten Unterſuchungen zufolge, auf den katholiſchen Schulen äußerſt ſelten, und viel weniger eingewurzelt ſey, als es auf den proteſtantiſchen Schulen zu ſeyn ſcheine.

Die Mädchenſchulen, welche die Stadt Wirzburg unſerm Freunde Oberthür ſchuldig iſt, ſtiften noch immer ſehr viel Gutes. Wir erſtaunten über die Freymüthigkeit, womit die Schülerinnen des Haugerviertels bey der Preisaustheilung vor einer großen Verſammlung redeten. Das Vergnügen, welches die wohlgezogenen Kinder uns gewährten, wurde nicht wenig durch die ärgerliche Ungezogenheit geſtört, womit viele Zuſchauer und Zuhörer lachten, ſchwatzten, und lärmten. Die in den Mädchenſchulen gebildeten Hauslehrerinnen hatten beinahe die Franzöſinnen aus den vornehmen Familien verdrängt. Jetzt fangen mehrere adeliche Häuſer, des Abſcheus ungeachtet, womit man faſt alles, was Franzöſiſch heißt, verfolgt, dennoch wieder an, ihre Kinder von Franzöſinnen aus dem Pays de Vaud erziehen zu laſſen, weil die in Wirzburg unterrichteten Lehrerinnen zu aufgeklärte Begriffe in der Religion haben, und Aufklärung dem Adel nicht weniger, als Demokratismus ein Greuel iſt.

Mit wahrer Freude wohnte ich der Prüfung der Mitglieder des Schulmeisterseminariums bey, welche der Fürst, und der Herr von Fechenbach mit ihrer Gegenwart beehrten. Wenn die künftigen Volkslehrer auch alle Antworten auf die Fragen, welche ihre Vorsteher an sie thaten, auswendig gelernt gehabt hätten; so würden die vors erste mit dem bloßen Gedächtniße aufgefaßten nützlichen Kenntniße, dennoch für sie, und ihre künftigen Schüler nicht ohne großen Nutzen bleiben. Daß aber die Seminaristen nicht bloß wiedergaben, was man ihnen für den gegenwärtigen Fall beygebracht hatte, erhellete aus den richtigen Antworten auf die wiederhohlten Fragen, welche der Fürst ihnen vorlegte, und aus der wegen Mangel an Zeit zusammengedrängten Prüfung, die der zweyte Lehrer, mit Nahmen Speier, in der Arithmetik und Teutschen Sprache anstellte. Die Lehrart dieses Mannes war durch ihre Kürze, Klarheit und Zweckmäßigkeit bewundernswürdig, und er verdiente es, daß der Fürst ihm auf eine so gnädige Art, als er wirklich that, seine Zufriedenheit bezeugte. Man würde von den Zöglingen des Seminariums für die baldige Bildung des Landvolks sehr viel hoffen können, wenn nur die Fonds des Seminariums reich genug wären, um die Seminaristen länger, als ein Jahr zu unterhalten:

wenn ferner die Besoldungen der Lehrer des Seminariums und mit diesen die meisten Schulmeisterstellen beträchtlich verbessert würden. Wie sehr würde das Domcapitel die Gunst des Volkes gewinnen, wenn es einen Theil seiner reichen Obleyen zu diesen wohlthätigen Absichten herfließen lassen wollte.

Die meisten angesehenen Clöster und Prälaturen im Wirzburgischen sollen sehr aufgeklärte, und gut gesinnte Vorsteher haben. Zu diesen gehört auch der neu erwählte Prälat in Banz, dessen Consecration durch den Fürstbischof von Wirzburg wir in der Hofcapelle zusahen; eine Cäremonie, die beinahe zwey Stunden dauerte, und die ich ihnen nicht würde beschreiben können, wenn ich sie auch noch fünfmahl beobachten sollte. In dem Closter Trieffenstein am Main traff ich einen Pater Heinrich, einen jungen und schönen Mann an, der vor nicht gar langer Zeit in Göttingen studiert hatte, und mit meinen, wie mit andern neusten Schriften sehr bekannt war. In einem andern Fränkischen Closter sah ich in der Zelle eines Ordensgeistlichen die Bilder von Voltaire, Rousseau, und ähnlichen Männern. So lange das unselige Chorgehen so strenge beobachtet wird, als bisher; so können zwar einzelne glücklich gebohrne Männer unter gütigen Prälaten den Wissenschaften obliegen; allein die meisten Bewohner von Clöstern können für jnützliche Arbeiten unmöglich Zeit, Kräfte, und Lust übrig behalten. Im Durchschnitt haben die Clöster an Reichthum und Einkünften sehr abgenommen, und nehmen noch immer ab. Vermächtnisse und Opfer wurden schon lange mit jedem Jahre seltener, und auch die Gülten werden stets unergiebiger. Manche Weingülten hat man den Bauern gegen ein geringes überlassen müssen, weil diejenigen, welche sie schuldig waren, fast nichts als ein Gemische von Wasser, und etwas schlechtem Most brachten. Mit dem Verschwinden ihres hohen Wohlstandes haben die Clöster auch ihre ehemahlige Gastfreyheit einschränken müssen, die in der That auf eine unverantwortliche Art geübt, und gemißbraucht wurde. Eine solche Mäßigung der alten Hospitalität hat selbst das Closter Eberach nothwendig gefunden, ungeachtet es noch jetzt das reichste in Franken ist. Man giebt die Einkünfte desselben auf 130 bis 140000 fl. an, und behauptete, daß es zweymahl so viele Dörfer, oder andere große Güter besitze, als es Mönche ernähre, deren siebenzig beysammen sind. Eine mehr mit Gold überladene, und gleichsam überkleisterte Kirche, als die Eberacher, habe ich nie gesehen; die meisten Reisenden aber werden mit mir wünschen, daß der verstorbene Prälat die

Kirche weniger vergoldet, und dafür ein besseres Wirthshaus hingebaut hätte, als das gegenwärtige ist. Etwas so schmutziges, als dieses Wirthshaus, ist mir auf allen meinen Reisen kaum vorgekommen, und durch diesen Schmutz leiden viele Menschen, da Eberach zwischen Bamberg und Wirzburg fast in der Mitte, wiewohl einige Stunden näher gegen Bamberg liegt, und deßwegen fast Alle, die von Wirzburg nach Bamberg reisen, in Eberach Mittag halten. Wenn die gemeinen Leute in der Gegend von Eberach, von dem Reichthum des Closters reden, so sagen sie gewöhnlich, daß die Mönche ihr Geld nicht mit Scheffeln ausmessen könnten. Nicht bloß in der Nähe, sondern auch in der Ferne habe ich es bemerkt, daß man den reichen Clöstern nicht hold ist. An Statt, daß zu den Zeiten der Jesuiten eine jede Familie, welche mehrere Söhne hatte, sich verpflichtet hielt, Einen davon Gott zu widmen, und daß man junge Leute, die das Noviciat verließen, als verlohrne Menschen ansah; so zeigt sich schon lange eine immer mehr auffallende Abgeneigtheit gegen das clösterliche Leben, die theils aus der veränderten Denkart der Nationen über die Heiligkeit der Ordensgeistlichen, theils aus der unsichern Lage der Clöster entspringt. Selbst den reichen Clöstern wird es schwer, neue Mitglieder anzuwerben. Junge Leute, die in Clöster gehen, werden für dumm und unbrauchbar gehalten; und wenn man auch die Fähigkeiten und Kenntniße von freywilligen Novizen nicht läugnen kann, so behält man doch das Vorurtheil, daß irgend ein geheimes Gebrechen, oder irgend ein nicht lobenswürdiger Grund junge Leute angetrieben habe, sich dem Mönchsleben zu widmen. Frauenclöster, die bisher gewöhnlich keine andere, als adeliche Frauen, oder Jungfrauen annahmen, erhalten dergleichen gar nicht mehr, und nur mit genauer Noth können sie die Stelle der Abgehenden mit Töchtern aus dem Rathsstande ergänzen. Unter den Regeln der strengen Orden ist keine mehr gemildert worden, als die von der gänzlichen Enthaltung von Fleischspeisen, die im nördlichen Europa auch unfehlbar die Gesundheit zerrüttete. In einigen Clöstern, denen sonst alles Fleischessen untersagt war, giebt man Fleischspeisen wöchentlich wenigstens zweymahl. In andern kommen zwar Fleischspeisen nicht auf die Tafel des Refectoriums. Man erlaubt aber Fleisch im Krankenzimmer, und außer dem Closter zu eßen; und diese Erlaubniß wird so oft als möglich genutzt. Auch auf dieser Reise habe ich mich überzeugt, daß Mönche und Nonnen sehr vergnügt leben, und mit ihrem Stande sehr zufrieden seyn können, wenn sie gütige Vorsteher oder Vorsteherinnen haben, wie zum Beyspiel die hochwürdige Mutter

Priorinn in dem Closter der Dominikanerinnen zu Wirzburg ist. Finden aber die Vorsteher, und Vorsteherinnen, oder die Beichtväter von Frauen-clöstern ein Vergnügen daran, alle diejenigen zu quälen, die sich ihren Launen nicht mit unbedingtem Gehorsam unterwerfen; so fließen auch noch jetzt viele Zähren des Grams innerhalb der Clostermauern, und auch jetzt noch werden manche ungerechte Verfolgte bis zu Wahnsinn oder zur Verzweyflung gebracht, ungeachtet man nicht mehr das Herz hat, solche grausame Züchtigungen und Strafen zu vollziehen, als man in ältern Zeiten ausübte.

Die Schädlichsten und zugleich die Unentbehrlichsten unter allen Ordensgeistlichen sind die Bettelmönche, besonders die Capuziner. Die Schädlichsten sind sie, weil sie am meisten den Hang des gemeinen Mannes zu Wallfahrten, und andern Zeit- und Sittenverderbenden Andächteleyen, so wie den Glauben an Ablaß, Geistererscheinungen, Teufelsbesitzungen, Beschwörungen, Entzauberungen und andere falsche Wunder befördern und unterhalten; indem der Aberglaube des Volks der einzige Fond ist, aus welchem die Bettelmönche ihren Unterhalt schöpfen müssen. Wenn also die Bettelmönche nicht verhungern wollen, so müssen sie das, was die aufgeklärteren Katho-

liken als Aberglauben verwerfen, aus allen Kräften zu bewahren suchen. Außer ihrem eigenen
Interesse treibt sie auch ihre Unwissenheit an,
den großen Haufen in seiner Finsterniß ruhen zu
laßen. Die Bettelmönche werden wegen ihrer
Armuth, ihrer Unwißenheit, und der elenden
Künste, welche sie ausüben, von dem aufgeklärteren Publico am meisten verachtet. Diese Gering-
schätzung, und die schlechte Lage, worin sich die Meisten befinden, hält alle fähige und unterrichtete
junge Leute immer mehr ab, in einen Bettelorden
zu gehen; und diesem Orden bleibt also je länger je
mehr weiter nichts, als der Auswurf von beschränkten und schlechten Menschen übrig, die sich
alles gefallen laßen, wenn sie nur hoffen können,
das tägliche Brod zu gewinnen. Die Clöster der
Bettelmönche haben am stärksten abgenommen,
und man glaubt beynahe allgemein, daß sie allmählig und ohne gewaltsame Revolutionen aus-
sterben werden.

Eben die Mönche, die von vielen Seiten die
Gefährlichsten sind, bleiben von andern wiederum
die Unentbehrlichsten. Die Bettelmönche, und
besonders die Capuziner, sind unter allen Ordensgeistlichen die Eifrigsten im Beichtsitzen, und Pre-
digen. Ohne sie würde das Volk in manchen Gegenden gar keinen Unterricht, oder Tröstung von

der Religion erhalten. Nach den Zeiten der Reformation zogen die Domstifter, und auch die Collegiatstifter eine große Menge von Pfarreyen und Caplaneyen unter dem Vorwande ein, daß sie durch die Reformation zu viel Schaden gelitten hätten, um solche geistliche Stellen noch ferner besetzen zu können. Nach diesem unverantwortlichen Schritt waren es vorzüglich die Bettelmönche, die sich des verwaisten Volks annahmen. Ihre Clöster wurden beträchtlich vermehrt, weil sie die Geschäffte der eingezogenen Lehrstellen *) verrichten musten; und mit dieser Vermehrung der Bettelmönche wuchs dem armen Volke eine neue Last zu, weil die neuen Lehrer nicht von den Stiftern besoldet wurden, sondern vom dem Volke ernährt werden musten. Um das Aussaugen seiner Unterthanen durch die Bettelmönche zu verhüten, hat der Fürst-Bischof allen fremden Bettelmönchen das Terminiren in seinen Landen untersagt. Man arbeitet schon lange daran, für die Einheimischen eine Entschädigung ausfindig zu machen, wodurch man ihnen den Ertrag des Terminirens ersetzen könnte; und die meisten Ordensgeistlichen sollen es selbst wünschen, daß man sie von dem unangenehmen Bettelamt befreyen möchte. Die Bettel-

*) S. 137. von Sartori, B.

mönche gelten noch immer sehr viel bey den untersten und obersten Volksclassen, und bey diesen fast noch mehr, als bey jenen. Die meisten Vornehmen erweisen dem schmutzigsten und unwissendsten Capuziner eine größere Achtung, als dem berühmtesten und verdienstvollsten Gelehrten; und freylich kann der Letztere das beschwerte Gewissen von Damen und Herren nicht so bequem erleichtern, als der Erstere. Durch den Einfluß, den die Bettelmönche auf die Großen haben, sind sie auch jetzt noch gefährliche Widersacher; und ich habe selbst von mehrern Gelehrten gehört, daß sie lieber dem Fürsten, oder den Vornehmsten, als den Bettelmönchen mißfallen möchten. Der Zorn der Letztern sey unversöhnlich, und man könne sich dagegen durch keine Vorsicht schützen.

Daß es auch selbst unter den Bettelmönchen vortreffliche Männer gebe, die eines bessern Schicksals werth wären, beweist das Beyspiel des ehrwürdigen Guardians der Franziscaner in Wirzburg, des Paters Blank, des Urhebers des berühmten Kunstcabinets, das in den letzten Jahren von allen Reisenden, und unter diesen auch von den Kaisern Leopold und Franz, von dem Könige und Cronprinzen von Preußen besucht und bewundert worden ist. Herr Blank lebte zehn Jahre, oder noch länger in der Schweiz, und besuchte

suchte die merkwürdigsten Gegenden dieses Landes. Während seiner Schweizerreisen wurde er allmählich auf verschiedene Theile der Natur aufmerksam, und kam durch die Leitung seines Genius auf den Gedanken, leblose sowohl als lebende und empfindende Cörper genauer, als es durch künstliche Farben möglich ist, darzustellen. Seine ersten Versuche waren mühselig und unvollkommen. Bald aber lernte er Vögel und andere Thiere mit ihren Federn und Haaren so aufzutragen, und ihre Stellungen und Lagen so glücklich zu treffen, daß man nothwendig sagen muß: die Natur sey nie treuer, als in den Werken des P. Blank nachgebildet worden. Von den Abbildungen einzelner Thiere ging der thätige und erfinderische Mann zu immer größern und zusammengesetzteren Landschaftsstücken fort. Die Stoffe, mit welchen und aus welchen er arbeitet, sind Federn, Haare, Flachs, Hanf, Moose, Hölzer, Rinden, Saamenkörner, und Saamenstaub, besonders der Staub von Schmetterlingen, womit er am meisten colorirt. Wenn man die große Menge seiner Arbeiten sieht, die mehrere hunderte von Stücken betragen; so begreift man nicht, woher er aus dem beschränkten Raume eines einzigen Menschenlebens die Zeit hernahm, so viele Kunstwerke zu Stande zu bringen. In den ersten Landschaftsstücken sind die Figuren von Menschen und Thieren meistens verzeichnet. In den späteren sind auch diese besser; bisweilen ohne Fehl getroffen worden. Unaussprechlich schön sind die Darstellungen aller eigenthümlichen Gegenstände und Erscheinungen der Schweizernatur: die Darstellungen von Schneebergen, Gletschern, Wasserfällen, Felswänden, Baumstämmen, und Schweizerhütten. In dem natürlichen Ausdruck der Einen und der Andern bleiben die grösten Mahler wegen der Unzulänglichkeit der Materialien, welche sie behandeln, ohne Vergleichung hinter Herrn Blank zurück. Die Täuschendsten unter allen seinen Meisterstücken sind ein Seestück, und ein Schweizerstück. Auf dem Erstern sind die Wallungen und das Schäumen der Meerswogen, wie sie um ein in Gefahr schwebendes Schiff zusammenschlagen, durch künstlich verschlungenen und gebleichten Flachs so vorgestellt, wie selbst nach dem Geständnisse von Mahlern kein Pinsel sie erreichen kann. Auf dem andern Stücke findet man alles, was der Schweiz vor andern Ländern eigen ist, mit entzückender Kunst zusammengeordnet, und ausgedrückt. — Ich hatte nicht das Glück, Herrn Blank persönlich kennen zu lernen. Er war schon eine Zeitlang vorher, ehe ich nach Wirzburg kam, abermahls in die Schweiz gereist, um noch einige

Beobachtungen anzustellen, und um Materialien, die er nur in der Schweiz findet, aufzusuchen. Das Convent hatte ihr berühmtestes Mitglied vor einiger Zeit zum Guardian erwählt. Der neue Guardian legte aber diese Würde, die ihn zu sehr gebunden und zerstreut hätte, mit dem Vorbehalt ihrer Prärogativen nieder, und nahm dagegen den Titel eines professoris honorarii der Naturgeschichte mit dem Gehalte von 300 Gulden an, welche der Fürst ihm anbot. Auch hat der Fürst das ganze Cabinet für 6000 Gulden gekauft, und will es, wie ich höre, in dem so genannten Gesandtenbau aufstellen lassen. Außer den Kunstwerken des P. Blank finden sich in diesem Cabinet noch schöne Sammlungen von Hölzern, Saamen, Kräutern und andern Naturseltenheiten, die wahrscheinlich mit dem Naturaliencabinet der Universität werden verbunden werden.

Zu den bedauernswürdigsten Mitgliedern der katholischen Geistlichkeit gehören die Capläne auf dem Lande, und die Vicarien an den Stiftern. Die Erstern erhalten von den Pfarrern, welchen sie zugegeben sind, alles Uebrige, die Kleidung ausgenommen, frey, und außer den nothwendigen Dingen jährlich noch funfzig Gulden oder zehn Ducaten. Sclaven sind von ihren Herren nicht abhängiger, als die Capläne von ihren Pfarrern sind. Die Capläne müssen alle Geschäffte, welche die Pfarrer ihnen übertragen, verrichten, ohne den geringsten Theil an den Stolgebühren zu haben. Wenn sie dem Eigensinne ihrer Herren nicht blindlings gehorchen; so werden sie nicht nur schlecht gehalten, sondern auch bey den Obern angeklagt. Die Capläne müssen jährlich einmahl vor der geistlichen Regierung erscheinen, wo das Gericht, welches über sie ergeht, hauptsächlich von den Zeugnissen ihrer Pfarrer abhängt. Die Anklagen der Letztern mögen so grundlos und ungerecht seyn, als sie wollen; so werden sie doch als untrüglich angenommen, und die gemißhandelten Gehülfen nicht einmahl gehört. Wenn die Capitel dereinst die Pfarreyen wieder erneuern, welche sie eingezogen haben; so wünsche ich, daß die reichen Clöster angehalten werden mögen, einen Fond zusammen zu schießen, aus welchem der Zustand der Capläne verbessert werden kann.

Die Vicarien am Dom haben, außer freyen Häusern, jährlich 500, und die an den Collegiatstiftern höchstens 300 Gulden. Für diesen schlechten Gehalt, der kaum hinreicht, einen einzelnen Mann, mit einer alten Magd oder Anverwandtinn durchzubringen, müssen die Vicarien täglich dreymahl in den Chor gehen. Der Chor dauert jedesmahl wenigstens eine Stunde, und an Festtagen noch länger. Das heftige Schreyen, oder Singen im Chor zieht den meisten Vicarien, so wie den Mönchen Brüche zu, und thut auch sehr oft ihrer Brust einen unheilbaren Schaden. Ein mehr als dreystündiges Herabplerren von uninteressanten Dingen stumpft den Geist noch mehr ab, als es den Cörper erschöpft. Um Geist und Cörper wieder zu stärken, und zu erheitern, trinken die Vicarien mehr als gut ist, und dies übermäßige Trinken soll bey einem täglichen Chorgesange von drey Stunden beynahe ein unwiderstehliches Bedürfniß werden. Schon lange haben die Vicarien den Wunsch geäußert, daß ihnen ein Theil der schweren Last des Chors abgenommen werden möchte. Die geistliche Regierung hat es bisher nicht gut gefunden, in dem sinnlosen und zweckwidrigen Chorsingen die geringste Veränderung zu machen. Das Stift Neumünster will sogar den Professor Berg zwingen, daß er als Domicellar dreymahl den Chor besuchen soll. Dieser Gelehrte, der bekanntlich einer der unermüdetsten Arbeiter in Wirzburg ist, hat sich wegen der seltsamen Anmaaßungen seines Stifts an den Fürsten gewandt, und man hofft, daß dieser ihn dispensiren werde.

Da die Weltgeistlichkeit meistens aufgeklärt, und die Ordensgeistlichkeit meistens unwissend ist; so streiten diese beyden Corpora eben so sehr mit einander, als Licht und Finsterniß. Die älteren Pfarrer gehören im Durchschnitt zu den Altgläubigen, und solche Zeloten machen oft gleich den Mönchen, die jüngern und gelehrten Capläne dem Volke als Ketzer verdächtig. Wenn die angestellten Zöglinge des theologischen Seminariums von der geistlichen Regierung unterstützt würden; so würden sie selbst bey dem gemeinen Mann bald die Oberhand über ihre Gegner gewinnen. Jetzt hingegen dürfen sich die beßer unterrichteten Pfarrer und Capläne nicht in das freye Feld wagen, und der große Haufen hängt deßwegen den Mönchen, und deren Affiliirten mehr, als den Freunden der Wahrheit an. Der größte Liebling des Pöbels in und ausser der Stadt, und der wildeste Schreyer gegen Aufklärung ist der Pater Winter, dessen ich schon in meinem letzten Briefe erwähnte. Der originale Unsinn, den man von diesem Manne in mehreren Gesellschaften erzählte, und den ich auch im Journal für Franken gefunden hatte, machte mich begierig, ihn selbst einmahl zu hören. Der Zufall wollte mir sowohl, daß er mich gerade am Rosenkranzfeste in die Kirche führte, wo sich der alte Redner in seiner ganzen Größe zeigte. Als ich in den Dom kam, war der Pater Winter schon auf der Canzel, und hatte eine zahlreiche Versammlung vor sich, die sich noch fast eine Vier-

telstunde lang durch neu zuströmende Menschen
vermehrte. Ich mischte mich unter den dichtesten
Haufen, und fand, daß alle Zuhörer, so weit
ich sehen konnte, aus Menschen vom niedrigsten
Pöbel, meistens aus Bauern und Bäuerinnen
bestanden, die des Festes und des Redners wegen
in die Stadt gekommen waren. Der lauten Stimme
des Predigers ungeachtet muste ich mich anfangs
außerordentlich anstrengen, um ihn zu verstehen,
weil der ganze Dom von dem Geräusche der Durch-
gehenden, Ankommenden, und Abziehenden wie-
dertönte; denn manche andächtige Verehrer des
P. Winter begnügten sich damit, ihn fünf, oder
zehn Minuten lang gehört zu haben. Das un-
verschämte Durchlaufen, Zulaufen, Weglaufen,
und das damit verbundene störende Geräusch är-
gerte mich mehr, als die Albernheiten, die der
P. Winter vorbrachte, und die mich unbeschreiblich würden amüsirt haben, wenn er einen Capuziner aus dem funfzehnten, oder sechzehnten Jahrhundert nachgeäfft hätte. Der P. Winter handelte von dem heiligen Rosenkranze, als dem hochzeitlichen Kleide der Christen, ohne welches wir nicht in
den Hochzeitsaal des himmlischen Jerusalems einge-
hen könnten. Nachdem er den Gegenstand seiner
Rede angezeigt hatte, so bemerkte er gleich, daß die
Neuerer den heiligen Rosenkranz anfeindeten, und

verachteten; und unter diesen Neuerern versteht er vorzüglich die Zöglinge des theologischen Seminariums, und die Lehrer, welchen sie folgen. Diese Neuerer, sagte er, sind von mir längst verworfen worden; und wenn Einer derselben zu mir käme, so wollte ich ihn so behandeln, daß er die Thür kaum finden sollte. Nach vielen Ergießungen seines Eifers fragte er endlich mit ungewöhnlich erhabener Stimme, oder vielmehr mit einem zürnenden Geschrey; was sind sie diese Neuerer? Bey dieser Frage machte er eine kurze Pause, und da durch diese Pause die Aufmerksamkeit im höchsten Grade gespannt war; so antwortete er auf einmahl: Esel sind sie. Hier fing alles um mich her an zu lachen, und das durchaus Unerwartete dieser Ejaculation zwang selbst mir ein Lächeln ab, so fest ich mir auch vorgenommen hatte, die Eindrücke, welche die Predigt in mir erregen würde, nicht durchscheinen zu lassen. In der Folge redete er einmahl die ungebesserten Sünder unter seinen Zuhörer mit den Worten an: Ihr Buben von beiderley Geschlecht! Der Inhalt der Predigt war größtentheils mystisch. Der Redner verglich den Rosenkranz mit einem hochzeitlichen Kleide, und die christlichen Tugenden mit den Blumen, die in das kostbare hochzeitliche Kleid hineingewebt oder gestickt seyen. Wenn nur eine Tugend fehlt, rief er heftig: so ist das ganze Kleid ein Schlumpet, so verstand ich wenigstens seinen Ausdruck, der sonst in Franken nicht gewöhnlich seyn soll. Er ermunterte seine Zuhörer, täglich den heiligen Rosenkranz zu beten, den die Mutter Gottes nicht sowohl sich selbst, als ihrem Sohn zu Ehren durch den heiligen Dominicus verkündigt hätte. Die gottselige Jungfrau werde sie alsdann zur Reue über ihre Sünden, und zur Tugend erwecken. Er führte zuerst sein eigenes Beyspiel an *). Noch viel rührender war das Beyspiel eines bekehrten Türken, der in der Todesstunde den kräftigsten Trost in dem heiligen Rosenkranze gefunden habe. Der P. Winter wollte die Geschichte dieses Türken durch besondere Nachrichten erfahren haben. Aehnliche Geschichten, die meistens von seiner eigenen Erfindung sind, flicht er fast iu jede seiner Predigten ein. Uebrigens war in seiner Rede Klarheit und Zusammenhang; und dies ist in einem beynahe achtzig jährigen Greise um desto mehr zu bewundern, da er stets aus dem Stegreife predigt. Seine Reden dauern nie weniger als eine Stunde. Wenn er dem Strome der Worte, welche ihm sein Geist einflößt, zu lange folgt; so

---

*) Personen hingegen, die den P. Winter kennen, versichern es als beynahe gewiß, daß er den Rosenkranz das ganze Jahr nicht einmahl zur Hand nehme.

fängt der Organist an zu orgeln, nach welchem Zeichen er plötzlich abbricht. Dies that er auch, als ich ihn hörte. So angemessen der Stoff, und die Sprache seiner Predigten der Denkungsart des gemeinsten Pöbels ist; so würde er doch schwerlich seinen Beifall bis in das höchste Alter behauptet haben, wenn ihm nicht die Natur eine noch jetzt ausserordentlich starke und biegsame Stimme, und eine eben so seltne cörperliche Beredsamkeit gegeben hätte. Er redet mit einer solchen Kraft, und bewegt nicht bloß Hände und Arme, sondern den ganzen Körper mit einer Leichtigkeit und einem Feuer, wie sich selten in einem Jünglinge finden. Fragmente aus seinen Predigten machen einen nicht geringen Theil der lustigen Erzählungen aus, womit sich muntere Gesellschaften in Wirzburg unterhalten. Unter diesen Winterischen Anekdoten will ich nur eine hersetzen, die mir gerade jetzt einfällt. P. Winter handelte einst am Dreykönigsfest von den Gaben, welche diese Heiligen dem neugebohrnen Heilande dargebracht hätten. Er beschrieb umständlich die Opfer, welche ein Jeder der heiligen drey Könige in seinem Kästchen, oder wie er sich ausdrückte, in seiner Büchse gehabt hätte. Nach diesen Schilderungen wandte er sich auf einmahl an seine Zuhörer, und fragte sie: was habt ihr aber in euren Büchsen? —

Nichts. Hier entstand ein allgemeines und lautes Gelächter, weil Büchse in Franken, wie in Niedersachsen nicht bloß ein Kästchen, sondern auch Beinkleider bedeutet. Der gemeine Mann geht nach seinem Wissen in die Predigten des P. Winter, weil er ihn für einen ächten und altgläubigen Christen hält, und sich durch seine Reden zu erbauen denkt. Er hat ihn aber, ohne es zu bemerken, vorzüglich deßwegen gern, weil er durch seine Schwänke eben so sehr amüsirt, als erbaut wird.

Der große Haufe in der Stadt sowohl, als auf dem Lande, beobachtet die Fasten, so beschwerlich sie ihm sind, sehr strenge; und eben so genau beobachtet er die Zeiten des Betens, die täglich dreymahl durch das Läuten der Glocken angezeigt werden. Die wohlhabenderen Bürger, die sich von dem gemeinen Mann unterscheiden wollen, kehren sich an das Verbot der Kirche, und an die wiederholten Schärfungen des Verbots der Fleischspeisen durch die geistliche Regierung eben so wenig, als manche Domherren und andere Weltgeistliche ihr Brevier beten. Viele gewissenhafte Männer wünschen daher, daß die Fasten sowohl, als das Brevierbeten möchten aufgehoben werden, damit nicht so viele Personen sich einer wissentlichen Uebertretung von Gesetzen, und selbst von beschwornen Gesetzen schuldig machten. Leider fängt nur zu oft bey halbaufgeklärten Menschen die Verachtung der ganzen Religion in eben dem Angenblicke an, wo ihr ehemaliger Aberglaube verschwindet. Sonst aber scheint es mir richtig, daß kirchliche, wie weltliche Gesetze, durch einen allgemeinen Brauch und stillschweigend eben sowohl können abgeschafft, als eingeführt, und im ersten Fall auch ohne Verletzung des Gewissens als nicht mehr geltend können betrachtet werden.

Das Bisthum Wirzburg ist fast noch reicher an Spitälern, als an Clöstern und Stiftern. In der Stadt und in dem übrigen Stifte finden sich über 30 milde Stiftungen für Kranke, Arme und Alte. Die Güter dieser Stiftungen werden auf viele Millionen geschätzt. Unter der Regierung des jetzigen Fürsten haben sich die Capitalien derselben um mehrere hundert tausend Gulden, und die Zahl der Pfründner um ein Viertel vermehrt. Das Erste aller Spitäler im ganzen Lande ist das Juliusspital, dessen Einkünfte nahe an 60000 Gulden Fränkisch hinaufsteigen sollen. Der vordere Bau dieses Spitals ist nach der Residenz die größte Zierde der Stadt. Kenner der Architektur bewundern besonders die Fassade dieses prächtigen Gebäudes, noch mehr aber die edle Einfalt der Spitalkirche, in welcher die Canzel und der Altar mit inländischem Alabaster überlegt sind. Zur linken Seite des Altars steht eine schöne Figur, die aus einem Kruge Oehl in das Gefäß zu gießen scheint, in welchem das ewige Licht brennt. Eine zu sehr beschleunigte Eilfertigkeit in dem Bau ist Schuld, daß man jetzt die Schornsteine und Treppen des vordern Baues mit nicht geringen Kosten ausbessern muß. So schön das anatomische Theater ist, so soll es doch nicht hell genug seyn. Manche bedauern es auch, daß durch den trefflichen botanischen Garten den wiedergenesenden Kranken des Spitals der Platz zum Spatzierengehen und Arbeiten genommen worden. Eins der am besten eingerichteten Spitäler ist das sogenannte Hofspital jenseits der Mainbrücke, das vor wenigen Jahren neu erbaut ist, und jetzt eine schöne Kirche erhält. Dies Hospital ist im funfzehnten Jahrhundert von einem Abt aus dem Hause Allendorf gestiftet worden. Sonst enthielt es nur 26, jetzt 40 Personen. Sowohl die alten Männer als Frauen arbeiten, so viel sie können. Jene verfertigen vorzüglich grobe Handschuhe für Schiffer, wovon ein jedes Paar dem Arbeiter mit 6 Creutzern bezahlt wird. Man sieht es allenthalben, daß Ordnung und Reinlichkeit in diesem Hause herrschen, das unter der Aufsicht des Herrn Hofcammerraths Goldmayer steht.

Vierter Brief.

In diesem Briefe will ich Sie mit den Unterschieden unterhalten, die ich sowohl zwischen der äußern Gestalt, als dem häuslichen und bürgerlichen Leben der Franken und Niedersachsen bemerkt habe. Nur dann und wann werden Sie mir einen Wink darüber erlauben, ob diese Unterschiede aus der Verschiedenheit des Ursprungs, oder der Verfassung und Religion, oder des Bodens der Einen und der Andern entstanden sind.

Das heutige Franken war, wie Sie wissen, ein Theil des Thüringischen Reichs, und fiel nach dem Umsturz desselben durch die Franken und Sachsen im sechsten Jahrhundert den Erstern zu, weßwegen es auch Ostfranken, oder das östliche Franken genannt wurde. Die Bewohner des heutigen Frankens sind daher Nachkömmlinge der bezwungenen Thüringer, der Fränkischen Eroberer, und dann noch der Slawen, oder Wenden, die sich in vielen Gegenden des heutigen Frankenlandes niedergelassen hatten, oder als gefangene und gekaufte Knechte auf die Güter der weltlichen und geistlichen Herren versetzt wurden. Slawen waren im Stifte Bamberg häufiger, als im Stifte Wirzburg, und eben darin liegt der Hauptgrund des Unterschiedes des Charakters der Bamberger und Wirzburger. Mit den Thüringern, Franken und Wenden vermischten sich in der Folge Colonien von Sachsen; und andern Teutschen sowohl, als Unteutschen. Die Sachsen zogen entweder freywillig in das schöne Land der Franken, oder wurden auch von Carl dem Großen hin verpflanzt: In Franken sind noch immer mehrere Oerter, die von den Sachsen den Nahmen haben.

Die Bewohner des Stiftes Wirzburg tragen bis auf den heutigen Tag sehr kenntliche Spuren ihrer Abkunft an sich. Sie gleichen in Ansehung der Gesichtsbildung und Gesichtsfarbe am meisten den Hessen, die zu den alten Franken gehörten, und sich mit diesen gewiß in dem neueroberten Frankenlande ansiedelten. Der Wirzburgische Landmann hat im Durchschnitt, wie der Heßische, ein breiteres und runderes Gesicht; und seltener eine so frische und blühende Farbe, als der Niedersächsische hat. Darin aber weichen die Franken von den Hessen ab, daß sie nicht so hoch von Wuchse, und nicht so häufig blond sind, als die Hessen und andere wenig vermischte Teutsche. Große und blonde Männer sollen nur auf der Röhne, einem hohen, wenig fruchtbaren, und unfreundlichen Gebirge, gebohren werden, woher auch die meisten und schönsten Soldaten abstammen. Da die regulirten Truppen in den Niederlanden sind, so ist Wirzburg jetzt von den Ausschüssern, oder den Wirzburgischen Kreissoldaten, und von Landmiliz besetzt. Fast alle diese Ausschüsser und Soldaten von der Landmiliz, sind nach Teutschem Maaßstabe gemessen, eher klein, als nur von mittelmäßiger Größe. Unter den Bäurinnen, die ich diesmahl gesehen habe, ist mir auch nicht eine einzige schöne vorgekommen. Die Bäurinnen tragen häufig, wie in Niederhessen, gewulstete Tücher um den Hals, die ihnen das Ansehen von Kröpfen geben. Schwarze Mieder und Röcke sind auf dem Lande sehr gemein, und diese sind, wie das schwarze Haar, Ueberbleibsel der Slawischen Abkunft, oder Mischung. Im Bambergischen sind fette, oder gemästete Cörper häufiger, als im Wirzburgischen. Diese Fettheit schreibe ich nicht bloß dem starken Bamberger Bier, sondern auch dem Slawischen Blute zu, aus welchem gewöhnlich kurze und dicke Gestalten gebildet werden.

In Ansehung der Stimme und Aussprache haben die Wirzburger die größte Aehnlichkeit mit den Thüringern. So oft wir auf der Reise von Melrichstadt nach Wirzburg, und auch in den ersten Tagen in Wirzburg, Kinder und Weiber mit einander reden hörten; so oft glaubten wir uns nach Gotha versetzt. Man redet im Wirzburgischen, wie in Thüringen mit einer viel lautern Stimme,

und

und singt wenigstens unserm Gehör nach viel mehr, als bey uns. Sonderbar ist es, daß im Wirzburgischen und Bambergischen so viele Personen, und zwar Männer mehr, als Weiber stammeln, oder wenigstens die ersten Sylben von Wörtern zwey- oder dreymahl wiederholen, bevor sie die Wörter selbst aussprechen. Wenn ich länger in Franken geblieben wäre, so würde ich vielleicht diesen Fehler angenommen haben: denn indem ich beständig darauf merkte, wurden meine Organe, wie dies gewöhnlich geschieht, dazu disponirt. Einer der gemeinsten Provinzialismen der Wirzburger ist dieser, daß sie das Plusquamperfectum statt des Imperfecti, oder Präteriti brauchen. Statt: ich war diesen Morgen bey diesem, oder jenem, sagt man: ich war da gewesen. Pracht und Butter werden beständig als Maskulina, und Schwan hingegen als ein Fömininum gebraucht. Zu den Fränkischen Provinzialismen gehören mehrere plattteutsche Wörter, welche wahrscheinlich die ältesten Sächsischen Colonien hingebracht haben. Außer dem Worte Büchse habe ich mehrmahl Schnute für Maul gehört. Unter Sachsenland versteht man in der Volkssprache alle die Länder, die von Sachsen bewohnt werden, und eben so unter den Niederlanden alle die Gegenden, die am Rhein hinunter liegen, wenn er den Main schon aufgenommen hat.

Die Bauart und Möblirung der Häuser ist in Franken und Niedersachsen fast von allen Seiten verschieden. In Wirzburg, und andern größern Fränkischen Städten sind keine andere, als steinerne Häuser; und solche steinerne Häuser sind auch in Flecken und Dörfern nicht selten. Neue Häuser von gehauenen Steinen sind in Wirzburg nicht so theuer, als bey uns hölzerne Häuser von gleicher Größe seyn würden. In Wirzburg sowohl, als in Bamberg, sind die Häuser beständig verschlossen; und man muß daher allenthalben klingeln, wenn man eingelassen seyn will. Man findet an beiden Seiten der Hausthür Züge von Schellen, die in die verschiedenen Stockwerke hinauflaufen, und deren Richtung durch die Worte: oberer Stock, unterer Stock, angedeutet wird. Sehr oft sind die Eingänge in dem zweyten oder dritten Stock wieder durch Thüren verwahrt, wo abermahls geschellt, und von neuem geöffnet werden muß. Die Beschwerde, eine oder zwey Thüren täglich zwanzig, dreyßig oder noch mehrmahl öffnen zu müssen, die uns unerträglich seyn würde, fällt den Franken nicht auf, da sie daran gewöhnt sind. Ich kann aber durchaus nicht die Gründe finden, welche sie jetzt, da die Hausbetteley aufgehört hat, vor uns Niedersachsen haben, sich um so viel sorgfältiger gegen einen jeden nicht ausdrücklich erlaubten Eintritt in die Häuser zu verwahren. In allen Häusern, den kleinsten wie den größten, sind die Fenster des untern Stocks, oder in den Zimmern an der Erde, mit dicken eisernen Stangen besetzt. Solche eiserne Stangen und Gitter, die den Häusern das Ansehen von Gefängnissen geben, sind auch an denjenigen Fenstern angebracht, die so weit von der Erde sind, daß sie nur mit Leitern erstiegen werden könnten. In neuen Gebäuden sind die Stangen nicht gerade, sondern nach unten ausgebeugt, und in solche bauchichte Gitterwerke setzt man gewöhnlich Töpfe mit Blumen, oder wohlriechenden Kräutern hin. Meiner Meynung nach könnte man mit Fensterläden dieselbigen Zwecke, wie mit den eisernen Gittern erreichen *); und würde sich dabey den Aufwand von Gitterwerk, den unangenehmen Anblick von eisernen Stangen, und die Verdunkelung der Zimmer ersparen. Die Treppen sind in guten Häusern sehr

---

*) Fensterläden oder eisernes Gitterwerk sind in Wirzburg nöthiger, als bey uns, weil man keine Nachtwächter hat, die sich doch in Bamberg finden. Gitter sind aber in vielen Städten des südlichen Teutschlandes eben so gemein als in Wirzburg, ungeachtet man Nachtwächter hält.

oft von Steinen, und meistens breit und bequem. In ältern Gebäuden sind sie gewöhnlich dunkel, oder gewunden, wie die Wendeltreppen in alten Schlössern. Die Zimmer sind in Wirzburg im Durchschnitt größer, aber nicht so hoch, und auch nicht so hell, als bey uns: theils wegen der dicken Mauern, noch mehr aber, weil die Scheiben der Fenster kleiner, und sehr oft in Bley gefaßt sind. Alles, was in den Wirzburgischen Häusern von Holz und Eisen gemacht ist, Thüren, Fensterrahmen, Schlösser, Griffe u. s. w. schien mir weniger sorgfältig gearbeitet, als bey uns zu seyn. Französische Schlösser mit messingenen Gehäusen, messingene Haken, oder Griffe an Thüren und Fenstern habe ich in Wirzburg nicht so häufig, als in Göttingen angetroffen. Auf Gemählde wendet man viel mehr, als bey uns: viel weniger auf Vorhänge, Tapeten, Commoden, Spiegel, Tische, Stühle, und andere Möbeln. Vorhänge fehlen in vielen Wohnstuben, und selbst Putzzimmern ganz. Commoden, Tische, Stühle u. s. w. von Mahagoniholz, und reinliche mit Pferdehaaren überzogene Stühle findet man nur noch in wenigen Häusern. Die Kunst, wohlfeileren Hölzern durch Beitze und Lacke das Ansehen von Kostbaren zu geben, scheint fast eben so unbekannt, als das Bohnen oder das Glanz gebende Reiben von

Möblen zu seyn. Man fängt jetzt an, neue Zimmer mit geschmackvollen Papiertapeten zu erheitern. Dies ist in Wirzburg viel kostbarer, als bey uns, weil man die Tapeten nicht unmittelbar auf die Wand, sondern erst auf Leinwand, und wenn ich nicht unrecht berichtet worden bin, dann noch auf Papier, und zuletzt erst auf die Wand klebt. Im Tapeziren liebt man mehr das Bunte, als bey uns, und wir fanden die Wände von kleinen oder mäßigen Zimmern zu sehr mit Figuren überladen. Die Fenster öffnen sich durchgehends nicht nach außen, wie bey uns, sondern nach innen. So unbequem dieses in manchen Rücksichten ist, so ist es doch nothwendig, weil die Fenster der oberen Stockwerke fast allgemein mit Jalousien versehen sind. Schöne Oefen, mit porcellanenen Aufsätzen, habe ich in Privathäusern gar nicht gesehen. In ältern Häusern werden gewöhnlich zwey Zimmer von einem großen eingemauerten Ofen geheitzt. In neuen Häusern sind canonenförmige Oefen die gewöhnlichsten.

Die Kleidung und der Putz der Franken von beyderley Geschlecht unterscheiden sich von den Trachten und dem Putz der Niedersachsen eben so sehr, als ihre Bauart und Ameublement. Ueberhaupt sieht man in Franken weniger auf feine und saubere weiße Wäsche, als bey uns. Auch die feinste

Wäsche fällt in Franken weniger, als in Niedersachsen in die Augen, weil man dort die Wäsche weder bleicht, noch stärkt, und bläut. Schöne und dauerhafte Englische seidene Strümpfe werden fast gar nicht getragen, und auch die besten seidenen Strümpfe eben so schlecht, als die weiße Leinewand gewaschen. Feine Tücher sind nicht so allgemein, als bey uns. Häufiger hingegen sind unter den Vornehmen reich gestickte Kleider und Westen. Haarbeutel sind noch herrschende Mode und ohne Haarbeutel und Degen kann man weder zu Hofe, noch können die bürgerlichen Hofräthe auf die Regierung gehen. Selbst ältere Frauen lieben mehr helle Farben in Kleidern und Bändern, als in unsern Gegenden. Mädchen zwischen sechs oder zehn und vierzehn Jahren aus dem Rathsstande werden durch schwerfälligen Putz sehr verunstaltet. Die Wämser oder Mieder mit langen Schößen, und die kurzen Röcke, die eine Uniform der gemeinen Bürgerweiber zu seyn scheinen, sind eben so wenig vortheilhaft, als die abgeschabten Mäntel, in welchen die Bürger einher gehen. Neue Moden in Kleidern, Putz, Frisuren, und Ameublement kommen im Ganzen später nach Wirzburg, als nach Göttingen.

Das Charackteristische der Kochart, und Tafel der Franken im Gegensatz der Niedersächsischen besteht darin, daß die Franken gleich den übrigen Bewohnern des südlichen Teutschlandes viel mehr Suppen, Gemüse, Mehl- und Eierspeisen, und viel weniger Fleisch, besonders gebratenes Fleisch, überhaupt mehr Gerichte lieben, als die Niedersachsen. Suppen werden Mittags und Abends aufgetragen. Manche Personen nehmen jedesmahl zwey Teller Suppe, und solchen Suppen-Freunden schien es beinahe unglaublich, daß wir fast nie Suppe essen, als wenn wir krank sind. Nach der Suppe wird Mittags in allen guten Häusern beständig Rindfleisch gegeben, das nicht besser, fast möchte ich sagen, nicht so gut, als bey uns ist. Auf das Rindfleisch folgt Gemüse mit einer Beylage, und dann ein Braten, der selten am Spieße bereitet worden ist. Rinderbraten sind fast ganz unbekannt, und große Braten auch bey den zahlreichsten Gesellschaften selten. Wenn die Franken nach Niedersachsen kommen, so erstaunen sie über die Größe der Braten, und glauben gemeiniglich, daß ein Braten, der für sechs oder acht Personen bestimmt ist, für vier und zwanzig hinreichen würde. Sehr viele Personen essen die Fastenspeisen lieber, als Fleischspeisen; und ohne diesen Hang für Mehl- und Eierspeisen würden die Fasten nicht so lange beobachtet worden seyn. Torten und anderes größeres Backwerk werden nicht in so großer Mannichfaltigkeit, als in unsern Gegenden aufgesetzt: desto häufiger sind Zuckerwerke und andere Niedlichkeiten von Zuckerbeckern. Die Franken trinken mehr Chocolade, als wir, aber weniger Caffe und Thee. Zum Tischwein wählen sie einen leichten Wein, den sie gewöhnlich mit Wasser mischen. Stärkere Weine werden beym Nachtisch in Stengelgläsern gereicht: Den gewöhnlichen Wein trinkt man aus gläsernen Bechern, oder Kelchgläsern, die ohngefähr anderthalbmahl so viel, als unsere Weingläser enthalten. Diese Kelchgläser hören gleich jenseits der Gränze der Weinländer auf. In Meiningen zum Beyspiel wurden uns schon Stengelgläser gebracht. Auch in guten Häusern von unserm Stande ist es in Franken nicht gewöhnlich, daß die Söhne oder Töchter, oder Schwestern, oder gar die Frauen der Hausherren den Gästen Speisen oder Wein präsentiren, oder sich wenigstens um der Küche, und Anordnung der Speisen willen, eine Zeitlang vom Tische entfernen.

Meinem Augenmaße nach sind alle, oder die meisten Werkzeuge des Arbeitens, die ein Reisender beobachten kann, Aexte, Sägen, Schlägel, Dreschflegel, Schubkarren, u. s. w. um vieles kleiner und leichter in Franken, als bey uns. Sollte dieses daher rühren, daß in Franken die Weiber alle schwere Arbeiten, die bey uns dem stärkern Geschlecht allein angehören, mit den Männern theilen, oder sollten die Weiber deßwegen mit den Männern arbeiten, weil die Instrumente so leicht sind? Die Weiber dreschen, schieben Karren, zerschlagen die Steine an den Chaußeen, verrichten Handlangerdienste, und tragen, was mich besonders beleidigte, den von ihnen bereiteten Kalk, oder Leimen hohe Leitern hinauf. Bey dem Bau, oder der Ausbesserung der Chaußeen sieht man sehr oft mehr Weiber, kraftlose Alte, und ohnmächtige Knaben, als starke Männer. Daraus, daß die Weiber so viele männliche Arbeiten übernehmen, sollte man fast folgern, daß es an Männern mangeln müsse, oder daß die Zahl der Weiber die der Männer um vieles übertreffe. Noch ehe ich diese Vermuthung wagte, war es mir schon aufgefallen, daß man in Wirzburg überhaupt weniger Kinder, und vorzüglich weniger Knaben auf den Straßen und öffentlichen Plätzen wahrnehme, als in unsern Städten. Nachher fand ich in den Geburts- und Sterbelisten, oder den Bevölkerungstabellen, die im Journal für Franken stehen, daß wirklich in vielen Fränkischen Städten und Gegenden die Zahl der Weiber größer, als die der Männer ist.

Daß die untern Classen vielmehr von den höhern abhangen, mehr von ihnen zu hoffen und zu fürchten haben, und sich weniger auf ihre Geschicklichkeiten und Fleiß verlaßen, als bey uns, ist allein aus dem Betragen der Geringeren, und der Personen vom Mittelstande einleuchtend, wie man es auf den Straßen beobachten kann. Wenn eine Kutsche hergefahren kömmt, so nehmen alle Vorübergehende den Hut ab, gesetzt daß sie auch die Personen im Wagen gar nicht kennen, oder nicht sehen können. Manche bleiben sogar aus Ehrerbietung stehen, um sich desto tiefer verbeugen zu können. Selbst auf den Landstraßen geht Niemand vor Unbekannten, die vorbey fahren, vorüber, ohne den Hut abzuziehen. Geistliche Personen werden allgemein und selbst von den gemeinsten und ärmsten Frauen mit einem Knifs gegrüßt; und wer dieses nicht thut, von dem kann man fast unfehlbar annehmen, daß er ein Fremder sey. Kleine Kinder küßen geistlichen Herren oft die Hand. Selbst Männer in angesehenen Aemtern nennen junge Herren von Adel, gnädige Herren. Die Nothwendigkeit, unaufhörlich grüßen, oder wieder grüßen zu müßen, ist gewiß eine Hauptursach, daß angesehene, so wohl geistliche, als weltliche Personen häufiger, als bey uns, Chapeaubas gehen. Ich lobe mir eine gemäßigtere Höflichkeit und Ehrerbietigkeit.

nach Franken.

Musik und besonders Gesang studiert und übt man in Franken allgemeiner, als in unsern Gegenden. Madam Hizelberger, eine berühmte Sängerinn, gab uns mit ihren Töchtern, und einem ihrer Söhne ein Concert, das uns unbeschreiblich viel Vergnügen verschaffte. Die zweyte Tochter, ein Kind von dreyzehn Jahren, sang mit einer überirdischen Süßigkeit der Stimme, und ein Knabe von neun oder zehn Jahren sang schalkhafte Liedchen mit einer Wahrheit, die selbst Virtuosen in Bewunderung setzte. Unter den neuen Bekanntschaften, die ich diesmahl in Wirzburg machte, interessirte mich keine mehr, als die, des großen Tonkünstlers, des Herrn Kanonikus Stexkel. Dieser auch in andern Rücksichten verehrungswürdige Mann, der Aschaffenburg zu gleich mit dem Hofe verlassen hatte, war so gütig, uns mehrere Herderische und andere Lieder von seiner Composition vorzuspielen, und vorzusingen. Weil sein Gemüth durch die Nachricht von der Berennung und Beschießung von Mainz tief gebeugt war; so wählte er meistens solche Stücke, die seiner Gemüthsstimmung entsprechend waren. Gesang und Spiel erweichten, oder erschütterten das Innere der Seele so sehr, daß ich, wenn er aufhörte, nicht einn.ahl ein Wort vorbringen konnte, oder mochte, um meine Rührungen, oder meinen Beyfall auszudrücken.

Mehr Einfalt, und Kraft habe ich nie in dem Spiel oder Gesange eines andern Virtuosen gefunden.

Leben Sie wohl bis zum nächsten Briefe, u. s. w.

Fünfter Brief.

Sie wünschen, die Gesinnungen des Publikums über die Französischen Angelegenheiten in den Gegenden, wo ich gewesen bin, zu erfahren! Hier haben Sie das Wichtigste von dem, was ich gesehen, und gehört habe.

An keinem der Oerter, wo ich mich eine Zeitlang aufgehalten habe, dachte und redete man so unleidenschaftlich über die Französische Revolution, als bey uns. Die Tonangebende Parthey machte allenthalben der ganzen Französischen Nation die Vorwürfe, welche nur die Jakobiner und deren Verbündete verdienen; und in den Augen dieser Parthey gerieth man schon in den Verdacht von Demokratismus, wenn man einen Augenblick zweifelte, daß die vereinigten Heere in kurzer Zeit bis nach Paris kommen würden, oder daß La Fayette ein Emißär der Jakobiner sey, der die kaiserlichen und holländischen Truppen habe verführen wollen: ein Gerücht, welches sich bis zu meiner Abreise aus W** erhielt. Auf der andern

Seite gab der große Haufe seine Parteylichkeit für die Franzosen viel lebhafter zu erkennen, als ich es je in unsern Gegenden gesehen oder nur gehört habe. In *** war das Posthaus schon stundenlang vor der Ankunft der Zeitungen von Schaaren von Neugierigen wie belagert. In öffentlichen Häusern zerriß man oder kündigte man die Zeitungen auf, die zu stark antifranzösisch waren, oder nur schienen. Die Besetzung von Speier, der Rückzug der vereinigten Armeen, und die Berennung von Mainz brachten in dem Ton der antifranzösischen Zeitungen, wie in dem Betragen und Reden des antifranzösischen Publicums eine sichtbare Veränderung hervor. Nur Wenige trösteten sich mit der Hoffnung, daß die vereinigten Höfe, das im Innern zerrüttete Frankreich mit frischen, und größeren Kräften angreifen würden. Die Meisten verwünschten den Krieg, und die Häupter der Emigrirten als die Urheber desselben. Die Mannszucht, welche Cüstine hielt, und die Vorliebe, die er allenthalben für die Bürger und Bauern bewies, erweckte am ganzen Rhein, und Main den lauten Wunsch, daß die Franzosen nur bald kommen möchten *).

*) Das Betragen von Cüstine gegen Frankfurt, Weilburg, Mainz und andere Städte; das Betragen von Dümourier in den Niederlanden; am meisten aber die höchst ungerechte und empörende Verurtheilung des

Das panische Schrecken, welches Cüstine durch die Eroberung von Speier erregte, kann man sich schwerlich vorstellen, wenn man nicht in der Nähe Zeuge davon war. Alle Vornehme, und auch viele reiche oder angesehene Personen von bürgerlichem Stande entflohen, und retteten ihre besten Sachen nicht bloß aus Speier, Worms und Mainz, sondern aus Frankfurt, Hanau, Wertheim, ja sogar aus dem Hohenlohischen. Wir machten gerade an dem Tage, als die ersten Fliehenden nach Wirzburg eilten, eine Spazierfahrt nach dem Closter Trieffenstein, das an der Straße nach Aschaffenburg liegt. Wir waren noch keine Meile von Wirzburg entfernt, als uns bald nach einander viele Wägen begegneten, in welchen fast ganz allein Frauen, Mädchen, und Kinder saßen. Je weiter wir fuhren, desto mehr Reisende trafen wir an; und aus den Fenstern, und dem Garten des Closters Trieffenstein sahen wir bisweilen sechs bis sieben Kutschen nahe hinter einander herfahren. Wir alle schlossen hieraus, daß etwas Ungewöhn-

Königs haben die Gesinnungen aller Classen von Menschen in Teutschland, und selbst der geringern Bürger und Bauern gänzlich umgestimmt. Im März 1793 schrieb mir ein Freund aus . . . . , daß auch die gemeinsten Bürger jetzt gegen die Franzosen so aufgebracht seyen, daß sie einen Jeden, der die Neufranken vertheidigte, entweder ausprügelten, oder als einen Jacobiner vor die Obrigkeit schleppten.

liches am Rhein geschehen seyn müsse; und Abends hörten wir, daß Speier erobert, und der Bischof von Speier in Wirzburg angekommen sey. In den beiden folgenden Tagen war die Mainbrücke fast nie leer von Reisewägen, oder von Frachtwägen, welche Archive oder Kostbarkeiten geladen hatten. Alle Gasthöfe, auch die schlechtesten, wurden bald mit Fremden angefüllt; und es blieben wenige vornehme Häuser übrig, in welchen nicht eine, oder die andere fliehende Familie eine Zuflucht gesucht hätte. Die Concurrenz der Reisenden war auf den letzten Stationen vor Wirzburg so groß, und ihre ängstliche Eilfertigkeit so dringend geworden, daß sie 40. 60. 90 Gulden für die Pferde einer Station gegeben hatten. Dieselbige Angst, welche die Fliehenden von Station zu Station trieb, hatte auch Mehrere bewogen, für die Ueberfahrt über den Mayn bey Lengfeld, wofür man sonst 20 Creutzer zahlt, eine Caroline zu bieten. Als die Franzosen Speier und Worms verlassen hatten; so kehrten mehrere Familien nach Mainz zurück. Die Meisten von diesen hatten aber kaum Aschaffenburg, oder Hanau und Frankfurt erreicht, als ihnen schon wieder ganze Züge von Flüchtlingen entgegen kamen, die den gegen Mainz anrückenden Franzosen entrinnen wollten. Das Schrecken der Mainzer theilte sich den Einwohnern von Frankfurt, Hanau, Wetzlar und andern Städten mit. Man entwischte nach allen möglichen Richtungen, und zahlte für die Pferde, was man verlangte. Einer meiner Bekannten war Zeuge davon, daß zwey Französische Damen für zwey Pferde von Frankfurt nach Friedberg acht Carolinen geben mußten. Man wußte in Wirzburg mehrere Tage nicht, wo der Churfürst von Mainz geblieben wäre; und er kam wenigstens drey Tage später an, als man ihn erwartet hatte. Nach Bamberg hin hatten sich wenige Flüchtlinge gerettet. Wirzburg blieb die erste Freystätte, wo man vor den Verfolgungen der Franzosen sicher zu seyn glaubte.

Ich bin, u. s. w.

Sechster Brief.

Wenn wir die Absicht gehabt hätten, diesen Herbst eine rechte Traubencur zu brauchen, oder eine fröliche Weinlese mit zu feiern; so hätten wir die Zeit zu einer Reise nach Franken nicht unglücklicher wählen können. Ein elenderes Weinjahr, als das gegenwärtige, ist vielleicht in dem ganzen Jahrhundert nicht gewesen.

Als wir nach Wirzburg kamen, fanden wir die Trauben nicht so schlecht, als wir gefürchtet hatten.

ten. Unterdessen waren doch die Trauben, die wir in der Leiste aßen, die Einzigen in der Nachbarschaft von Wirzburg, deren Saft so süß und klebrig war, wie in guten Jahren die Wirzburgischen Trauben ohne Ausnahme zu seyn pflegen. Fast noch süßer und reifer waren die Trauben in dem Weinberge meines Freundes Hitzelberger in Veitshöchheim, wo unser köstlicher drey und achtziger gewachsen ist. Gegen das Ende unsers Aufenthalts in Wirzburg waren die Trauben so selten, daß man dergleichen bisweilen nicht einmahl erhalten konnte. Auch verbesserten sie sich nicht, sondern verschlimmerten sich vielmehr, welches man einem heftigen Winde zuschrieb, der die Stengel der Trauben verdreht, und welk gemacht hatte. So kann ein einziger Wind, ein einziger Nachtfrost die nahen und beynahe untrüglich scheinenden Hoffnungen des Winzers vereiteln! Diesmahl schadete der heftige Wind nur wenig, weil fast nichts zu beschädigen, oder zu verderben war. Man vermuthete, daß man an dem ganzen Steinberge nicht zwey Fuder Wein machen würde. Auf den Morgen rechnete man im Durchschnitt nur einen Huth voll Trauben. Das Domcapitel und die übrigen Stifter entsagten freywillig dem Zehnten, weil das Sammeln des Zehnten mehr Unkosten verursacht, als der Zehent eingetragen hätte.

Die Weinberge an der Nordseite des Mains waren ungleich traubenreicher, als die in bessern Lagen, weil die Reben in jenen noch nicht genug getrieben hatten, daß die spätern Nachtfröste, welche die Früchte der wärmer stehenden tödteten, ihnen sehr hätten schaden können. Da dieses Jahr das vierte ist, in welchem man beynahe gar keinen Wein gewonnen hat, oder gewinnen wird; so sind die geringern Weine um das Dreyfache, oder Vier- und Fünffache im Preise gestiegen. Ein Fuder Wein, das man in guten Jahren um 12 oder 15 Thaler hätte kaufen können, wird jetzt mit 50 bis 60 Thaler bezahlt. Die Seltenheit und Theuerheit der geringern Weine hat die Consumtion des Biers ausserordentlich vermehrt.

Vier Fehljahre, dergleichen von 1788 an hintereinander gefolgt sind, bringen unsägliches Unglück über ein solches Weinland, als das Bisthum Wirzburg ist, wo ein großer Theil der Einwohner vom Weinbau lebt. Die armen Winzer, oder Häcker, hatten schon im letzten Jahre nicht bloß ihr geringes Vermögen, sondern auch ihren geringen Credit verzehrt; und man sieht gar nicht ab, was aus diesen Armen den nächsten Winter werden wird, und wovon sie bis zum nächsten Herbste leben wollen. Es ist nicht genug, daß man ihnen die Abgaben erläßt, sie wollen auch

Brod für sich, und ihre Weiber und Kinder haben. Woher aber Brod in Oertern, wo fast Alles gleich hülfsbedürftig ist? oder woher Arbeit für Personen, die außer ihrem Rebenbau nichts gelernt haben? Ich weiß nicht, ob die öffentlichen Cassen im Stande seyn werden, Allen, die es nöthig haben, zu helfen. Im letzten Jahre befahl der Fürst, daß man den Häckern dieselbige Quantität von Getraide, die auf dem Markte sechs Gulden galt, aus den öffentlichen Magazinen um die Hälfte überlassen solle. Diese landesväterliche Gnade modificirte die Cammer durch die Bedingung, daß die Amtskeller für die Bezahlung des hingegebenen Getraides bürgen sollten. Wenn die Amtleute nicht selbst in großen Schaden kommen wollten, so mußten sie die Schulzen verpflichten, für die Summen einzustehen, welche die ihren Untergebenen gereichte Frucht kosten würde; und die Schulzen sahen sich aus demselben Grunde genöthigt, Getraide an keinen Andern zu überlassen, als von welchem sie wusten, daß er gewiß die gemachte Schuld abtragen könne. Auf diese Art wurde die fürstliche Wohlthat, die dem Armen und Dürftigen bestimmt war, nur den Reichen oder Wohlhabenden zu Theil.

Eben die Fehljahre, welche die Häcker zu Grunde richten, zerstören auch oder vermindern wenigstens den Wohlstand der bessern Familien in den Städten. Es gehörte bisher mit zu dem Ansehen guter bürgerlichen Häuser, daß sie einen oder mehrere Weinberge besaßen, und selbst bauen ließen. Der Anbau eines jeden Morgens kostet jährlich, die Abgaben mit eingerechnet, zwanzig Gulden bis zwanzig Thaler. Wenn nun eine Familie 15 bis 30 Morgen vier und mehrere Jahre lang mit so großen Unkosten bauen lassen muß, ohne beynahe das Geringste wieder zu erhalten; so wird sie dadurch nothwendig sehr zurück gesetzt. Manche Familien werden durch die vergeblich angewandten Kosten, und das Ausbleiben der Zinsen ihres Capitals so gedrückt, oder ermüdet, daß sie sich freywillig oder gezwungen entschließen, ihre Weinberge so bald als möglich zu verkaufen. Durch die Menge der Verkäufer, und die Seltenheit der Liebhaber, fallen die Preise der Weinberge immer mehr, und man kann sicher annehmen, daß Weinberge, die von den Vätern der jetzt lebenden Besitzer gekauft worden, höchstens um den dritten Theil der Ankaufssumme werden verkauft werden können. Dies schreckliche Sinken des Werths von Weinbergen findet aber nur in den Gegenden Statt, wo die meisten Weinberge ein Eigenthum solcher Personen sind, welche sie nicht selbst bauen, oder wenigstens unter ihrer eigenen Aufsicht bauen lassen.

Die reichen und wohlhabenden Familien würden Fehljahre, und den fallenden Werth ihrer Güter dennoch ertragen können, wenn die Weine, welche sie in ihren Kellern haben, verhältnißmäßig stiegen, und begierig gefordert würden. Dies geschieht aber in Franken eben so wenig, als in andern mir bekannten Weingegenden. Fehljahre treiben nur die schlechten Weine unmäßig empor Die guten Weine steigen entweder gar nicht, oder wenig im Preise, weil immer viel mehr davon vorhanden ist, als verlangt wird. Wegen Mangel des Absatzes werden beträchtliche Weinlager eben so fressende Capitalien, als die Weinberge; und viele Personen wünschen eben so sehnlich, die erstern, als die letztern loszuschlagen zu können. Die Versendung Fränkischer Weine nach Baiern hat fast ganz aufgehört, weil man sie mit schweren Imposten belegt hat, um die Einfuhr Pfälzischer Weine zu begünstigen. Leopold hatte die Einfuhr Fränkischer Weine nach Böhmen erlaubt; und auch diese ist in dem gegenwärtigen Herbste wieder aufgehoben worden. Das Stift Wirzburg sollte Millionen darum geben, daß der Main, an Statt sich in den Rhein zu ergießen, nach Sachsen flöße, oder daß nur die Werre bei Meiningen schiffbar wäre. Durch die schlechten Wege in Sachsen, Thüringen und Hessen wird die Fracht der Frän kischen Weine fast um die Hälfte theurer, als die der Rheinweine, die man von Frankfurt oder Mainz kommen läßt. Nichtsdestoweniger würde sich der Absatz der vortrefflichen Fränkischen Weine außerordentlich vermehren, wenn die Franken, wie die Rheinländer, Bediente durch ganz Teutschland umherschickten, und sich Kunden zu verschaffen suchten.

So oft solche Jahre einfallen, wie das gegenwärtige ist, so oft erneuern sich die Klagen gegen den übermäßigen Weinbau, und eben so oft entsteht der Wunsch wieder, daß man den übertriebenen Weinbau einschränken müsse. Es ist aber viel leichter zu sagen, daß es gut wäre, wenn der Weinbau hin und wieder eingeschränkt würde, als Maaßregeln anzugeben, wie man dieses thun könne, ohne gehässigen Zwang zu brauchen, oder noch mehr Unglück zu stiften, als der jetzige Zustand des Weinbaus hervorbringt. In der Nachbarschaft von Wirzburg sieht man nahe am Main, oder auf den ersten sanften Erhöhungen der Berge manche Weingärten, die entweder seit mehrern Jahren ganz unangebaut liegen, wo der Boden mit Unkraut ganz überwachsen ist, und die ungestützten Reben vom Winde umhergetrieben werden, — oder in welchen wenigstens die seltenen und vernachläßigten Reben zeigen, daß sie ihren

Besitzern wenig oder gar nichts eintragen können. Hier scheint es, dürfte man nur geradezu befehlen, daß die verödeten, oder schlecht gearteten Weingärten vernichtet, und auf eine andere Art benutzt würden. Wie will man aber Personen, die so arm, oder so liederlich sind, daß sie den Anbau ihrer Weingärten ganz, oder fast ganz versäumen, durch bloße Befehle die Fonds, oder den Fleiß verschaffen, die zu einer vortheilhafteren Bearbeitung ihrer Güter erfordert würden? Ich bin ferner überzeugt, daß die meisten übrigen Weingärten im Wirzburger Thale vielmehr einbringen würden, als jetzt, wenn man sie in Obstgärten und Gemüsegärten verwandelte, an welchen es um Wirzburg sehr fehlt, indem das meiste Gemüse und Obst von Kitzingen und andern benachbarten Orten hergebracht wird. Bloße Befehle aber werden diese Verwandlung nie bewirken. Um Obstgärten anzulegen, und Gemüse mit Vortheil zu bauen, muß man Fonds, und eine gewisse Kenntniß der Gärtnerey besitzen, die man in die Menschen nicht gleich hinein verordnen kann. Wenn man von irgend einer Anhöhe die ganze Wirzburger Markung überschaut, und dann bemerkt, daß nicht bloß alle das Thal einschließende Berge, sondern auch die meisten Gründe und hügelichten Felder mit Reben besetzt sind; so muß man auf den

Gedanken kommen, daß man unmöglich in einer Gegend, wo so wenige Aecker, Wiesen und Weiden sind, Dünger genug erhalten könne, um die ungeheure Zahl von Weinbergen und Weingärten so zu pflegen, wie sie gepflegt werden sollten. Bey aller Seltenheit des Düngers wird dennoch der Straßenkoth nicht sorgfältig gesammelt, und eben so wenig der Mist aus den Abtritten genutzt: weßwegen ein Wirzburger Patriot bedauerte, daß jährlich für siebenzig tausend Gulden Mist ungenutzt in den Main geschwemmt würde.

In Flecken und Dörfern, die ganz oder größten Theils von Winzern bewohnt sind, würde die Einschränkung des Weinbaus mit viel größern Schwierigkeiten verbunden seyn, als in der Nachbarschaft von größern Städten. In den so genannten Häckerörtern sind die Grundstücke so sehr getheilt, daß viele Familien nicht mehr, als einen, anderthalb, oder zwey Morgen besitzen. In guten oder gewöhnlichen Jahren reicht ein einziger Morgen, der mit Reben bepflanzt ist, hin, eine ganze Familie zu ernähren. Ein solcher Morgen Rebland gibt Gras und Kraut genug, um ein Stück Vieh damit durch zu bringen. Man kann auf demselbigen Morgen Gemüse genug für die ganze Familie bauen, und dennoch trägt er, wenn der Herbst glücklich ist, ein Fuder Weins, das für

30, 40, 50 Thaler verkauft werden kann. Wollte man einen solchen Morgen in Ackerfeld verwandeln; so würde die Aussaat und Bearbeitung viel mehr Kosten erfordern, und man würde höchstens drey Malter, oder eine Ausbeute von funfzehn Gulden erhalten. Wegen dieses so sehr verschiedenen Ertrags von Rebländern und Fruchtfeldern, und dann auch wegen des Abgangs von Zugvieh und Ackergeräth fahren die Häcker fort, auch in der Fläche Wein zu bauen, wo die Reben gewöhnlich einen geringen Wein, aber eine viel größere Quantität, als in den besten Weinbergen bringen.

Auch in solchen Weinörtern, wo ein nicht geringer Ackerbau, und ein beträchtlicher Viehstand ist, würde man nicht Dünger genug für die Weinberge haben, wenn diese nur allein mit animalischem Mist gedüngt werden könnten. Die Regel ist, daß Weinberge, die sich nicht verschlimmern sollen, alle fünf Jahre gedüngt werden müssen, weil die fruchtbare Erde nicht bloß durch die Reben ausgesogen, sondern auch durch Regengüsse weggewaschen wird. Man hält die Reben schon für gedüngt, wenn man neue fruchtbare Erde hinaufgetragen hat. Meistens vermischt man die Erde, welche man in die Weinberge bringen will, mit etwas Mist, oder mit den kleinsten Zweigen und Nadeln von Tannen, und läßt sie den Winter über in kleinern oder größern Haufen von der Luft und vom Regen oder Schnee maceriren, und befruchten. Weil man so viele Erde für die Weinberge braucht, so findet man eine große Menge von Gruben um Wirzburg herum, die durch das Ausgraben der guten Erde entstanden sind. Zwischen Wirzburg und Veitshöchheim ist eine beträchtliche Strecke von Feldern nach dem Main hin, die man ihrer Decke von fruchtbarer Erde ganz, oder größtentheils beraubt hat. Die hintere Seite des Steinbergs ist gänzlich durchwühlt, und sieht einem ungeheuern Haufen von Schutt gleich, weil man die fruchtbare Erde allenthalben weggenommen, und die unbrauchbaren Steine zurückgelassen hat. Die Leiste ist mit einer Erde überschüttet worden, die man von der Spitze des Berges gehohlt hat, wo die Nonne Renata verbrannt worden ist, und den man auf der Straße nach Oberzoll hin, zur linken Hand hat. Wenn man weder Mist noch Erde hat, um einem ausgemergelten Weinberge neue Kraft zu geben; so reißt man die alten Reben aus, besäet den Weinberg mehrere Jahre hintereinander mit Klee, und besetzt ihn alsdann mit neuen und jungen Reben, die trefflich gedeihen. Man kann an der Arbeit und den Kosten des Düngers sehr viel ersparen, wenn man Weinberge terraßirt, oder in mäßigen

Entfernungen Mauern queer hindurch zieht. Dies Terrassiren verlangt freylich einen großen Vorschuß, den nicht alle Weinbergsbesitzer machen können. Die Mauern an dem Leistenberge haben schon 20000 Gulden gekostet, und man wird noch 30000 Gulden anwenden müssen, bevor man diesen Weinberg gegen das schädliche Wegspülen seiner fruchtbaren Erde ganz in Sicherheit wird gesetzt haben. Auch am Steinberge sieht man es mit Vergnügen, daß in den letzten Jahren viele neue Mauern bis gegen die Spitze des Berges hingezogen worden sind.

Die kostbarsten Fränkischen Weine wachsen fast alle in der Nähe von Wirzburg. Dergleichen sind der Leistenwein, der Steinwein, der Greßenwein von der Harfe, und der Randesacker. Außer diesen sind noch der Calmut und der Creutzwertheimer als vorzügliche Weine auswärts berühmt. Die besten fränkischen Weine haben ungleich mehr Feuer, als die besten Rheinischen, und sie sind deswegen den Spanischen, oder Italiänischen Weinen ähnlicher. Wenn man aber den Leistenwein und einen und den andern Liqueurwein ausnimmt, so fehlt den Fränkischen Weinen der geistige Duft oder Geruch, der allen ächten Rheingauerweinen gemein ist. Die Frankenweine unterscheiden sich von einander wieder dadurch, daß diejenigen, die tiefer am Main hinabwachsen, säuerlicher, und dem Rheinwein ähnlicher sind, als die Wirzburger, welche für Personen, die den Rheinwein nicht lieben, etwas sanfteres, für Andere hingegen, die an den Rheinwein gewohnt sind, etwas weniger pikantes haben. Ihre Tischweine halten die Franken selbst nicht für so stark, als die Tischweine am Rhein sind. Der Erste aller Frankenweine ist der Leistenwein, der den Besten aller Rheinweine, den Johannisberger entweder übertrifft, oder demselben wenigstens gleich ist. Ich habe es diesmahl nicht unterlassen, die Geburtsstätte dieses Königs aller Teutschen, und ich kann dreist sagen, aller Europäischen Weine zu besuchen, so wie ich auch den Steinberg bestiegen habe. Die wahre Leiste ist derjenige Abhang der Festung, welcher dem Nicolaiberge, oder dem sogenannten Cäppele gegen über liegt. Sie enthält nur sieben und zwanzig Morgen, und gehört ganz der fürstlichen Cammer. Die Weine, die in den an die Leiste zunächst anstoßenden Weinbergen wachsen, werden auch noch Leistenweine genannt. Sie unterscheiden sich aber von dem fürstlichen Leistenwein, wie die übrigen Hochheimer, oder Johannisberger Weine von der Hochheimer Blume, und von dem vorzugsweise so genannten Johannisberger, der in den Weinbergen des Bischoffs von

Fulda im Rheingau wächst. Die Weinberge am Schloßfelsen, die gegen die Stadt Wirzburg gerichtet sind, werden gar nicht zur Leiste gerechnet. Auch bringen sie nur einen in Vergleichung mit dem Leistenwein gemeinen Wein, der den Nahmen des Schloßbergers hat. Die eigentliche Leiste genießt den ganzen Tag die Sonne, und ist durch den Schloßberg und die Festungswerke gegen alle rauhe Winde geschützt. Im Sommer ist es oft so heiß in der Leiste, daß die Winzer, die darin arbeiten, sich bis auf dünne Beinkleider ganz entkleiden müssen. Die Leiste wurde erst in diesem Jahrhundert in den zwanziger Jahren angelegt. Der älteste und theuerste Leistenwein ist der von 1728. Von diesem kostet eine Bouteille 3 fl.; der drey und achtziger zwey Gulden, und Strohwein eine halbe Caroline. Ich habe diesmahl auch rothen Leistenwein getrunken, welchem ich den trefflichsten Burgunder vorziehe. Den besten Steinwein hat das große Juliusspital in Wirzburg. In diesem verkauft man die Bouteille um einen Thaler; und eine solche Bouteille, die eine ganz eigene Form hat, ist nicht völlig einer Burgunderbouteille gleich. Die ersten Harfenweine, und besonders die edelsten Greßenweine hat bloß das Stift Haug. Calmutwein hingegen kann man sowohl im fürstlichen Keller, als vom Closter Trieffenstein kaufen. Der

Weinberg, in welchem dieser Wein wächst, liegt von Wirzburg an gerechnet, diesseits des Mains; gleich an der rechten Seite des berühmten Tropfsteinfelsen, auf welchem das Schloß Homburg stehet. Der Weinberg hat ohngefähr sechzig Morgen, und gehört halb der fürstlichen Cammer, halb dem Closter Trieffenstein. Er läuft nur an dem Fuße von ganz nackten und abgewaschenen Kalkfelsen herum. Der Calmutwein vom Jahr 1783. hat die Süßigkeit, die er in den ersten Jahren hatte, fast ganz verlohren, aber an Feuer sehr gewonnen. Auch ist er jetzt trüblich, wie mehrere Ungarische Weine sind. Ein Weinkenner in Bamberg setzte mir gefrornen Wirzburger Wein vor, der sehr feurig war. Wenn man ein Faß Wein bey heftiger Kälte gefrieren läßt, so soll die Hälfte davon übrig bleiben, und eben diese soll die Kraft der andern in Eis verwandelten Hälfte an sich ziehen.

Der Obstbau hat in den letzten Jahren im Stifte Wirzburg ausserordentlich zugenommen. Man mag fahren, nach welcher Richtung man will, so sieht man viele neue Anpflanzungen von Obstbäumen, besonders an den Wegen und auf den Gemeinweiden in der Nachbarschaft der Dörfer. Gemeinweiden wurden auch schon lange auf dem Eichsfelde mit Fruchtbäumen bepflanzt. Als nach Franken.

wir durch Dingelstädt kamen, hatte man gerade den Tag zuvor den Ertrag der diesjährigen Zwetschenerndte für 28 Rthlr. verkauft. Obstbäume sieht man im Wirzburgischen viel seltener, als im Bambergischen auf den Aeckern oder Fruchtfeldern. Das Wirzburger getrocknete Obst wird höher geschätzt, als das Bambergische. Jenes wird häufig von Bambergern aufgekauft, und unter dem Nahmen des Bamberger Obstes außer Landes versendet. Alle Arten von Obst sind dies Jahr in Franken besser, als bey uns gerathen. Meine Frau hat deßwegen eine beträchtliche Quantität von allerley getrocknetem Obst für sich und ihre Freundinnen gekauft. Das Pfund Brunellen kostete nicht mehr als 10 bis 12 Creutzer. Dies Obst wurde von Astheim, einem Wirzburgischen Orte, herein gebracht. Zwischen Melrichsstadt und Wirzburg scheinen die Getraideerndten nicht früher, oder kaum so früh, als bey uns, zu fallen. Als wir von Göttingen wegreisten, waren die Felder schon leer. In Franken trafen wir noch etwas Gerste und Rocken, am meisten aber Haber auf dem Felde an, der ganz, als bey uns zusammengebunden wird, und weniger hoch, als in unseren Gegenden war. Klee wird in Franken kaum in so großer Menge, als bey uns: Burgunderrüben oder Runxe in viel größerer Quantität gebaut.

Ueberhaupt schien mir der Acker im Wirzburgischen und Bambergischen weniger sorgfältig, als bey uns bearbeitet zu werden. Im Bambergischen zerpflügt man den Acker in lauter Furchen, wie im übrigen südlichen Teutschland. Diese Furchenmethode hört im Wirzburgischen, vorzüglich diesseits des Mains auf, wo die Aecker eben so, wie im nördlichen Teutschland geebnet werden.

Siebenter Brief.

In meinen vorhergehenden Briefen werde ich Ihnen beynahe Alles gesagt haben, was mir Bemerkenswerthes auf meiner letzten Reise vorgekommen ist. Jetzt will ich nur noch Einiges über die Städte Wirzburg und Bamberg, über die umliegenden Gegenden, und über einige andere interessante Gesichtspuncte und Landschaften in Franken nachholen.

Ungeachtet ich Bamberg weit weniger kenne, als Wirzburg; so trage ich doch kein Bedenken, dem Urtheile aller übrigen Reisenden beyzustimmen, nach welchem Wirzburg in Ansehung der Lage sehr weit hinter Bamberg zurückbleibt. Wirzburg liegt in einem Kessel, oder engen Thale, das nach allen Seiten in geringen, oder höchstens mäßigen Entfernungen mit Bergen umzäunt ist. Dies enge Thal ist durchgehends mit Reben besetzt: denn die wenigen Aecker, Weiden, Wiesen, und Gemüsegärten verlieren sich so, daß man sie bei einem Blick auf das Ganze kaum oder gar nicht wahrnehmen kann. Wenn diese unaufhörlichen Weinberge und Weingärten auch in ihrer größten Schönheit sind; so können sie wegen ihrer Niedrigkeit und Einförmigkeit doch nie etwas Mahlerisches, oder für das Auge etwas so Befriedigendes haben, als eine Abwechselung von Gärten, Fruchtfeldern, Wiesen und Laubholz. Nun aber grünen die Weinberge nur vier Monate im Jahr, und wenn sie schon so verwelkt sind, wie sie es am Ende unsers Aufenthalts in Wirzburg waren; so hat ihr Anblick eher etwas Zurückstoßendes, als Anziehendes. — Bamberg hingegen ist nur auf der einen Seite, wo die Rednitz herkömmt und hinfließt, mit Bergen und Hügeln nahe umgeben. Nach der andern Seite hin breitet sich zwischen der Rednitz und dem Main die große und fruchtbare Bamberger Aue aus; und hinter dem Main zieht sich in einer Weite von zwey, drey, bis vier Meilen am Rande des Horizonts eine prächtige Kette von Bergen her. Man nimmt daher in der Nähe von Bamberg allenthalben Weinberge, Gärten, Gartenfelder, Aecker, Wiesen und schönes Laubholz wahr. Wenn die Rednitz gleich nicht so breit ist, als der Main; so verdient sie doch immer den

M

größeren Flüssen unsers Vaterlandes zugezählt zu werden.

Man mag in und bey Wirzburg auf die Festung, oder den Nicolaiberg, oder auf die Harfe und den Steinberg, oder auf die Anhöhe, über welche die Chaußee nach Werneck läuft, oder auf irgend einen andern erhabenen Platz steigen; so sieht man weiter nichts, als das enge Thal mit seinen Weinbergen, die Stadt mit der Festung und dem Nicolaiberge, und Haidingsfeld, das gegen Westen jenseits des Mains liegt. Diese Gruppe stellt sich nirgends vortheilhafter, als auf dem Steinberge dar. Hier überschaut man die Festung in ihrer ganzen Größe, und die Stadt, das Thal, und den Main in ihrer größten Länge bis nach Haidingsfeld hin. Auf der obersten Höhe des Steinbergs hat man zur rechten Hand ein schönes friedliches, mit Reben umgebenes Dorf, und zur linken Hand das Mainthal bis nach Veitshöchheim unter sich. Die nächsten Ufer des Mains, gleich unterhalb der Stadt, vermindern den Eindruck der fruchtbaren Landschaft, die man rund um sich her sieht. Sie sind nämlich mit breiten Streifen von Kies, oder allerley Geschiebe belegt, womit auch die vormahls höchst fruchtbare Insel im Main überschüttet ist. Traurige Ueberbleibsel der letzten großen Ueberschwemmung, die man noch nicht hat wegräumen können! In der Stadt Wirzburg selbst kenne ich keinen günstigern Standpunct, als in dem Garten und Gartenhause des Wirths zum Römischen Kaiser, eines sehr verständigen und erfahrnen Mannes, der in seiner Jugend große Reisen zur See gemacht, und mit vieler Mühe und Kosten ein sehr lehrreiches Model von einem Seeschiffe verfertigt hat. Aus dem Garten erblickt man die Mainbrücke, den Main, und die ganze Stadt so nahe, daß man Personen auf der Mainbrücke erkennen, das Gewühl am Main deutlich wahrnehmen, und die verschiedenen Geschrey- und Getöse in den nächsten Straßen genau unterscheiden kann.

Unter allen diesen Aussichten in und um Wirzburg gleicht keine derjenigen, die man aus dem obern Saal des Closters auf dem Michaelsberge in Bamberg genießt. An den Fenstern der rechten Seite bietet sich der höher liegende Theil der Stadt sammt den nächsten Bergen, und unter diesen die Trümmer der Altenburg dar, des Stammschlosses der alten Grafen von Babenberg, in welchem Philipp von Schwaben vom Otto von Wittelsbach ermordet wurde. Aus den Fenstern der linken Seite entdeckt man Rebhügel, wo diese aufhören, einen Wald, den ganzen Lauf der Rednitz bis zu ihrem Ausfluß in den Main, und einen beträchtlichen Abschnitt der Bamberger Aue. Aus den Fenstern der breiten Seite übersieht man endlich die ganze Stadt, die ganze Bamberger Aue, mehrere Streifen des Mains, den Seehof, die Trümmer des Schlosses Girch, neben diesen eine Capelle, und zuletzt die majestätische Reihe von Bergen, deren Formen dem Auge noch unterscheidbar sind. Wer könnte diese Schönheit, und diesen Reichthum der Natur auch nur obenhin betrachten, ohne den Wunsch in sich zu fühlen, daß man einmahl Zeit und Gelegenheit haben möchte, die Eine und den Andern länger, und näher zu bewundern, und zu untersuchen! Bey diesem Wunsche bot uns Einer der würdigsten Gelehrten und Geschäfftsmänner in Bamberg, der Herr Geistliche Rath Schott sein Haus gastfreundlich an, und diese gütige Anerbietung nahmen wir für die Zukunft mit eben der Treuherzigkeit an, womit sie uns gemacht wurde.

In demselbigen Verhältnisse, in welchem die Gegenden um Bamberg schöner sind, als die um Wirzburg, sind es auch die Spatziergänge. In Wirzburg besucht man Sonntags am meisten den fürstlichen Garten, und in der Woche die beiden Promenaden am Graben: besonders die, in welche man vom Schloßplatze hineingeht. Beide Promenaden sind in Ansehung der Aussicht sehr beschränkt, und weder breit, noch lang genug. Die in der Nachbarschaft des Schlosses wird sehr gewinnen, wenn das Bosquet, an welchem man jetzt eifrig arbeitet, fertig seyn wird. Freyer und schöner, als die Promenaden in der Stadt, ist der obere Gang im fürstlichen Garten, wo man an der einen Seite stets den Garten und die prächtige Residenz vor Augen hat, und an der Andern wenigstens von Zeit zu Zeit eine offene Aussicht in das Thal erhält. Wenn ich in Wirzburg wohnte, so würde ich wahrscheinlich die Chaußee, die nach Randesacker führt, am häufigsten besuchen, und meinen Rückweg an dem Ufer des Mains nehmen. Reitzender sieht man den Main, und die Ufer des Mains in der Nähe von Wirzburg nirgends, als wenn man dem Laufe des Flusses entgegen geht. Noch viel schöner aber sind die Ufer der Rednitz im Mühlenwerder bey Bamberg, einem Lustholze nahe an der Stadt, das von der Rednitz und einem Bache umflossen wird, und von vielen Wegen und Gängen durchschnitten ist. Jenseits der Rednitz hebt sich dem Mühlenwerder gegenüber ein fruchtbarer Berg empor, an welchem Gärten, Fruchtfelder, Wiesen und Gruppen von Bäumen unaufhörlich mit einander abwechseln, und man nichfaltige Fußsteige die schönsten und unerwartetsten Aussichten gewähren sollen.

So sehr die Gegend und die Spaziergänge von Bamberg die von Wirzburg übertreffen; eben so sehr übertrifft die letztere Stadt, als Stadt betrachtet, die Erstere: die Residenzen in beiden Städten sind gar keine vergleichbare Dinge. Ueberdem hat Wirzburg viel mehr schöne Kirchen und andere öffentliche Gebäude, und eine ungleich gröſsere Zahl von schönen Privathäusern, als Bamberg. Die schönen Häuser in Wirzburg würden sich besser ausnehmen, als jetzt, wenn sie in einer oder einigen Straßen beysammen stünden, und nicht zum Theil durch so viele enge Gäßchen zerstreut wären. Das Pflaster der größern und breitern Straßen in Wirzburg hat sich in den letztern Jahren außerordentlich gebessert: in Bamberg ist es noch immer sehr schlecht. Beide Städte haben viel mehr enge und krumme Gassen, als die Städte in unsern Gegenden; und an diesen Gäßchen haben mich die ewigen Krümmungen noch viel mehr, als die geringe Breite gewundert. Die beiden Hälften dieser schmalen Straßen neigen sich gemeiniglich gegen die in der Mitte gezogenen Goßen, und in diese fließen aus allen Häusern offene Canäle von Unreinigkeiten, die den langen Kleidern der Frauenzimmer sehr gefährlich sind. Weil Bamberg weniger Clöster, Stifter, und milde Stiftungen hat, als Wirzburg; so sind die Straſsen der erstern Stadt nicht so oft durch hohe Mauern verdunkelt, als die der Letztern. In Wirzburg bleiben, glaube ich, nur wenige enge Straßen übrig, in welchen nicht an der einen oder andern Seite 15 oder 20 Schuh hohe, oder gar noch höhere Mauern eine beträchtliche Strecke einnähmen. Eben diese Kerkerartigen Mauern waren für mich das Haupthinderniß, warum ich die vielen kleinen Gassen nicht unterscheiden lernen konnte, indem sie sich durch die Mauern alle einander ähnlich werden. Ein großer Vorzug von Wirzburg ist die herrliche Erleuchtung, welche diese Stadt in den letztern Jahren erhalten hat. Um die Kosten derselben, die jährlich auf 6000 Gulden steigen, zu vermindern, will man eine wüste Stelle an der Seite des Nicolaiberges mit Hartriegel, einem gemeinen Gesträuche, bepflanzen, dessen Beeren ein sehr gutes und reichliches Oehl geben sollen. Wirzburg enthält viel mehr schöne Gemählde, als Bamberg. Die kostbarste Gemähldesammlung in Wirzburg ist die Huttensche, ein Fideicommiß dieser Familie, das von dem Cardinal Hutten, von dem verstorbenen Domdechanten in Bamberg, und dem Dompropst in Trier gleiches Nahmens herkömmt. Die Sammlung ist jetzt in dem obersten Stock des Huttenschen Hofes von dem Herrn Inspector Köhler sehr zweckmäßig nach den Sujets geordnet; doch finden sich die besten Werke von Italiänischen, Niederländischen und Teutschen Meistern in einem kleinen Cabinet des ersten, oder schönen Stocks. Zu den sehenswürdigen Merkwürdigkeiten von Wirzburg gehören die Arbeiten des jetzigen Herrn Hofconditors Bevern, womit er bey feierlichen Gelegenheiten die fürstliche Tafel verziert hat. Nicht bloß die Landschaften und architektonischen Stücke, sondern auch die Figuren und Gruppen von Figuren sind so trefflich gezeichnet, und colorirt, daß man die schönsten illuminirten Englischen Kupferstiche zu sehen glaubt. Herr Bevern hat das Geheimniß erfunden, Marmorarten aus dem Anspachischen so zu stoßen und zu färben, daß er damit alle Gattungen von Decorationen der Tafel nicht bloß zu Stande bringen, sondern auch dauernd machen, und den Einflüssen der Witterung entziehen kann. Verschiedene Engländer, welche die Tafelstücke des Herrn B. sahen, hielten sich mehrere Tage bloß deßwegen in Wirzburg auf, um die Kunst ihrer Verarbeitung zu lernen.

Ich habe weder im Wirzburgischen, noch im Bambergischen so schöne Wälder und Bäume, noch ein so lebhaftes Grün der Weiden und Wiesen gesehen, als man in unsern Gegenden wahrnimmt. Auch hat Franken, so weit ich es kenne, weniger lebendiges Wasser, weniger schöne Quellen und Bäche, als unser Fürstenthum, oder als das benachbarte Hessen. Unter den beiden Bisthümern ist Bamberg wasserreicher, als Wirzburg. So bald man in das Bambergische kommt, so sieht man von Zeit zu Zeit kleine Teiche und beträchtliche Bäche, die meistens mit Ahorngebüsche bewachsen sind. Diese Ahorngebüsche, und Ahornbäume gefallen dem Auge weit besser, als die Weiden, welche man in Niedersachsen an den Bächen herzupflanzen pflegt. Das Bamberger Land ist seines sandigen Bodens ungeachtet auch dadurch mahlerischer, als das Wirzburgische, daß der Boden sich mannichfaltiger hebt, und senkt, oder fast möchte ich sagen, schöner gehügelt oder gewölbt ist, als im Wirzburgischen. Die zerstreuten Fruchtbäume tragen nicht wenig zur Verschönerung des Bambergerlandes bey.

Von Bamberg aus besuchten wir, freylich nur auf einige Stunden, das ehemalige Lustschloß Seehof. Der Seehof hat einen großen Ueberfluß von Wasser und ganz nahe unermeßliche Wälder, die nach allerley Richtungen durchgehauen sind. Dennoch möchte ich dort nicht wohnen, weil das Schloß zu niedrig liegt, und mehrere Teiche selbst im späten Herbst einen widerlichen Sumpfgeruch aushauchten. Auch sollen kalte Fieber in dieser Gegend in gewissen Jahrszeiten herrschend seyn. Hinreißend war der Rückglanz der untergehenden Sonne in den umherliegenden Seen, und der Blick auf die von der Abendsonne erleuchteten Trümmer der Altenburg. Die ehemalige Ergiebigkeit der Jagd erkennt man an den zahllosen Hirschgeweihen von angewöhnlicher Größe, oder ungewöhnlichem Wuchse, die in den Gängen des Schlosses angenagelt sind.

Zu den frohesten Tagen unserer ganzen Reise rechnen wir diejenigen an welchen wir Spazierfahrten nach Schwarzenau, und nach Homburg und Trieffenstein machten. Schwarzenau ist ein kleines Dorf, das unmittelbar am Main, ohngefähr drey Meilen von Wirzburg liegt. Dies Dorf gehört dem Fürsten, und wird in dessen Nahmen von dem Herrn Hofcammerrath Goldmayer in Wirzburg verwaltet. Herr Goldmayer hatte die Güte, uns zu einem ländlichen Feste einzuladen, welches er auch dieses Jahr den Einwohnern des Dorfs im Nahmen seines Herrn gab. Nach Tische kamen die jungen Leute des Dorfs von beiderley Geschlecht unter Vortretung von einigen Musikanten in das Amthaus, und zogen dann auf den Tanzplatz hin, wo ein Tannenbaum aufgerichtet war. An den Tannenbaum hängte man eine Laterne mit einem brennenden Lichte, in welches man einen großen Thaler als Prämium gesteckt hatte. So bald dieses geschehen war, fingen die jungen Leute an, um den Tannenbaum herum zu tanzen, und Einige derselben walzten recht artig. So oft man um den Tannnenbaum herumkam, übergab dasjenige Paar, welches den Preis entscheidenden Strauß gehabt hatte, diesen Strauß dem nächsten Paar, und dasjenige Paar erhielt den Preis, welches den Strauß hielt, als das Licht bis zum großen Thaler abgebrannt war. Während dieses Tanzes wurde den ältern Mitgliedern der Gemeinde Brod und Wein gereicht, und gegen Abend gingen Eltern und Kinder in das Wirthshaus, wo man sich bis zehn, oder eilf Uhr wohl seyn ließ. Länger durfte die Ergötzlichkeit nicht währen, von welcher Einige, die sich das Jahr durch nicht gut betragen hatten, öffentlich ausgeschlossen wurden.

Auf dem Wege von Wirzburg nach Schwarzenau muß man beynahe zwey Stunden Berg an fahren. Wenn man die oberste Höhe des Berges erreicht hat, wo ein Creutz steht, so erhält man nach allen Seiten hin, einen außerordentlich ausgedehnten Gesichtskreis, und man kann eine große Menge von Dörfern und Flecken zählen. Noch viel überraschender ist der Prospect gleich hinter

Dettelbach. Sobald man zum Thore dieses Städtchens herauskommt; so sieht man links auf einer Anhöhe das Closter und die Kirche der wunderthätigen Mutter Gottes zu Dettelbach, einen der berühmtesten Wallfahrtsörter in Franken: vor sich das schöne Stift Schwarzach, das die Chaußee zu begränzen scheint: links den glänzenden Main: diesseits und jenseits des Mains viele Oerter und Thürme, das Schloß Castell, nebst andern Rittersitzen, und die Trümmer des Schwanen- oder Schwabenberges. Als wir das zweytemahl, nämlich auf der Reise nach Bamberg, diese Landschaft mit Bewunderung betrachteten, wandte sich unser Kutscher um, und fragte uns voll stolzer Zufriedenheit: ob nicht Franken ganz andere Landschaften habe, als Sachsenland. Er sey auch einmahl in Sachsen gewesen, werde aber gewiß nie wieder hingehen, weil er in den schlechten Wegen beynahe sein Fuhrwerk, und seine Pferde ganz zu Grunde gerichtet hätte. Franken, welche die schönen Gegenden unsers Landes, und besonders im Lauenburgischen und Hollsteinischen, gesehen haben, glauben nicht mehr, daß das südliche Teutschland schöner, und mahlerischer, als das nördliche sey.

Schwarzenau ist ein lehrreiches Beyspiel, wieviel die Einsichten, und der Eifer eines einzigen thätigen Mannes in wenigen Jahren zur Erhöhung des Wohlstandes eines Dorfs, und so auch eines ganzen Landes beytragen können. Herr Goldmayer, dem eine unsägliche Menge von andern wichtigen Geschäfften aufgetragen ist, hat sich für das Glück der Angehörigen von Schwarzenau mit einer Wärme verwandt, als wenn er nur dieses allein zu befördern gehabt hätte. Er hat den Eingesessenen nicht nur das volle Eigenthum ihrer Güter verschafft, und dadurch ihren Fleiß verdoppelt; sondern er hat auch das fruchtbare Land der ganzen Gemeinde um vier hundert Morgen vermehrt: theils durch Ausrodung eines schlechten Gebüsches, das auf einem fruchtbaren Boden stand, und durch die Besämung von 150 Morgen ungebrauchten Landes, die jetzt hoffnungsvolle Wälder von Nadelholz tragen: theils durch die Zerstückelung von Gemeinweiden, die wenig und elendes Gras trugen, und nun mit dem größten Fleiße bearbeitet werden: endlich durch die Urbarmachung von vernachläßigten Hügeln, die man mit Reben bepflanzt hat. Bloße Vorschriften, Ermunterungen, und Beyspiele würden diese glücklichen Veränderungen entweder nie, oder nicht so geschwind hervorgebracht haben, als sie jetzt erfolgt sind, da Herr Goldmayer mit den kräftigsten Vorstellungen einen Ernst verband, welcher die Bauern fühlen machte, daß er die

Sache besser, als sie verstünde. Das ganze Dorf scheint wie neu gebaut. Mehrere Bauern, oder Bäurinnen besitzen 10 bis 20000 Gulden, Manche 4 bis 5000 Gulden.

Eine der größten Naturseltenheiten in Franken ist der Tropfsteinberg, auf welchem das Schloß Homburg am Mayn liegt, und wo der gediegene Salpeter gefunden wird. Als wir diesen Berg besuchten, hatte uns unser Freund Oberthür in dem Kloster Trieffenstein, eine halbe Stunde von Homburg jenseits des Mains zum Mittags: essen angemeldet, wo wir auch von dem Herrn Prälaten, und den übrigen Herren Conventualen auf das gütigste empfangen wurden. Schon lange vorher, ehe man den gediegenen Salpeter ent: deckte, war der Fels, auf welchem das Schloß Homburg liegt, durch die Burkardshöhle merk: würdig, in welchem der heilige Bischoff Bur: kard als Einsiedler gelebt haben soll. Man steigt in diese Höhle durch eine Menge von Stuffen hin: ab. Sie ist wahrscheinlich schon Jahrhunderte lang als eine Capelle eingerichtet, und es wird auch jetzt noch zu gewissen Zeiten Gottesdienst darin ge: halten. Die Decke der Höhle besteht aus unge: heuern Stalaktiten, deren Spitzen von Neugie: rigen allmählig abgeschlagen worden sind. Sie hat an mehrern Stellen große Risse, und es ist zu vermuthen, daß sie mit der Zeit einstürzen werde. Das Schloß auf dem Felsen, in welchem der Amts: keller wohnt, soll von dem Bischoff Burkard gebaut, und die Sterbestätte seines Erbauers geworden seyn. Ein Theil des Schlosses ist schon eingefallen, und der Rest würde bald ein gleiches Schicksal haben, wenn er nicht weggebrochen würde, um einer neuen Wohnung des Amtskellers Platz zu machen. Der Fels ist nach dem Main hin senkrecht abgeschnitten, und man kann deswegen auch den Eingang der Höhle, wo der salpeterreiche Stalaktit gebrochen wird, nicht von oben, sondern nur von unten sehen, wo eine Ueberfahrt über den Main ist. Der Herr Amtskeller von Homburg schenkte mir mehrere schöne Stalaktiten von äußerst zarter und regelmäßiger Structur, und der Salpetergräber brachte mir nach Triessenstein ein herrliches Stück, wo der gediegene Salpeter sich fast allenthalben wenigstens einen viertel Zoll dick angesetzt hatte. Auch wollte er mir einen ganzen Beutel voll salpeterhaltige Erde aus der Höhle schenken: denn der weiche Graus, der beym Abreissen der Stalaktiten abbröckelt, enthält gleichfalls viel Salpeter, der sich leicht auswaschen, und reinigen läßt. Nach dem Ausspruche des Herrn Professors Pickel in Wirzburg ist der Homburgische Salpeter so gut, als der beste Ostindische.

Dieser Gelehrte glaubt, daß der Fels durch einen starken Bach gebildet worden, der durch Homburg fließt, und alles, was man hineinlegt, sehr bald mit kalkartigen Theilen überzieht. In den Incrustationen des Bachs hat sich aber bis jetzt nicht die geringste Spur von Salpeter gezeigt, und wenn er also auch den Felsen geschaffen hat, so muß der Salpeter, womit das ganze Innere des Felsen angeflogen ist, anders woher entstanden seyn. Herr Prof. Pickel wagt es noch nicht, die Entstehungsart des Salpeters in dem Homburger Berge zu erklären. Die Erfahrung hat gelehrt, daß Schutt, der keinen Salpeter mehr enthielt, in den Höhlen des Berges nach einer gewissen Zeit wieder mit Salpeter geschwängert wurde. Man geht jetzt mit dem Gedanken um, den Berg nach mehrerley Richtungen durcharbeiten zu lassen, um der Luft die Erzeugung des Salpeters zu erleichtern. Diese Arbeiten werden der Cammer nichts kosten. Denn die Steine aus dem leichten, und doch festen Tropfsteinfelsen werden zu Gewölben so sehr gesucht, daß man die Kosten der Durchbohrung des Bergs durch den Werth der gewonnenen Steine leicht wird bestreiten können.

Die Lage des Schlosses Homburg ist sehr romantisch. Der Main windet sich hier um eine beträchtliche amphitheatralisch emporsteigende Halbinsel

Insel so herum, daß er beynahe ein Eyland zu bilden, und in sich selbst zurück zu fliessen scheint. An den beyden Ufern des Mains liegen Homburg Trennfeld, und Lengfurth, und auf der obersten Höhe der Halbinsel, oder der Erdenge, das prächtige Closter Trieffenstein. Diesseits des Mains sieht man den Calmutweinberg, und jenseits die schönsten Fruchtfelder, deren junges Grün uns um desto mehr erfreute, da wir zwischen den Weinbergen um Wirzburg dergleichen seit mehreren Wochen nicht gesehen hatten. Der Berg auf welchem das Closter Trieffenstein steht, ist auch stalaktitisch, und eben daher hat das Closter seinen Nahmen, der in den ältesten Urkunden durch petrastillans ausgedruckt wird. Das Closter ist gegen das Ende des eilften Jahrhunderts von einem Bischoff von Wirzburg aus dem Hause Rothenburg gestiftet worden, und schon in Urkunden des zwölften Jahrhunderts wird des Calmutsweinberges erwähnt. Der Garten des Closters nimmt die obersten Terrassen des Berges ein, an dessen höchsten Rande das Closter steht. In einem ländlichen Wohnsitze kann es kaum eine unterhaltendere Aussicht geben, als man aus dem Speisesaale des Prälaten, oder aus dem Garten des Closters, besonders aus der langen Rebenlaube hat, die den Garten nach dem Main hin begränzt. Alle

Schiffe, die den Main hinab, oder heraufkommen, fahren unter den Fenstern des Closters, und unmittelbar unter den Augen des Beobachters vorbey. Dem Closter gegenüber liegt Lengfeld, wo eine der besuchtesten Fähren am Main ist, indem alles, was von Aschaffenburg nach Wirzburg, oder umgekehrt reist, hier sich über den Main setzen lassen muß. Der Abhang, an dessen Fuße Lengfeld liegt, ist auf die verschiedenste Art angebaut, und an der rechten Seite von der Chaußee durchschnitten, die nach Wirzburg geht. Der unterste Absatz des Berges, der das Closter trägt, endigt sich in eine schmale am Main fortlaufende Wiese, deren Grün das frischeste war, das ich in Franken gesehen habe, und das ich vermissen würde, wenn man diese Wiese auch in den schönsten Garten verwandeln könnte. Man braucht ungefähr drey Stunden, um auf der Chaußee von Wirzburg nach Lengfeld zu kommen; und hingegen hat man wenigstens zwanzig nöthig, um denselbigen Weg auf dem Main zu machen: so wunderbar krümmt sich dieser Fluß bis nach Trieffenstein hin. Alle Reisende glauben, und können der Lage von Aschaffenburg und Frankfurt nach nicht anders glauben, als daß der Main von Homburg herkomme, und in die Bergkluft hineindringe, die sich links von Trieffenstein öffnet, und aus welcher er von Wirzburg herabfließt.

Ich beschließe diesen Brief mit einer kurzen Beschreibung der Eindrücke, welche die Wartburg bey Eisenach auf mich gemacht hat.

Man muß eine halbe Stunde lang stark steigen, bevor man an das Thor, oder den Schloßplatz der Wartburg gelangt. Bis zur Hälfte des Berges liegen Gärten. Dann führt der nächste Fußsteig über einen Rasengrund in einen schönen Wald von Laubholz, womit die obern Abhänge des Berges bekleidet sind. Zuletzt kommt man in den aus dem Felsen, einer harten Breccia, gehauenen Weg, der an vielen Stellen feucht, und deßwegen sehr schlüpfrig ist. Unser Führer nannte uns einen Herrn, der, so oft er in Eisenach sey, diesen Weg hinauffahre, welches man beynahe für unmöglich halten sollte. Als wir den Berg hinanstiegen, waren die Stadt, und alle umliegende Gebirge und Thäler auf das herrlichste von der Abendsonne vergoldet; und diese Blicke waren die schönsten, welche die Wartburg uns gewährte. Gleich beym Eingange auf dem Schloßplatz ist die Wohnung des Castellans, wo man Erfrischungen erhalten, und nach vorher gemachten Bestellungen auch zu Abend und Mittag essen kann. Das alte Schloß lag jetzt großentheils in Trümmern. Der Herzog von Weimar hatte die Absicht, einige Theile wieder bewohnbar machen zu lassen: welche Arbeiten aber durch den Zug gegen Frankreich unterbrochen wurden. Weil die Sonne dem Untergange nahe war, so bat ich die Führerinn, daß sie uns an irgend einen Platz, oder in irgend ein Zimmer bringen möchte, wo wir eine freye Aussicht nach allen Seiten hin hätten. Einen solchen Platz, oder ein solches Zimmer, antwortete man, gebe es auf dem ganzen Schlosse nicht. Den ausgedehntesten Prospect genießt man aus den Fenstern des Saals, wo alle Sonntage getanzt wird. Hier sahen wir die Sonne hinter die Berge hinabsinken. Hier verlohr sich das Auge in der Unermeßlichkeit des Horizonts, und in der Menge von Bergen und Thälern, die man vor sich sah. Wenn man die Schönheit einer Aussicht bloß nach ihrer Ausdehnung abmißt; so gehören die auf der Wartburg mit zu den schönsten in ganz Teutschland: denn ich glaube gewiß, daß die entferntesten Berge, die man gegen Westen und Osten sieht, wenigstens zwanzig Teutsche Meilen von einander entfernt sind. Da ich aber die Größe einer Aussicht nicht nach dem Raume, der vor mir ausgebreitet ist, sondern nach der Erhabenheit, oder Schönheit und Mannichfaltigkeit der Gegenstände beurtheile, welche sie darbietet; so gestehe ich aufrichtig, daß die Prospecte auf der Wartburg sehr weit unter meiner Erwartung blieben. Die Stadt und ein

einziges Dorf ausgenommen, erblickt man weiter
nichts, als bewaldete Berge von ähnlichen Höhen
und Formen. Die Thäler, Oerter, und Spuren
von Cultur, welche die Thäler einschließen, werden dem Auge entrückt, und die Landschaften scheinen daher viel wilder und öder, als sie wirklich
sind. Mit inniger Ehrfurcht, und starken Rührungen, traten wir in das Zimmer, wo Luther
wohnte, und wo außer dem bekannten seyn sollen-
den Dintenfleck nichts von dem großen Mann
mehr übrig ist, als sein sehr verbleichtes und be-
schädigtes Bildniß. Wenn man auch sonst kein
Freund von Reliquien ist, so kann man es doch
nicht anders, als beklagen, daß man das Käm-
merlein, wo der Haupturheber unserer Freyheit
und Aufklärung die wichtigsten Werke vollendete,
mit Allem, was es bey seiner Abreise enthielt,
nicht sorgfältiger erhalten hat. Die Kirche, in
welcher Luther predigte, und in dieser Kirche
das Gemählde, welches das berühmte Wunder der
heiligen Elisabeth vorstellt, scheinen weniger
gelitten zu haben. Genau konnten wir diese Gegenstände nicht betrachten, weil der Tag sich schon
geneigt hatte. Das Schloßgebäude ist von so geringem Umfange, daß ich es nie für einen Wohnsitz mächtiger Fürsten gehalten hätte. Wenn das,
was man jetzt das Zeughaus nennt, und wo man

außer einigen Rüstungen nichts Merkwürdiges findet, vormahls wirklich das Zeughaus war; so kündigte dieses mehr, als die fürstliche Wohnung seine erlauchten Besitzer an. Wir kehrten nach halb sechs Uhr bei dem Glanze des heitersten Vollmondes nach Eisenach zurück. Die Erinnerung dieses angenehmen Rückweges weckt in mir wieder eine Bemerkung auf, die Ihnen gewiß auch erfreulich seyn wird: daß nämlich in allen den Städten, die wir auf unserer letzten Reise berührt haben, die besten Gasthöfe sich seit vier bis sechs Jahren außerordentlich verschönert, und zum Theil auch vermehrt haben. Den Mohren in Gotha, das weiße Lamm in Bamberg, und den Schwan in Wirzburg kann man kaum wieder erkennen. In Mühlhausen ist der Römische Kaiser, in Wirzburg der Fränkische Hof, in Eisenach der Gasthof der Madame Kühn neu entstanden; und in allen diesen Häusern wird man sehr gut und sehr billig bewirthet.

Verzeihen Sie, liebster Freund, wenn ich Ihnen bisweilen Dinge gesagt habe, die Sie nicht wissen wollten, und von andern geschwiegen, welche Sie mehr interessirt hätten. Gewisse Sachen kann man keinem Briefe anvertrauen, und diese halte ich unserer nächsten mündlichen Unterredung vor.

—

Bemerkungen auf einer Reise nach Mainz, in einem Briefe an einen Freund.

Geschrieben im August 1793.

Sie wundern sich, liebster Freund, daß ich Ihnen meinen Vorsatz, nach Mainz zu reisen, nicht gemeldet habe! Wie konnte ich aber dieses, da ich mich selbst erst am vorletzten Abend vor unserer Abreise zu diesem kleinen Abentheuer entschloß? Zwey Freunde sagten mir am 25. Jul., daß sie die Absicht hätten, Mainz zu besuchen. Die Gelegenheit, in guter Gesellschaft zu reisen, erweckte in mir und in Herrn . . . . . . sehr schnell den Gedanken, die Trümmer der eroberten Stadt, und die so sehr gepriesenen Festungswerke der Franzosen zu sehen. Wenn man weiter nichts braucht, als ein Kleid, und etwas Wäsche einzupacken, so kann man einen Reiseplan eben so geschwind ausführen, als fassen. Wir verließen Göttingen am 27. Julius, und kamen schon am 5. August bald nach Mittag zurück. Zwey volle Tage brachten wir in Mainz, zwey halbe Tage in Frankfurt zu. Die übrige Zeit nahm das Hin- und Herreisen weg. Wir hatten beständig gutes Wetter, ungeachtet es in der Nacht einigemahl heftig regnete.

Vor und während der Hinreise verursachte uns nichts so viele Bedenklichkeiten, und Berathschlagungen, als die Frage: wo wir in der Nachbarschaft von Mainz bleiben sollten, um diese Stadt, und die angränzenden Merkwürdigkeiten mit Muße, und ohne Gefahr besehen zu können. Wir hielten nach den Zeitungsnachrichten, und allgemeinen fliegenden Gerüchten Mainz für einen solchen Pfuhl von unleidlichen Uebelgerüchen, von ansteckenden Seuchen, und allen Arten von Ungeziefer, daß es uns gar nicht in den Sinn kam, in der von den Franzosen kaum verlassenen Stadt selbst zu wohnen. In Frankfurt hörten wir, daß mehrere Reisende sich im Mainzer Hofe, und andern Gasthöfen aufgehalten hätten. Wir nahmen uns also vor, ein Gleiches zu wagen; und nun entstand eine neue Besorgniß, ob wir bey dem großen stets fortdauernden Zusammenfluß von Neugierigen auch Platz finden würden?

Diese Besorgniß war nur zu sehr gegründet. Als wir vor dem Mainzer Hofe anlangten, so sagte uns Herr Pahl, bey welchem ich sonst immer abgetreten bin, daß er uns unmöglich aufnehmen könne. Er habe diesen Morgen schon, ich weiß nicht, wie viele Herrschaften abgewiesen, und seit mehrern Tagen hätten in seinem Hause jede Nacht 30. 40 und mehrere Personen, die sich gar nicht hätten abweisen lassen, auf Stühlen und Tischen geschlafen. Vielleicht fänden wir noch in der hohen Burg Platz. Auch hier versagte man uns anfangs die Aufnahme, und nur auf Herrn Pahls Empfehlung gab man uns endlich ein mäßiges Zimmer mit zwey Betten, das in gewissen Stunden keine andere Möblen, als einen alten Tisch, und einen noch ältern Stuhl hatte. Der Wirth hatte, wie die meisten Einwohner von Mainz, noch nicht Zeit genug gehabt, seine guten in Sicherheit gebrachten Möblen hervorzusuchen und auszupacken. Am Abend konnten wir nicht einmahl eine Streu für zwey Personen erhalten, entweder weil es wirklich an Stroh, oder weil es an Zeit fehlte, uns eine Streu zurecht zu machen. Das enge Beysammenwohnen, und das Beysammenschlafen war bey dem heißen Wetter die größte Beschwerde der ganzen Reise. Und doch hatten wir noch Ursache uns Glück zu wünschen, daß das Zimmer und die Betten reinlich, Speisen, Wein und Caffee gut, und die ganze Behandlung äusserst billig war.

Sobald wir am 30. Julius, wo wir Morgens in Mainz ankamen, zu Mittage gegessen hatten;

so traten wir unsern Lauf an. Ein Miethbedienter war gar nicht aufzutreiben. Wir mußten uns also theils auf unsere geringe topographische Kenntniß von Mainz verlassen: noch mehr aber mußten wir uns durch Nachfragen zu helfen suchen, wobei wir stets die Höflichkeit und Dienstfertigkeit der Mainzer zu bewundern Ursache hatten. Alle Personen, welche wir ansprachen, gaben uns richtigen und umständlichen Bescheid. Manche begleiteten uns sogar eine Strecke Weges, um uns zurecht zu weisen. Diese Dienstfertigkeit war um desto verdienstlicher, da in der ganzen Stadt eine seltsame Verwirrung herrschte, die es den Einwohnern schwer machte, sich zu sammeln, und bisweilen sich nur auf die bekanntesten Dinge zu besinnen. Diese Verwirrung entstand natürlich aus dem lebhaften Eifer, womit alle Familien Zimmer und Häuser reinigen, oder wieder herstellen ließen, und verscharrte Sachen und Waaren hervorzogen und auspackten: aus der Rückkehr von ausgewanderten Freunden und Nachbarn: aus der Ankunft von mehrern Tausenden von Fremden, die insgesammt Dienste brauchten, und allerley Nachrichten verlangten: aus der Wiederbeginnung von lange unterbrochenen Geschäften und Aemtern: aus der Ungewißheit, ob Personen schon wieder da, oder nicht wieder abgereist seyen, wo sie wohnten, u. s. w. —

Die Stelle von Miethbedienten vertraten kleine Knaben, deren gewöhnlich vier oder fünf vor dem Mainzer Hofe standen. Ich überließ mich der Leitung dieser Knaben einigemahl. Leider kannten sie nur die berühmtesten Straßen und Plätze, sehr selten aber die Wohnungen von Privatpersonen.

Gleich bey unserm Ausgange fiel es uns auf, daß die Erzählungen von der Verunreinigung der Stadt Mainz im höchsten Grade übertrieben worden. Noch in Frankfurth hörten wir an der Wirthstafel von Fremden, die aus Mainz gekommen waren, daß man durch ausgeschickte Commandos dreytausend Bauern aus der Nachbarschaft zusammen jagen werde, welche die Stadt von dem verpestenden Unrath säubern sollten. — Wir fanden auf mehreren Straßen kleine Haufen von Pferdemist, oder von Kericht an die Häuser gelegt. In einer oder der andern Straße lag auch noch der Schutt der abgebrannten Wohnungen. Nirgends aber trafen wir den pestilenzialischen Gestank an, wovon wir so vieles gehört und gelesen hatten. Es schien mir sogar, als wenn die Straßen und Gaßen von Mainz meine Nase seltener und weniger beleidigten, als sie sonst gethan hatten. — Nur am Tage der Uebergabe der Stadt soll das Ausgießen des faulenden Wassers, was man in allen Häusern zum Löschen aufbewahrt hatte, einen solchen Uebelgeruch erregt haben, daß dadurch mehrere empfindliche Personen bewogen wurden, die Stadt zu verlaßen. Nicht weniger übertrieben waren die Erzählungen von der Verheerung der Stadt Mainz durch die Bomben, Haubitzen, Zündkugeln, und andere Kugeln der Belagerer. Der Herr Graf von ***, den ich auf den Trümmern der Domprobstey antraf, sagte mir; daß man ohngefähr funfzig Brandstellen zähle. Wenn dieser auch hundert wären, wie Andere behaupten, so können Sie doch leicht denken, daß hundert Brandstellen, die durch verschiedene Gegenden zerstreut sind, einer so großen Stadt wie Mainz noch nicht das Ansehen einer zerstörten Stadt geben können. Den traurigsten Eindruck machen die Ruinen der Thürme des Doms, der Höfe und Häuser um den Dom, der ehemaligen Dominicanerkirche, des Dahlbergischen Hofes, und anderer benachbarten Häuser. Das Feuer traf und verzehrte am meisten Thürme, Kirchen, Clöster, und adeliche Höfe. Dies konnte ganz natürlich geschehen, da die Belagerer vorzüglich nach hohen und großen Gebäuden zielten, in welchen sie Magazine vermutheten. Gerade dieser Umstand aber: daß das Eigenthum der Geistlichkeit und des Adels am meisten beschädigt worden, bestärkte das Gerücht: daß manche

Brände durch die boshaften Hände der Clubbisten entstanden seyen. Ich hielt diese Sage anfangs für eine bloße Wirkung der in Mainz herrschenden Wuth gegen die Clubbisten. Allein ich erfuhr nachher von glaubwürdigen Personen mehrere Dinge, um welcher willen ich das Anlegen von Feuer nicht schlechterdings als eine gehäßige Erdichtung verwerfen kann. Unter andern hieß es den ganzen Tag vorher, ehe das Comödienhaus abbrannte, daß dies Gebäude in der nächsten Nacht würde in Brand geschossen werden. Am Abend sah man in dieser Gegend keine Feuerkugeln, und doch stand das ganze Haus auf einmahl in Flammen. In den Ingelheimischen Hof fielen sieben bis acht Feuerkugeln oder Haubitzen, die alle glücklich getödtet wurden. Nichts desto weniger gerieth der Hof plötzlich in Brand, und nach dem Brande fand man Pechkränze, und andere brennbare Materialien. Beym Löschen leisteten die Weiber viel mehr Dienste, als die Männer. Die männlichen Einwohner waren größtentheils ausgewandert, oder exportirt. Und die zurückgebliebenen wollten entweder, oder durften auch nicht helfen. Die Französischen Soldaten waren, wenn auch nicht immer, wenigstens sehr oft so eifrig im Löschen, daß mehrere darüber ihr Leben einbüßten, und eine noch größere Zahl gefährlich verletzt wurde, indem sie die Güter der Mainzer mitten aus den Flammen retteten. Auf den Trümmern der ehemaligen schönen Domprobstey hörte ich einen artigen Heßischen Unterofficier, der schon in America gedient, und auch den Zug in Champagne mit gemacht hatte, das Unglück des Krieges mit inniger Wehmuth beklagen. Man müßte sagte der fromme Krieger, kein Christ seyn, wenn man bey dem Anblick solcher Verwüstungen ungerührt bleiben wollte. Seine junge Frau, die erst vor Kurzem zum Besuch hergekommen sey, könne gar nicht aufhören, zu weinen, so oft sie die schrecklichen Wirkungen der Batterien der Belagerer wahrnehme. — Die Anzahl der mehr oder weniger beschädigten Häuser ist sehr groß. Einer meiner Freunde zeigte mir in seinem Hause den Gang einer kleinen Kugel, der wirklich mit dem Laufe eines Blitzstrahls eine große Aehnlichkeit hatte. Die Kugel war durch das Fenster eines Zimmers, an welchem sie das Holzwerk beschädigt hatte, hereingekommen, war auf den Boden gefallen, hatte sich hier wieder aufgerafft, eine gegenüber stehende Thür zerschmettert, und sich dann durch das Fenster und Gesimse des zweyten Zimmers einen Ausgang geöffnet — . Es ist zu verwundern daß während der ganzen Belagerung nicht mehr als 17 bis 18 Personen aus der Bürgerschaft getödtet, oder verwundet worden sind.

Ohne Vergleichung niederschlagender, als die Brandstätten in der Stadt, ist der Anblick der Gegend zwischen Mainz und Hochheim, der Anblick von Costheim und den Trümmern der Favorite und Carthause. Schon vor Hochheim bemerkten wir in den Reihen der großen Nußbäume womit die Felder nahe an der Chaußee besetzt sind, häufige Lücken, und sahen aus dem Getraide niedrige grünende Gebüsche hervorragen. Beym Nachfragen sagte uns unser Kutscher, daß das, was wir für kleine Gebüsche hielten, neugetriebene Zweige seyen, die aus den Wurzeln und Strümpfen der von den Franzosen umgehauenen Fruchtbäume hervorgegangen wären. Diese Erklärung wurde durch viele Stämme bestätigt, die an den Seiten des Weges lagen. Die durch Läger verheerten Plätze vor Hochheim ließen uns ahnden, was wir nachher erblicken würden. So bald wir aus Hochheim herauskamen, so entfalteten sich vor unsern Augen alle Gräuel der Verwüstung, und machten auf mein Gemüth eine viel stärkere Impression, als alles, was mir in der Folge vorkam. Wir sahen die reichen Rebhügel von Hochheim durch Schanzen, Laufgräben, und Batterien aufgewühlt: die herrlichen Weinberge zertreten, und mit Unkraut überwachsen: die verwilderten Reben ohne Stützen, auf den Boden hingestreckt, oder vor dem Winde herschwankend: die zahllosen Haine, oder Reihen von Fruchtbäumen vor Costheim und Cassel von der Erde vertilgt: die Gärten zerstört: die Getraide-Felder nackt und trauernd: Costheim in der Asche: die Thürme des Doms ausgebrannt: die Plätze wo vormahls die Favorite, und Carthause prangten, öde und leer: und den Weg, mit jammernden Greisen, Weibern, und Kindern aus Costheim angefüllt. Wie viele Jahre werden vergehen, bevor die Quellen der Thränen, die seit der Belagerung geweint worden sind, vertrocknen: bevor Costheim aus seiner Asche emporsteigen: die Gärten, Weinberge und Felder von Fruchtbäumen wieder werden hergestellt werden! Gärten, Weinberge und Felder werden schon lange wieder grünen und blühen, bevor die Einwohner von Mainz zu ihrem vorigen Wohlstande gelangen werden. Das Vermögen der angesehenen Familien bestand noch mehr, als das, der Stifter und Clöster in ihren Weinlägern. Manche von diesen Weinlägern sind während der Berennung und Belagerung der Stadt ohne die geringste Schadenersetzung ausgeleert worden. Andern Besitzern hat man zwar ihre Weine bezahlt,

aber

aber so schlecht bezahlt, daß man für Weine, die dreyßigtausend Gulden werth waren, höchstens 8 oder 9000 fl. gab. Eine so starke Garnison als die in Mainz war, brauchte täglich zehen, wie Andere vorgeben, 25 Stückfaß Wein. — Auf der Rückreise konnte ich nicht umhin, den Weinberg hinter der Domdechaney zu besehen, wo die Hochheimer Blume wächst, und wo ich vor acht Jahren so viele, und so reine Freuden der Natur und der Freundschaft genossen hatte. Auch dieses Heiligthum war nicht verschont geblieben. Auch hier hatte man Schanzen aufgeworfen und Laufgräben gezogen, die noch nicht ausgefüllt waren. Unterdessen war dieser Weinberg der Einzige um Mainz und Hochheim, in welchem die Reben wieder gestützt, und das Erdreich gesäubert war. Sehr angenehm war mir die Nachricht, daß das Weinlager des Herrn Domdechanten von Fechenbach von den Franzosen gar nicht angegriffen worden.

Gleich am ersten Tage machten wir einen Spaziergang vor das Gauthor, wo noch gegen fünftausend Mann Hessen im Lager standen. Hier erkundigten wir uns in Ermangelung eines bessern Führers nach den Arbeiten der Franzosen, und den nächsten Hauptbatterien der Belagerer, aus welchen die Stadt und deren Festungswerke am meisten beschossen worden. Die Carlsschanze hatte wenig, viel mehr die Albanischanze gelitten. Die Preußischen Schildwachen erlaubten nicht, daß wir in den Graben der letztern Schanze hineingingen, um die Beschädigungen und Einstürzungen des Brustwerks, oder Walls, genauer zu besichtigen. Mich frappirten besonders die Ueberbleibsel der sogenannten Capelle auf der Albanischanze, in welcher ich einst in Gesellschaft von unvergeßlichen Freunden und Freundinnen frohe Stunden verlebte. Diese Capelle war nicht bloß zusammen geschossen, sondern durch die Gewalt der Kugeln in den innern Raum der Schanze hineingeworfen worden. In der nächsten Preußischen Batterie standen noch zum Theil die Canonen, womit man die Stadt beschossen hatte. Hier konnten wir uns richtige und deutliche Vorstellungen von Laufgräben, Faschinen, Schanzkörben, und dem Gebrauch und der Zusammensetzung von beiden in den Batterien der Belagerer machen. Ohngefähr in gleicher Linie mit der Preußischen Batterie war die große Oesterreichische diesseits Weißenau, welche man auf dem Platze der ehemaligen Carthause errichtet hatte. Von diesem schönen und weitläuftigen Closter sieht man kaum noch einige Trümmer. Auch die Favorite ist bis an ihre Fundamente zerbrochen worden. Einige Bassins und Stuffen von Terrassen sind das Einzige, was man nicht zertrümmert oder losgerissen hat. Die ganze Oberfläche des Gartens war mit Graus, und zum Theil zerbrochenen Quadern bedeckt. Hin und wieder stand ein verwaistes Bäumchen, oder Stäudchen, welche darüber zu trauern schienen, daß gerade sie den Untergang des Ganzen überlebt hätten. Es ist unmöglich, die Empfindungen auszudrücken, welche solche Scenen hervorbringen; und höchst überflüßig wäre es, die Gedanken niederzuschreiben, die dadurch in jedem nachdenkenden Gemüth erweckt werden. Wenn man in den am nächsten gegen die Stadt hin angelegten Batterien steht, so sollte man glauben, daß man die Stadt in wenigen Tagen hätte zusammenschießen können. Betrachtet man hingegen die entferntesten Batterien bey Hochheim, das eine Stunde von Mainz liegt; so möchte man es beynahe für unmöglich halten, daß man auch mit den Kugeln der schwersten Stücke nur Caßel habe erreichen können.

In dem einst so schönen Flecken Costheim, wo viele adeliche und andere reiche Familien aus Mainz ihre Sommersitze hatten, stehen nur noch sechs Häuser, die aber auch nach allen Richtungen durchschossen sind. Die Straßen sind durch den Schutt ganz ungangbar geworden, und man wird bloß in den von den Franzosen gemachten Laufgräbern herumgeführt. Die meisten Einwohner haben ihren verheerten Wohnort verlassen. Die Zurückgebliebenen leben in den Kellern ihrer ehemaligen Häuser. Wo man sich hinwendet, begegnet man Haufen von zerlumpten Kindern, die um ein Almosen flehen. In der Nachbarschaft von Mainz, und selbst auf den Straßen dieser Stadt schwärmen fremde Landstreicher umher, die durch das falsche Vorgeben: daß sie in Costheim alles verlohren hätten, den armen Bewohnern dieses unglücklichen Fleckens einen Theil der ihnen zugedachten Allmosen wegstehlen.

Wir haben bey weitem nicht alle Schanzen, Wege, und Gräben gesehen, welche die Franzosen nach allen Seiten hin angelegt hatten. Wir besuchten nur ihre Werke in Caßel, Costheim, auf der Main- oder von Andern sogenannten Rheinspitze, bey Weißenau, Zahlbach, auf der Petersau, und an der Elisabethen- und St. Albansschanze. Schon die Arbeiten, die wir sahen, sind so zahlreich und weitläuftig, und scheinen großentheils so schwer zu seyn, daß man denken sollte: 10000 bis 20000 Menschen hätten sie in einem ganzen Jahre nicht zu Stande bringen können. Am meisten bewundern Kenner die Verschanzungen bey Caßel, und auf der Petersau. Jene sind nach dem Plane von Eikemeyer angelegt, und haben in der That die Höhe von gewöhnlichen Häusern. Das

Kunstmäßige an diesen Festungswerken kann ich nicht beurtheilen. So viel leuchtet aber auch einem Unerfahrnen ein, daß die Werke bey Caßel und auf der Petersau eine seltene Vollendung haben, dergleichen den besten Englischen Kunstarbeiten eigenthümlich zu seyn pflegt. Wenn die Franzosen alle Bäume in der Nachbarschaft von Mainz nicht auch deßwegen umgehauen hätten, um die ganze Gegend frey zu machen; so hätten sie es thun müssen, um Holz zu den Pallisaden und Verhacken von Caßel, und den übrigen Schanzen zu erhalten. In dem Zwischenraum zwischen dem Verhacke und den Pallisaden von Caßel waren 70 bis 80 Bombenkessel eingesenkt. Die Belagerten hatten wirklich die Absicht, einen Arm des Mains um die Festungswerke von Caßel herzuleiten. Ein nicht geringer Anfang war schon gemacht. Während der Berennung und Belagerung der Stadt fehlte es allem Ansehen nach an Zeit, und Armen, diese Unternehmung auszuführen; oder man hielt sie für unnöthig, da die Stadt nicht von der Caßeler, sondern von der entgegengesetzten Seite am heftigsten angegriffen wurde.

Uebereinstimmenden Zeugnissen zufolge waren die Nöthen, Schrecknisse, und Beschwerden der Einwohner während der Belagerung bey weitem nicht so groß, als man sich auswärts vorstellte.

Freylich erregten die ersten Haubitzen, Feuerkugeln und Bomben, und die dadurch verursachten Bränbe und Schäden eine große Bestürzung und Angst. Selbst diese ersten heftigen Eindrücke brachten nicht immer nachtheilige Folgen hervor. Die Tochter einer Freundinn hatte schon mehrere Monate lang ein schleichendes Fieber. Von diesem Fieber wurde die Kranke auf einmahl durch das Schrecken hergestellt, worein sie der erste Brand in der Nachbarschaft versetzte. Die Genesung war dauerhaft, und die Geheilte versicherte, daß sie sich in ihrem ganzen Leben kaum besser befunden hätte, als während der übrigen Belagerung. Bomben konnten wegen ihrer großen Schwere nur in die dem Walle am nächsten liegenden Straßen geworfen werden. Die Haubitzen hatten die Größe von sechs und dreyßigpfündigen Canonenkugeln. Die erste Haubitze fiel auf den Domplatz, als gerade die ganze Französische Generalität versammelt war, und tödtete den General de Blou, weil dieser sich nicht, wie die übrigen Französischen Offiziere, auf die Erde niederlassen wollte. Die Feuerkugeln waren den Haubitzen in Rücksicht auf Form und Größe ähnlich. Sie waren mit einer unbekannten zündenden Materie gefüllt: machten in ihrem Fluge ein Geräusch, das dem Geräusch eines starken Wasserfalls ähnlich war: und schleppten einen langen feurigen Schweif nach, wodurch sie das Ansehen der prächtigsten Racketen erhielten. Man wagte es eine Zeitlang nicht, sich diesen Feuerkugeln zu nähern, weil man sie zugleich für schmetternde Haubitzen hielt, und in der Meynung war, daß man sie nicht mit Wasser löschen könne. Man entdeckte bald diesen doppelten Irrthum, und nun wurden hunderte dieser Kugeln selbst von Weibern ausgelöscht. Die Belagerer schossen gewöhnlich nach einem bestimmten Ziele, oder nach gewissen Plätzen. Eben daher waren die Einwohner, die von diesen Plätzen entfernt waren, fast eben so ruhig und unbesorgt, als in Friedenszeiten. Auf jeden Fall zogen sich die Familien in diejenigen Zimmer, oder Theile der Häuser zurück, in welchen sie, wenn auch eine Kugel ihre Wohnungen treffen sollte, für ihre Personen sicher waren. Das Schlimmste war dieses, daß die Belagerer vorzüglich in der Nacht schossen, wo sie jeden entstehenden Brand am ehesten sehen konnten: und wenn sie durch Feuerkugeln einen Brand erregt hatten, nun schmetternde Haubitzen in dichten Haufen nach derselbigen Gegend folgen ließen, um die Löschenden abzuschrecken, und die Löschanstalten zu verhindern. Nichts destoweniger waren selbst Frauenzimmer vier oder fünf Tage nach dem Anfange der Belagerung im Stande, dem Zuge der

Feuerkugeln, wie einer künstlichen Feuerwerkerey stundenlang mit Vergnügen zuzusehen. Der schrecklichste Brand in Mainz war der des Dahlbergischen und Ingelheimischen Hofes: der Erhabenste aber der des Doms, oder vielmehr der Domthürme. Belagerer und Belagerte wurden durch die außerordentliche Schönheit und Größe der brennenden Domthürme so hingerissen, daß Jene darüber beynahe ihres Vorsatzes zu schaden, und diese ihrer eigenen Gefahren vergessen hätten. Nach einem allgemeinen Urtheil ist vielleicht auf der ganzen Erde nie ein entsetzlicheres Feuer erregt worden, als in der Nacht, wo Costheim von allen Batterien der Alliirten erst beschossen, und dann eingenommen wurde. In einer Zeit von anderthalb Stunden, oder sieben Viertelstunden schoß man, wie es heißt, 4 bis 5000 Haubitzen, und 9 bis 10000 andere Kugeln nach Costheim hinein. Durch das brennende Costheim wurde der Kampfplatz der Alliirten und Franzosen so erleuchtet, daß man sowohl von Mainz, als von den Lägern der Alliirten aus die Bewegungen, und besonders das Vorrücken und Zurückweichen der Streitenden deutlich unterscheiden konnte. Während der Canonade zitterte die Erde, als wenn sie von einem heftigen Erdbeben erschüttert würde.

Daß es in der belagerten Stadt nicht am Nothwendigen gefehlt habe, erhellt schon allein daraus, daß weder unter den Einwohnern, noch unter der Garnison, und selbst nicht einmahl in den Lazareten gefährliche ansteckende Seuchen herrschten. Als wir in Mainz waren, zeigte sich die Ruhr, die aber sehr gutartig war. Getraide, Reis, Wein, Caffee, Thee und andere Gewürzwaaren waren im Ueberfluß oder wenigstens in hinreichender Menge vorhanden. Frische Milch war so selten, daß man die wenige Milch, die zum Caffee einer einzigen Person erfordert wurde, mit zwey Gulden wöchentlich bezahlen muste. Frisches Rindfleisch, oder Kalb- und Hammelfleisch konnte man in den letzten Monaten gar nicht mehr erhalten. Man wirft es den Commissären des Nationalconvents vor, daß sie bey der Uebergabe der Stadt noch eine große Zahl von Kühen für sich allein gehabt hätten, ohne den Kranken stärkende Fleischbrühen reichen zu lassen; und daß sie allenthalben, wo sich etwa ein Kalb oder Schaaf gefunden, Schildwachen hingestellt hätten, damit man ihnen solche Thiere nicht entziehen möchte. Selbst Pferdefleisch war nur selten zu haben, und wenn es zu kaufen war, so muste man einen kleinen Thaler für ein Pfund geben. Der Geschmack des Pferdefleisches soll von dem des Rindfleisches kaum zu unterscheiden seyn. Auch machte es dem Magen keine Beschwerde: besonders wenn man es in Eßig gelegt, und stark eingepfeffert hatte. Bey der Uebergabe der Stadt hatten die Franzosen noch zweytausend Pferde, von welchen sie wenigstens drey Viertel ohne Schaden hätten entbehren können. Ein Paar Tauben kostete zwey Gulden oder einen Französischen Thaler: ein gutes Huhn eine halbe Caroline: ein Pfund Oehl, oder Tonnenbutter einen Gulden: ein Pfund frische Butter zwey Laubthaler. Wenn eine Familie einen oder einige Schinken hatte, so schnitt sie nur von Zeit zu Zeit einige dünne Scheiben herunter, um dem Reis, oder den trocknen Hülsenfrüchten, wenn auch nicht einen Fleischgeschmack, wenigstens einen Fleischgeruch zu geben. Als Merlin einst der Preußischen Generalität ein Dejeuner gab, bezahlte er einen welschen Hahn, den er dazu brauchte, mit hundert Livres.

Unter den belagernden Truppen haben sich die Hessen bey Freunden und Feinden die gröste und allgemeinste Bewunderung und Liebe erworben. Die Franzosen waren anfangs wegen der Einwohner von Frankfurt am meisten gegen die Hessen erbittert; allein auch sie lernten bald die Tapferkeit der Hessen bewundern, und ihre Menschlichkeit lieben. Das gröste Vergnügen auf der ganzen

Reise verschaffte uns der Anblick dieser ehrwürdigen Krieger, in deren Gesichtern und Cörpern dauerhafte Gesundheit, geprüfte Stärke, fester Muth, und zugleich eine liebenswürdige Sanftheit und Bescheidenheit unverkennbar ausgedrückt waren. Weder Officiere, noch Soldaten hatten die geringste Spur von dem an sich, was man soldatisches Wesen zu nennen pflegt. Die Hessen hatten vor Mainz, wie in der Champagne, die wenigsten Kranken: ein Factum, welches eben so überzeugend für das gute Betragen der Gemeinen, als für die Einsichten und Sorgfalt ihrer Vorgesetzten spricht. Nachdem ich die biedern Hessen selbst gesehen, und ihr verdientes Lob an dem Schauplatze ihrer tapfern Thaten preisen gehört hatte; so bedauerte ich es auf der Rückreise bey dem abermahligen Anblick des Platzes vor dem neuen Thore von Frankfurt mehr, als jemahls, daß hier einige Hunderte der auserlesensten Krieger durch einen bloßen Mangel von gehörigen Anstalten gefallen waren, ohne sich gegen die von dem Wall auf sie schießenden Feinde wehren zu können. Vor dem Thore vor Frankfurt wird jetzt dem Prinzen von Hessen-Philippsthal ein Denkmahl errichtet.

Ganz unerwartet war es uns, daß wir in Mainz so viele Franzosen antrafen. Manchen sah man es freylich an, daß sie noch krank waren, oder daß sie vor Kurzem krank gewesen seyen. Die Meisten hingegen hatten ein gesundes und munteres Ansehen, und doch waren auch diese bey dem Abmarsch der letzten Colonne noch so schwach, daß sie ihre Waffenbrüder nicht begleiten konnten. Weder Preussen und Hessen, noch die Mainzer fügten den auf allen Straßen herumwandelnden Franzosen die geringste Beleidigung zu. Selbst die Mainzer waren mit dem Betragen der Franzosen im Ganzen vollkommen zu frieden; und wenn bisweilen ein Grund zu klagen entstanden war, so waren es bloß die Volontaires Nationaux, welche Anlaß dazu gegeben hatten. Ich hörte es von mehreren Mainzern, daß sie das, was sie von den Nachsuchungen und Räubereyen des Comité de surveillance gerettet hätten, dem Edelmuth der Französischen Officiere schuldig seyen. Gleich nach dem Anfange des Bombardements brachten zwey Französische Officiere, die in dem Hause einer meiner Freunde in Quartier lagen, die besten Sachen des Besitzers in Sicherheit; und diese Sorgfalt war um desto lobenswürdiger, da die beyden Officiere meinen vorher exportirten Freund nicht persönlich kennen gelernt hatten, sondern sich ihn bloß als einen Mann verpflichteten, der ihnen von einem andern Officier empfohlen worden war.

Eben dieser Freund hatte bey seiner Exportation die wichtigsten Briefschaften eines geistlichen Stifts einer treuen Freundinn übergeben. Das Comité de surveillance erfuhr es, oder vermuthete es auch nur, daß das erwähnte Frauenzimmer geistliche Güter in Händen habe; und veranstaltete also eine strenge Haussuchung. Die Wittwe hielt die Abgeordneten des Comité unvermerkt so lange in andern Theilen des Hauses auf, bis sie die ihr anvertrauten Papiere aus einem unter dem Bett versteckten Kasten herausgenommen, und einem bey ihr wohnenden Obersten überreicht hatte. Dieser verschloß die Papiere so lange in sein Büreau, als die Untersuchung, und die Gefahr der Untersuchung dauerte, und stellte alsdann seiner Hauswirthin das anvertraute Gut mit der größten Gewissenhaftigkeit zu. — Nicht lange nach der angefangenen Belagerung wurden mehrere hundert Weiber, theils freywillig, theils gezwungen exportirt. Weil die Belagerer glaubten, daß die Franzosen sich dieses Haufens wegen der anfangenden Hungersnoth entledigt hätten; so wollten sie die Flehenden nicht aufnehmen. Nach der Exportation hatte der Commendant von Mainz den Befehl gegeben, daß man die Ausgewanderten oder Fortgeschickten nicht wieder in die Stadt lassen solle, wenn sie auch zurückkehren würden. Die

Unglücklichen, die von beyden Seiten zurückgestoßen wurden, musten also beynahe sechs und dreyßig Stunden bey dem heftigsten Regen ohne alle, oder hinlängliche Nahrungsmittel unter freyem Himmel zu bringen, worüber auch eine Gebährende mit ihrem Kinde umkam. Der General d'Oyré bestand noch immer auf seinem Vorsatze, die Exportirten nicht wieder aufzunehmen. Allein die Französischen Soldaten in Cassel, welche das Jammern der Verlassenen hörten, und ihr großes Ungemach vor Augen sahen, konnten das Elend der Mainzer und Mainzerinnen nicht ertragen. Sie gruben den vor Kälte und Nässe Erstarrten Höhlen, in welchen sie sich gegen Regen und Wind schützen konnten; und gaben ihnen Mäntel und Sättel, damit sie sich erwärmen und ihr Haupt hinlegen könnten. Viele führten Frauen und Mädchen als ihre eigenen Weiber und Töchter zurück, und zwar wählten sie zur augenblicklichen Rettung nicht gerade die Schönsten sondern die Schwächsten und Hülfsbedürftigsten aus. Junge Krieger führten alte Mütterchen, und alte Krieger junge schüchterne Mädchen am Arm. Mehr als ein Drittel der Exportirten waren schon in ihre Häuser zurück gebracht, als der Commendant die Erlaubniß ertheilte, daß alle wieder hereingelassen werden sollten.

Unter den Französischen Truppen in Mainz hatten die Jäger zu Pferde und zu Fuß den Ruhm der höchsten Tapferkeit, der ihnen auch von den Belagerern zugestanden wurde. Aus dem Jägercorps, welches ohngefähr 500 Mann ausmachte, war die Legion de Merlin gezogen, welche dieser immer zu sich nahm, wenn er etwas sehr schweres oder gefahrvolles ausführen wollte, was er mit den übrigen Truppen auszurichten verzweifelte. Die Chasseurs à Cheval fochten nicht auf den Hieb, sondern auf den Stich; und der Angriff mit ihren langen Stichdegen soll beynahe unfehlbar gewesen seyn. Einige dieser Jäger, die wir sahen, unterschieden sich von allen andern Franzosen durch ihre Größe, und ihren Gang, wie durch ihre kriegerische Miene. Unter den 25000 Franzosen, welche in Mainz beym Anfange der Berennung der Stadt waren, fanden sich 6 bis 7000 Linientruppen. Diese zeichneten sich vor den Nationalgarden nicht sowohl dadurch aus, daß sie viel tapferer waren als daß sie das Commando ihrer Vorgesetzten besser verstanden, und pünctlicher befolgten, als die Letztern. Die Ueberfälle des Heßischen Lagers bey Hochheim, und des Preußischen bey Marienborn würden viel entscheidender geworden seyn, als sie wurden, wenn nicht die Nationalgarden bey dem Heßischen Lager auf einander gefeuert, und im Preußischen Lager zu früh gesungen hätten. Die Franzosen sangen und spielten ça ira, und den Marseiller Marsch, sie mochten gesiegt oder verlohren haben. Als Mainz übergeben wurde, waren noch 13000 — 14000 streitbare Männer, und ohngefähr 2000 Kranke, Verwundete und Genesende übrig. In den Französischen Hospitälern hat man eine musterhafte Reinlichkeit, Sorgfalt, und chirurgische Behandlung der Verwundeten bemerkt.

Eine uns mit allen Fremden gemeinschaftliche Neugierde trieb meine Reisegefährten und mich an, viele Franzosen anzureden. Keiner unter denen, mit welchen wir sprachen hatte es nur gehört, daß Condé erobert, und Valenciennes der Uebergabe nahe sey: daß die Royalisten immer größere Fortschritte machten, und die südlichen Departements dem Nationalconvent den Krieg erklärt hätten. Wenn man die übrigen Französischen Heere nach den Soldaten in Mainz beurtheilen darf; so bekümmern sich die Französischen Krieger an den Gränzen wenig um das, was in Paris vorgeht. La nation, la patrie und la liberté, besonders la nation sind es, wofür sie fechten, und wodurch sie begeistert werden. So wenig sie von den Begebenheiten des Tages wissen, so gut wissen sie es, daß die Willkührlichkeit und Ungleichheit

gleichheit der Abgaben aufgehört haben: daß die Vorrechte des Adels vernichtet worden sind, u. s. w. Stimme, Miene, und Geberden wurden sichtbar feuriger, wenn sie der Aristokraten erwähnten. Die Gefahren und Beschwerden der Belagerung schienen den Muth der Franzosen, mit welchen wir uns zu unterhalten Gelegenheit hatten, gar nicht geschwächt zu haben. Wenn sie nach Frankreich zurückkämen, sagten sie, so würden sie nur eine kurze Zeit ausruhen, und alsdann gleich die Waffen wieder ergreifen. Nur ein Einziger, der bey dem Hospital angestellt, und entweder ein Jude war, oder einem Juden sehr ähnlich sah, glaubte, daß die Preußen immer weiter und weiter vordringen, und endlich nach Paris kommen würden. — Linientruppen und Nationalgarden waren, wie es schien, fest überzeugt, daß die Französische Artillerie gar nicht ihres gleichen habe, und daß die Franzosen jetzt à l'arme blanche, wie sie sagten, oder mit dem Bajonet und Säbel unwiderstehlich seyen. Diese Versicherung begleiteten Mehrere mit einer Geberde, als wenn sie das Gewehr mit aufgepflanztem Bajonet zum Eindringen in den linken Arm legen wollten. Zerlumpte Franzosen sind uns gar nicht vorgekommen. Alle, welche wir Obst oder Brantewein, u. s. w. kaufen sahen, hatten Geld, und

P

Mehrere viel baares Geld. Die Merkmahle des Unterschiedes von Rang und Stand sind unter den Franzosen viel mehr verschwunden, als ein Fremder sich vorstellen kann. Das Wort Monsieur wird gar nicht mehr gehört. Statt dessen braucht man allgemein Citoyen. Keiner zieht vor dem andern den Huth ab. Officiere und Soldaten aßen an derselbigen Tafel, und spielten dieselbigen Spiele. Alles dieses ist Nationalsitte geworden, die sich schwerlich wieder ausrotten lassen wird.

Schon in Frankfurt hieß es allgemein, daß Mainz sich noch mehrere Monate hätte halten können; und dies war auch das gemeine Urtheil in Mainz. Mehl, Wein, Munition und selbst Arzeneyen waren noch im Ueberflusse da. d'Oyré that wenig oder nichts, um die Anlegung der nächsten und gefährlichsten feindlichen Batterien zu hindern, und man beschuldigt ihn auch, daß er das Laboratorium habe anzünden, und das Fourragemagazin vernichten lassen. Selbst den gemeinsten Leuten kommt es verdächtig vor, daß gerade der Commandant und dessen Sohn als Geissel zurück geblieben sind. Ob Merlin und Reubel eben so schuldig seyen, als d'Oyré, darüber sind die Meynungen getheilt. Einige behaupten, Andere verneinen es. Die Letztern hegen die Vermuthung, daß die Furcht, nicht entsetzt, und zuletzt zu Gefangenen gemacht zu werden, die beyden Commiſſaire des Convents bewogen habe, die von dem General d'Oyrē angenommene ſchimpfliche Capitulation nicht zu verwerfen. Nichts iſt falſcher, als was Merlin nach den Zeitungen zur Rechtfertigung der Mainzer Capitulation im Convent zu Paris vorgebracht hat: daß nämlich die Mühlen zerſchoſſen worden: daß weder Mehl noch Munition und Arzeneyen vorhanden geweſen; daß die Belagerten Mäuſe und Katzen vor Hunger gegeſſen: daß 80000 Mann Teutſcher Truppen Mainz belagert hätten. Es iſt unbegreiflich, wie Jemand die Unverſchämtheit haben kann, öffentlich Dinge zu behaupten, von welchen 16000 Mitkrieger ſogleich das Gegentheil verſichern können. Nach dieſen wiſſentlichen Lügen muß man dem Merlin das Schlimmſte zutrauen. Uebrigens war dieſer Merlin einer der tapferſten Männer der Franzöſiſchen Beſatzung, und führte die ſtärkſten Ausfälle, welche die Franzoſen wagten, ſelbſt an. Er war bald General, bald Canonier, bald Repräſentant der Nation. In der letzten Eigenſchaft leiſteten ihm die Franzöſiſchen Krieger den unbedingteſten Gehorſam, ungeachtet ſie ihn ſonſt haßten. Sie wiſſen doch, daß Merlin vormahls Advocat in Thionville war? Seine Beredſamkeit ſoll hinreißend ſeyn.

Kein Abwesender kann sich einen Begriff davon machen, mit welcher Wuth man schon in Frankfurt, und noch mehr in Mainz von den Clubbisten sprach. Die feinsten und gemäßigsten Leute trugen kein Bedenken, alle Arten von harten, und selbst niedrigen Schimpfworten gegen die Clubbisten auszustoßen. Der Abscheu gegen die Urheber der Gewaltthätigkeiten, und Räubereyen, die in Mainz verübt worden sind, ist gerecht: nur die Benennung, die man diesen Menschen gibt, ist durchaus unrichtig. Es war nicht der Clubb, welcher bald nach der Einnahme von Mainz errichtet wurde, sondern vielmehr das Comité de surveillance, welches die Einwohner von Mainz zwang den Eid der Treue zu schwören, und diejenigen, welche nicht schwören wollten, exportiren, ihre Sachen versiegeln, oder confisciren, und untersuchen ließ: unter welchen Vorwänden die größten Mißhandlungen und die schändlichsten Diebereyen verübt wurden. Der Clubb wurde gleich beym Anfange der Blokade von dem Comité de surveillance aufgehoben, weil in Jenem mehrere rechtschaffene Männer waren, welche sich der Vollziehung des Decrets vom 15. December, und den daraus entstehenden gehäßigen Zwangsmitteln und Willführlichkeiten widersetzten. Merlin beharrte bey dem Grundsatz: daß man die Menschen wider ihren Willen zwingen müsse, frey und nach Französischer Art glücklich zu seyn. Diesen Grundsatz hat Merlin in den letzten Zeiten im Convent selbst verworfen. Die Comitisten wandten diesen Grundsatz gegen ihre Mitbürger an, und daraus entstanden die Ungerechtigkeiten wodurch alle Gemüther, man sollte nicht sagen, gegen die Clubbisten, sondern gegen die Comittisten so unversöhnlich aufgebracht sind. Viele dieser Werkzeuge einer willkührlichen Gewalt, machten sich eben so sehr bey den Franzosen, als bey ihren ehemaligen Mitbürgern verhaßt; und eben daher mag d'Oyré es gewagt haben, die so genannten Clubbisten nicht ausdrücklich in die Capitulation einzuschließen. Auch diejenigen, welche an den Clubbisten, oder vielmehr Comitisten die härteste Todesstrafe vollziehen sehen möchten, verabscheuen doch die Treulosigkeit, womit die Franzosen, oder vielmehr ihr General die meisten Teutschen Anhänger verlassen hat. Alle Comitisten, die mit der ersten Colonne ausmarschirten, kamen unangefochten durch: unter andern die Professoren Dorsch, und Hofmann, und der ehemalige Gastwirth Rüffel. Letzterer ritt in einer prächtigen Husarenuniform zwischen Merlin, und dem General Dübajet, der die erste Colonne von 7 bis 8000 Mann anführte. Als diese Colonne in Marienborn vor den Preußen vorbeimarschirte, so machten einige Mainzer Bürger Miene, als wenn sie sich an dem Rüssel vergreifen wollten. Sogleich rief Dübajet mit einer äußerst imposanten Stimme, und einer eben so bedeutenden Schwenkung des Degens aus: Je compte sur la loyauté du roi de Prusse: Er wiederholte diese Worte dreymahl, und wandte sich dann zu seinen Soldaten mit den Worten: pas ordinaire, pas lent, silence. Hierauf trat der Herzog von Weimar hervor, und versicherte dem Dübajet, daß man die Capitulation in allen Puncten auf das genaueste halten werde: nach welcher Versicherung die Franzosen und ihre Clienten ungestört fortzogen. Auch mit der zweyten Colonne kamen noch manche Clubbisten durch. Erst bey der dritten Colonne stellten die Mainzer Bürger Glied vor Glied die genauste Untersuchung an, rissen alle Clubbisten, welche sie erkannten, aus der Mitte der Franzosen heraus, und mißhandelten sie auf die unbarmherzigste Art. Mehrere Clubbisten sollen von den Franzosen selbst mit Lachen ausgestoßen worden seyn. Einige blieben bis zum Abmarsch der letzten Colonne, weil sie, eine beyspiellose Verblendung! wähnten, daß sie gar nichts zu fürchten hätten, und daß man ihnen nichts von Bedeutung vorwerfen könne.

Nach einem nicht unglaubwürdigen Gerücht sollen alle diejenigen, welche den Franzosen folgen wollten, vermöge eines geheimen Artikels gegen die Mainzischen Geißeln in Landau ausgeliefert werden. Bey dieser Voraussetzung kann man es begreifen, warum man viele Gefangene nach Ehrenbreitstein geschickt hat, da doch die zur Untersuchung der Clubbistensache errichtete Commission in Mainz sitzen soll. Auch läßt es sich dann erklären, warum man es dem Mainzer Pöbel erlaubte, nach Art des Pariser Pöbels Selbstrache zu üben: durch welches Verfahren man sonst fühlen muste, daß die Polizey verrufen, die nachherige Gerichtspflege verdächtig gemacht, Mitleid gegen die Schuldigen erregt, und viele Unschuldige in Gefahr gesetzt würden, Beschimpfungen und Mißhandlungen zu leiden, welche sie nicht verdient hatten. Gleich am Tage nach unserer Ankunft hieß es, daß man den zersägten und zerhauenen Freyheitsbaum mit Pomp verbrennen, und die Clubbisten unter allerley Hohn zu Zeugen dieser Handlung machen würde. Das Gerüst war wirklich errichtet, und das corpus delicti lag darneben. Am folgenden Tage dauerten Gerüst und Erwartungen des Publikums noch immer fort. In Frankfurt freute man sich darüber, daß die Cärimonie des Verbrennens des Freyheitsbaums, und die Ausstellung der Clubbiſten am nächſten Tage vor ſich gehen werde. Nach der Rückkehr in Götingen wird es als gewiß erzählt, daß die Clubbiſten unſichtbar geblieben, und Gerüſt und Freyheitsbaum verſchwunden ſeyen. Das Aufſuchen und Mißhandeln der Clubbiſten ging während unſers Aufenthalts in Mainz noch immer ſeinen Gang fort; und es iſt zu verwundern, daß bey den dadurch verurſachten Aufläufen nur zwey Häuſer geplündert worden ſind. Eins dieſer Häuſer gehörte dem Herrn ....., der zwar einigemahl den Clubb beſucht hatte, aber mit Vorwiſſen ſeiner rechtmäßigen Obern, und eines der vornehmſten Teutſchen Heerführer, welchem er auch wirklich die wichtigſten Nachrichten mitgetheilt hatte. Dieſer Mann, der nichts weniger, als ein Feind ſeiner Mitbürger geweſen war, erfuhr es, daß ein Pöbelhaufen gegen ſeine Wohnung im Anzuge ſey. Er gab hievon dem Herrn von ... frühzeitige Nachricht, und bat ſich zugleich Schutz gegen die Ruheſtörer aus. Die angeſehene Magiſtratsperſon antwortete: daß ſie keine Wache ſchicken könne, und daß man dem Volke für die Quaalen, welche es ausgeſtanden, die Genugthuung laſſen müſſe, ſich ſelbſt Recht zu verſchaffen. Der Pöbel, unter welchen viele ..... Soldaten waren, drang heran, plünderte das Haus, mißhandelte den Beßer, und nicht bloß diesen, sondern auch dessen Bruder, einen Trierischen Geistlichen, der erst kürzlich angekommen war, um seinen Anverwandten, wenn sie etwa in Verlegenheit seyn sollten, mit seinem geringen ersparten Vermögen auszuhelfen. Vergebens rief dieser, daß er ein neu angekommener Fremder, und während der Anwesenheit der Franzosen gar nicht in Maintz gewesen sey. Der räuberische Pöbel nahm ihm hundert Ducaten, eine goldene und silberne Uhr, ein Paar silberne Sporen, u. s. w. und führte ihn, wie den Bruder, unter beständigen Beschimpfungen fort. Glücklicher Weise begegneten die Gebundenen auf der Straße dem Mainzischen General, Herrn von ..... Der Trierische Pfarrer trug diesem Herrn seine, und seines Bruders Unschuld vor: worauf der Herr General die Volksrichter und ihre Gehülfen gefangen nehmen ließ, und die Gebundenen in Freyheit setzte. Man durchsuchte die Räuber, aber auf eine solche Art, daß von den entwandten Sachen gar nichts wiedergefunden wurde. — Die Pöbeljustiz ist sich allenthalben gleich.

Angenehmer, als diese letzten Anekdoten, wird Ihnen die Nachricht seyn: daß sich die Hessencasselischen Dörfer in den letzten fünf Jahren außerordentlich verschönert, und hin und wieder so sehr verschönert haben, daß ich sie kaum wieder erkennen konnte. Auch waren die reifen oder reifenden Saaten im Hannöverischen und Hessischen dichter und höher, als in der Wetterau. Auf der ganzen Reise fanden wir keine trefflichere und besser erhaltene Chaußeen, als zwischen Frankfurt und Mainz: welches ich ohne den Augenschein bey den häufigen und schweren Artilleriefuhren, Munitions- und Bagagewägen, welche die Mainzischen Wege in den letzten Zeiten angegriffen haben, für ganz unglaublich gehalten hätte. Unsere Chaußeen waren viel mehr verdorben, oder vernachläßigt, als ich sie sonst je gesehen habe.

Bemerkungen auf einer Herbstreise nach Schwaben.

Geschrieben im November 1793.

Ich schmeichle mir, auch in den folgenden Bemerkungen den Grundsätzen treu geblieben zu seyn, welche ich stets bey allen ähnlichen Arbeiten befolgt habe: nämlich nichts zu wiederholen, was bey unterrichteten Lesern als bekannt vorausgesetzt werden kann, den Fall ausgenommen, wo das Bekannte zur Erläuterung des weniger Bekannten nothwendig ist: keinen Freund, oder Bekannten durch die öffentliche Mittheilung von geheimen oder verfänglichen Nachrichten in Verlegenheit oder Verantwortung zu setzen: endlich Niemanden durch ärgerliche Anekdoten zu kränken, von deren Verbreitung man weder Besserung der Fehlerden, noch Abschaffung von Mißbräuchen hoffen darf. Aus diesen Grundsätzen wird man es sich erklären, warum ich über so viele öffentliche Angelegenheiten und Anstalten, und über manche wichtige Personen ein gänzliches Stillschweigen beobachtet habe. Die

Tagebücher eines vorsichtigen und gutdenkenden Reisenden bewahren den Nachkommen vieles auf, was den gleichzeitigen Lesern verschlossen bleiben muß.

Wir reisten in Gesellschaft des Herrn Consistorialraths, und der Frau Consistorialräthin Plank am 30. Aug. von Göttingen ab, und kamen am 5. Sept. in Stuttgart an. Die Rückreise unternahmen wir am 18. Oct. und endigten sie glücklich am 24. desselbigen Monats. Der letzte sechswöchentliche Aufenthalt war der längste unter den fünf Besuchen, oder Durchreisen, die ich in frühern Zeiten in oder durch Schwaben gemacht hatte. Die diesmahlige Hinreise ging über Cassel, Fulda, Wirzburg, Mergentheim, Oehringen, Heilbronn und Ludwigsburg; und die Rückreise wieder über Heilbronn, und von da über Neckar-Gemünd, Heidelberg, Darmstadt, Frankfurt, u. s. w. Während der ganzen Reise hatten wir nur einige wenige Regentage. Mehr, als sieben Wochen durch war die Witterung heiter und schön, oder wenigstens kalt und trocken.

Auf unserer Durchreise durch Wirzburg hatten wir das Glück, den Pater Blank, den berühmten Urheber des Kunstcabinets im Franciscanercloster persönlich kennen zu lernen, und ihm unsere Freude und Bewunderung über seine meisterhaften

Arbeiten, und nützlichen Sammlungen zu bezeugen. Am meisten haben sich seit einem Jahre die Schweizerischen Mineralien und die Moosstücke vermehrt, welche letztern einen beträchtlichen Abschnitt der Wand gleich zur Linken des Eingangs bedecken. Herr B. sammelt seit mehrern Jahren mit erstaunlichem Eifer Moose aus allen Meeren, Seen, Sümpfen, und Bächen, von Felsen, Bäumen, Stauden, und andern Gegenständen, auf welchen die Natur Moose zu bilden pflegt. Er entfaltet diese Moose, und breitet sie auf eine solche Art auf kleinen Tafeln aus, daß man die Figur und Bestandtheile derselben auf das vollkommenste erkennen kann. Ueberraschend schön, oder seltsam sind die Farben oder Gestalten der meisten Moose. Einige sehen den feinsten illuminirten Blumenstücken, andere Bäumen, alten Gemäuern, menschlichen und thierischen Cörpern, oder Köpfen, und Kopfzeugen ähnlich. Herr B. hatte seine Beobachtungen über die ihm bekannten Moosarten in einer besondern Schrift aufgezeichnet, welche Handschrift ihm aber hinterlistigerweise entwandt worden ist. Auch nach seinem Urtheile sind unter den Gemählden diejenigen, die wir im vorletzten Herbst am meisten bewunderten, die Glücklichsten. Zu dem Gemählde, das aus dem Staube von Schmetterlingsflügeln verfertigt ist, brauchte Herr B.

8000 Schmetterlingsflügel. Er hat ein zweytes ähnliches entworfen, und zu diesem schon zweytausend Schmetterlingsflügel wieder zusammengebracht. Herr B. ist im Umgange eben so fein, als er in der Schätzung seiner Werke bescheiden ist. Sein Gesicht hat den sanften anziehenden Ausdruck, der den gebildetsten und tugendhaftesten Mitgliedern der Brüdergemeinen eigen ist.

Neu war mir auf der Hinreise die Gegend zwischen Wirzburg und Ludewigsburg, und auf der Rückreise die zwischen Heilbronn und Heidelberg. Selbst in der Schweiz habe ich nicht solche Verkettungen oder schnelle Folgen von hohen und steilen Gebirgen gefunden, als über welche man im Hohenlohischen zwischen Langenburg und Oehringen kommt. Der größte Theil dieser Station besteht in einem beständigen Bergauf- und Bergabfahren, und die schnell emporsteigenden Füße benachbarter Gebirge sind bisweilen nur durch ein kleines Waldwasser getrennt, so, daß das Bett des Bachs den einzigen Thalraum zwischen hohen Bergen ausmacht. Die Chaußeen über die Hohenlohischen Berge kommen weder den Wirzburgischen und Wirtembergischen, noch vielweniger den Fuldischen gleich, die ich für die besten in ganz Teutschland halte; und doch sind sie vielleicht so gut, als gebaute Wege an solchen Bergen seyn können, wo Erde und Kies stets durch den Regen von den untenliegenden größern Steinlagen abgewaschen werden. Die Muster aller Postillione auf der letzten Reise waren diejenigen, welche uns von Mergentheim nach Langenburg, und von Langenburg nach Oehringen brachten. Der Eine führte uns vier, und der Andere drey Meilen über hohe Berge, ohne ein einziges Mahl anzuhalten. Die Schwäbischen Postillione hingegen rafraichirten, wie sie sagten, auf viel kleinern oder bequemern Stationen: das heißt, sie tranken nicht nur selbst einen, oder mehrere Schoppen Wein, sondern ließen auch ihren Pferden Brod geben: wofür man 6 bis 9 Batzen forderte. Ich wünschte, daß alle Reisende es wüsten, daß man im Posthause zu Langenburg bessere Zimmer und Betten, einen bessern Tisch, und Bedienung antrifft, als wir bis dahin in den grösten Städten, durch welche wir gekommen waren, gefunden hatten.

In dem Theile des Wirzburgischen Gebiets, das man von Wirzburg bis Mergentheim durchreist, sind die Landschaften, die Flecken und Dörfer viel weniger schön, als in andern Gegenden des Stifts. Die Häuser der Landleute sind häufig mit Stroh gedeckt, und nicht selten stoßen sie durch einen eckelhaften Schmutz zurück. Desto mahlerischer und einladender sind die Berge, Thäler un

Oerter in den Hohenlohischen Landen. Die steilsten Abhänge der Gebirge sind sorgfältig angebaut. An den Füßen der Berge, und in den Gründen entdeckt man die reichsten Felder mit Futterkräutern. Die Häuser sind nett, oder doch sauber und bequem, und meistens mit neuen aus Quadern aufgemauerten Ställen versehen, in welchen das Mastvieh gehegt wird. Wer könnte diese erfreulichen Merkmahle von Betriebsamkeit wahrnehmen, ohne den Wunsch zu äußern, daß der Krieg mit Frankreich und die dadurch gehinderte Ausfuhrung von Mastvieh das bisherige Gluck des Hohenlohischen Landmanns nicht länger untergraben möge!

Auf der Rückreise begegnete uns nichts Merkwürdiges, außer einer Colonne von Französischen Gefangenen, die 1500 bis 2000 Mann enthalten mochte, und die uns zwischen Darmstadt und Frankfurt entgegen kam. Der Schritt dieser Gefangenen war so stark, daß ich Keinen anreden konnte, oder aufzuhalten wagte. Da sie wahrscheinlich zu der Besatzung von Condé gehört hatten; so wunderten wir uns darüber, daß sie nicht elender aussahen, und schlechter gekleidet waren, als sie wirklich waren. Die Meisten trugen die Uniform von Linientruppen, oder von eigentlichen Nationalgarden; und nur die kleinere Hälfte hatte
Mäntel

Mäntel von grauem Tuch, die denen der kaiserlichen Soldaten ähnlich sahen, aber weiter über die Kniee herabgingen. Unter dem ganzen Haufen waren manche junge, große, starke und schöne Männer, die nichts von der blühenden Farbe der Gesundheit verlohren zu haben schienen; und durch diese cörperlichen Vorzüge zeichneten sich besonders die Officiere aus, die gleich den Gemeinen zu Fuße gingen. Der größte Theil der Gefangenen war bleich. Auch sahe man unter ihnen mehr Männer, die über 50, als Knaben, die zwischen 14 bis 16 Jahren alt waren. Die Ersten erhielten dadurch ein älteres und kränklicheres Ansehen, daß sie ihre Backenbärte, Schnurrbärte, und die jacobinischen Kinnbärte länger, als gewöhnlich, hatten wachsen lassen. Die kaiserlichen Dragoner und Musketire, welche die Franzosen begleiteten, waren im Durchschnitt weder frischer von Farbe, noch reinlicher gekleidet, als die Gefangenen, die man ihnen anvertraut hatte. Viele Franzosen sangen. Die Meisten unterredeten sich lebhaft und munter mit ihren Nachbaren, und nur Wenige gingen still und niedergeschlagen ihren Weg in das Land der Verweisung fort. Trauriger, als der Anblick von so vielen hundert gesunden Menschen, die auf unbestimmte Zeit, vielleicht auf ewig von ihren Weibern, Kindern, Eltern und Geschwistern getrennt worden, war der Anblick der Wägen, welche die auf dem Marsche Ermüdeten, oder Erkrankten führten. Diese Unglücklichen hatten weder Schutz gegen die Kälte, noch gegen Wind und Regen, und waren so dicht zusammen gepackt, daß auch nicht ein Einziger bequem liegen oder sitzen konnte. — Als die Colonne, welcher wir begegneten, durch Frankfurt zog; so lachten an den Fenstern eines großen und schönen Hauses mehrere Personen über den buntscheckigen, oder erbärmlichen Aufzug von einigen Gefangenen. Ein gemeiner Franzos, der dieses mit Unwillen bemerkte, wurde von seinem Waffenbruder durch die Worte getröstet: ces gens-là n'ont point d'éducation. Ein Anderer antwortete einem Teutschen, der ihn durch die falsche Nachricht der Uebergabe von Landau zu kränken suchte, mit der größten Kaltblütigkeit: Landau n'est pas la France. In Heidelberg hörte ich von einem glaubwürdigen Mann: daß die verwundeten Franzosen, die in das große kaiserliche Hospital gebracht würden, die schmerzhaftesten Operationen standhafter, als selbst die Ungaren und Croaten ertrügen: daß sie von der guten Behandlung in dem kaiserlichen Hospital äußerst gerührt, und daß die Französischen Genesenden, die gleich den Uebrigen zur Pflege der Kranken gebraucht werden, die geschicktesten, sorgfältigsten, und mitleidigsten Krankenwärter seyen:

nach Schwaben.

Nach dieser kurzen Einleitung gehe ich zu meinen Bemerkungen über Schwaben überhaupt, über Wirtemberg und Stuttgard in's besondere, und zuletzt zu den Beobachtungen fort, die ich auf mehrern kleinen Landreisen gemacht habe.

Das heutige Schwaben hatte seit dem Anfange der zuverläßigen Geschichte das traurige Schicksal, daß es unter viele Herren getheilt, und in viele Gebiete zerstückelt war. Im eilften, zwölften, und dreyzehnten Jahrhundert herrschten in Schwaben die Welfen, die Hohenstauffer, die Habsburger, die Herzoge von Zäringen, von Teck, und von Urslingen: die Pfalzgrafen von Tübingen: die Grafen von Zollern, von Wirtemberg, von Achalm, von Urach, von Asperg, von Kalv, Vaisingen, und Sulz. Unter und neben diesen hausten in demselbigen Lande unzählige minder mächtige Grafen und Dynasten, deren Festen und Schlösser auf allen Bergen und Hügeln in Trümmern liegen. Wenn man mit diesen großen und kleinen weltlichen Herren die vielen und großen Prälaturen, und die zahlreichen Reichsstädte zusammen denkt, die in demselbigen Zeitraume schon vorhanden waren, oder bald nachher entstanden: so begreift man nicht, wie alle diese hohen und niedrigen Häupter neben einander Platz fanden, und or

Geschichtforscher ist oft in Verlegenheit, wo er die Besitzungen mächtiger Geschlechter suchen soll. Die Länder der Hohenstauffer, der Herzöge von Teck, von Urslingen, und alle vorher genannten mächtigen Grafen sind ganz oder größtentheils in das heutige Herzogthum Wirtemberg zusammen geschmolzen; und doch macht dieses Herzogthum nur ein Ländchen aus, dessen Flächeninhalt 150, höchstens 200 Quadratmeilen beträgt.

Noch jetzt regieren in Schwaben 29 Fürsten, Grafen und Herren, zwanzig unmittelbare Prälaten, und ein und dreyßig Reichsstädte. Alle diese Stände führen auf den Schwäbischen Creisversammlungen 99 Stimmen, weil dieselbigen Fürsten, Grafen, u. s. w. nicht selten wegen verschiedener Besitzungen mehrere Stimmen haben. Schwaben ist daher bis auf den heutigen Tag unter allen Provinzen Teutschlandes die Vielherrischste, und leidet eben deßwegen am meisten von den nachtheiligen Folgen, welche eine solche Vielherrschaft nothwendig hervorbringen muß. Die unschädlichste Wirkung derselben ist diese: daß in keiner andern Teutschen Provinz die Einwohner in Rücksicht auf Sprache und Trachten, auf Gesetze, Gerichtsverfassung und Sitten, auf Wohlstand und Aufklärung, so sehr von einander verschieden sind, als in Schwaben. Ungleich traurigere Wirkungen derselbigen Ursache sind die Unmöglichkeit, oder Schwierigkeit, große Verbesserungen in Gesetzen, und Rechtspflege, in Lehranstalten, und Polizeywesen, in Handel, Manufacturen, und Staats- oder Landwirthschaft durchzusetzen, und allgemein zu machen: eine gleiche Unmöglichkeit, oder Schwierigkeit, die verderblichsten und längst erkannten Mißbräuche abzuschaffen: und außer diesen unaufhörliche Neckereyen, und endlose Processe, unter welchen die Unterthanen stets am meisten leiden. Wegen der großen Verschiedenheit des Interesse, der Aufklärung, und des guten oder bösen Willens halten gewöhnlich einige Stände das für nützlich, was andern schädlich scheint, und umgekehrt; und wenn endlich auch die meisten Stände sich zu gemeinschaftlichen Absichten vereinigen; so ergeht es der Regel nach den Kreisschlüssen, wie den Reichsschlüssen: sie werden nur von denen vollbracht, welche sich auch ohne dieselben dazu verstanden hätten. Um desto verwundernswürdiger und löblicher ist es, daß der Schwäbische Kreis nach einer beynahe halbhundertjährigen Arbeit den Bau der großen Straßen glücklich ausgeführt hat: eine Unternehmung, wodurch sich der Schwäbische Kreis vor den meisten übrigen Teutschen Kreisen auszeichnet. Uebrigens sind Erziehungs- und Lehranstalten, Aufklärung der höheren und niederen Stände, Handel und Fabriken, Staats- und Landwirthschaft, Kriegs- und Polizeywesen in einem großen, oder dem grösten Theile von Schwaben ohne Verhältniß unvollkommener, als sie es in dem übrigen Teutschlande sind. Es ist daher auch das allgemeine Urtheil aller aufgeklärten Männer, daß Schwaben nicht eher zu dem Grade von Aufklärung, Cultur und Glückseligkeit, den es leicht erreichen könnte, gelangen werde, als bis die alte Vielherrschaft aufgehoben seyn wird: ein Gedanke, der sich auch auf manche andere Theile von Teutschland anwenden läßt.

Wenn man sich die Gebrechen der Schwäbischen Verfassung in einem einzelnen Fall lebhaft vorstellen, und gleichsam versinnlichen will; so muß man die vortreffliche Schrift des Herrn Schoell, Waisenhauspredigers in Ludwigsburg, über das Jauners- und Bettlerwesen in Schwaben lesen. Ich halte dieses Buch für eins der gemeinnützigsten, die in unsern Zeiten geschrieben worden, und empfehle es allen Magistratspersonen, und besonders allen Mitgliedern und Vorstehern von Polizeycommissionen, die etwa diese Zeilen lesen, auf das angelegentlichste. Wenn ich eine vielgeltende Stimme auf dem Schwäbischen Creistage hätte, so würde ich schon längst auf eine Belohnung angetragen haben, die den

Verdiensten des ehrwürdigen Verfassers angemessen wäre. Herr Schoell hat zugleich mit dem männlichen Muth, und mit sanfter Schonung einen der grösten Schäden seines Vaterlandes aufgedeckt, und überdem die sichersten Heilmittel angezeigt, die, wenn Schwaben einem, oder einigen Herren gehorchte, sehr leicht anzuwenden wären, die aber, so lange die jetzige Kreisverfassung dauert, schwerlich jemahls mit Nachdruck werden ergriffen werden. Nach den langwierigen und genauen Untersuchungen des sorgfältigen Forschers unterhält Schwaben ein Heer von Jaunern oder Dieben, von welchen 2156. in freyer Thätigkeit, und die Uebrigen in Gefängnißen, Zuchthäusern, oder Arbeitshäusern eingesperrt sind. Zu diesen kommt das noch viel größere Heer der Bettler von Profeßion, deren man nicht weniger, als 6000 in Schwaben annehmen kann. Diese Bettler von Profeßion sind die vornehmste Pflanzschule der Jauner, und wenn sie auch nicht zu den Jaunern übergehen, so sind sie wenigstens ihre dienstfertigen und treuen Gehülfen. Sowohl die Bettler als die Jauner sind in mehrere Rangordnungen, und gleichsam Gilden eingetheilt, die sich durch besondere Nahmen eben so sehr, als durch ihre Diebs- und Bettlerkünste unterscheiden. Die Jauner heben durch List oder Gewalt von den Einwöhnern Schwabens jährlich wenigstens 186000 Gulden; und die Kosten, welche Gefängniße, Zuchthäuser, Inquisitionen, und Streifereyen gegen die Diebe verursachen, betragen über 7000 fl. Nach diesen Datis fügten die Jauner dem Schwabenlande nur in diesem Jahrhundert einen Schaden von 13½ Millionen zu, und in dieser Rechnung sind die Schäden nicht einmahl mitbegriffen, die aus den Ermordungen, Verwundungen, und Verstümmelungen von Unschuldigen, aus Furcht und Schrecken, und aus dem Kummer über erlittene Beraubungen entstanden. Die Schaaren von stehenden Bettlern kosten Schwaben noch mehr, als die Jaunerbanden. Man mag das, was die Bettler erschleichen, so gering anschlagen, als man will; so kann man doch ihre jährliche Erndte auf nicht weniger, als 240,000 fl. ansetzen. Die Hauptsitze der Jauner und Bettler sind die Alpen, der Schwarzwald, und der Welzheimerwald nicht weit von Borch und Schorndorf. Hier haben die Jauner ihre meisten Diebesherbergen, deren es vor einigen Jahren in Schwaben allein über zweyhundert gab. Leider ist es durch gerichtliche Acten unwidersprechlich bewiesen, daß sich unter den Diebeshegern selbst Schultheißen, Amtleute, und sogar Edelleute fanden. Die Bauern auf den Alpen und dem Schwarzwalde nehmen die umher ziehenden Haufen von Bettlern nicht nur willig in ihre Häuser, sondern sehr oft auch an ihren Tisch auf: überlassen ihnen wenigstens Heerd, Geschirr, und Stuben, und schenken ihnen Mehl Butter, Brod, oder andere Nothwendigkeiten. Die Schwarzwälder sind an die beständigen Versuche von Bettlern so sehr gewohnt, daß es ihnen fremd vorkommt, wenn nicht täglich wenigstens eine Gesellschaft ihr Ständlager bey ihnen aufschlägt. In Schwaben selbst zweifelt Niemand daran, daß die Vielherrschaft, und die Menge von kleinen Gebieten in diesem Theile von Teutschland die vornehmste Ursache der ungeheuern Zahl von Jaunern sey. Die vielen Clöster und Prälaturen in Oberschwaben, und die geringere Aufklärung und Betriebsamkeit der Schwäbischen Altgläubigen enträthseln die merkwürdige Erscheinung, daß die Jauner und Bettler dem größten Theile nach, Katholiken sind. Nach Herrn Schoells Beobachtungen kann man unter hundert Jaunern nur einen, höchstens zwey Lutheraner, oder Reformirte und Juden annehmen. Der unermüdliche Eifer, womit der verdienstvolle Oberamtmann in Sulz die Schwäbischen Jauner in den letzten Jahren verfolgte, hat die Diebe zwar verscheucht, oder schüchterner gemacht, aber sie im geringsten nicht ausgerottet.

Der von der Natur sowohl, als durch seine Verfassung am meisten gesegnete Theil von Schwaben ist das Herzogthum Wirtemberg. Dies glückliche Land erhebt sich durch seine Bevölkerung, seine Verfassung, seine Schönheit, Fruchtbarkeit und Wohlstand selbst über viele andere gutbevölkerte, gutgeordnete, fruchtbare, und schöne Länder so sehr, daß es in der That zu verwundern, und zu bedauern ist, daß auch die neuesten Wirtembergischen Geographen die natürlichen und politischen Vorzüge ihres Vaterlandes bis zum Unglaublichen übertrieben haben. Eine unvermeidliche Folge hievon ist (und ich war selbst mehrmal Zeuge davon) daß unzufriedene Einheimische, und unbefangene Fremde gereitzt werden, auch das Schöne oder Gute streitig zu machen, was man bey unpartheyischer Untersuchung an dem Lande Wirtemberg nicht verkennen kann.

Man mag entweder von Bruchsal, oder Heidelberg, oder von Dünkelsbühl durch das Ramsthal, oder von Oehringen und Heilbronn in das Wirtembergische reisen: oder man mag auch das Oberland bis an die Füße der Alpen, des Schwarzwaldes, und der Baar besuchen; so verkündigen es allenthalben die zahlreichen Städtchen, Flecken, und Dörfer, die unzähligen Weinberge, die reichen Fluren, und die Wälder, oder Reihen von

Obstbäumen, daß Wirtemberg ein sehr bevölkertes Land ist. Ueberdem erhellt aus den Vergleichungen der Volkszählungen, daß das Herzogthum Wirtemberg in diesem Jahrhundert, und besonders in dem letzten Menschenalter stärker, als die meisten übrigen Teutschen Länder an Bevölkerung zugenommen habe. Alle diese günstigen Data sind den neuesten Geographen noch nicht genug. Das Herzogthum Wirtemberg soll bevölkerter, als irgend ein anderes größeres Teutsches Land seyn. Es soll 4000, oder wenigens 3862 Menschen *) auf einer Quadratmeile, und in dem fruchtbaren Unterlande 8000, 10000, ja 12400 Menschen auf demselbigen Raume ernähren **). Wenn die Wirtembergischen Geographen von der Bevölkerung der Pfalz am Rhein, der Markgrafschaft Baden, und anderer benachbarten Länder reden; so beklagen sie es, daß die Volksmenge in diesen Ländern so weit von der Volksmenge in ihrem Vaterlande abstehe.

Daß die zum Herzogthum Wirtemberg gehörigen, und diesseits des Rheins liegenden Besitzungen 600000 Menschen, oder nahe an 600000 Menschen enthalten, kann nach den wiederholten jährli-

---

*) Geographie und Statistik Wirtembergs. Laibach 1787. S. 20.

**) ib. S. 482. Geogr. Lexikon von Schwaben. Ulm 1790. 2 B. 1071. S.

chen Zählungen nicht geläugnet werden. Durchaus ungewiß hingegen ist der zweyte Punct, den man wissen muß, wenn man nicht bloß die Volksmenge eines ganzen Landes überhaupt, sondern die Bevölkerung einer jeden Quadratmeile im Durchschnitt angeben will: der Flächeninhalt des Herzogthums. Man hat bisher nicht einmahl den zehnten Theil der öffentlichen Waldungen, viel weniger das ganze Herzogthum ausgemessen; und alle Angaben also der Größe des zerrissenen und unregelmäßig begränzten Landes Wirtemberg sind so willführlich und abweichend, daß der Eine 250, der Andere 200, und der Dritte 155 Quadratmeilen als den wahren Flächeninhalt angiebt *). Nur allein alsdann, wenn man die letztere Zahl als die Richtige gelten läßt, kommen auf eine jede Quadratmeile nahe an 4000 Menschen. Folgende Gründe bestimmen mich zu glauben, daß die vorausgesetzte Bevölkerung viel zu groß, und der Flächeninhalt des Herzogthums zu klein sey. — Diejenigen Länder Europens, die 4000 Menschen auf einer jeden Quadratmeile ernähren, haben nicht nur einen vollkommnern Ackerbau, und eine vollkommnere Viehzucht, als Wirtemberg; sondern besitzen auch überdem den ausgebreitetsten Handel,

---

*) Geogr. von Wirtemb. l. c.

und die mannichfaltigsten und einträglichsten Manufacturen: welche beide in Wirtemberg nicht Statt finden. — Andere Teutsche Länder, z. B. Chursachsen, die Pfalz, der Rheingau, u. s. w. sind dem Herzogthume Wirtemberg in Rücksicht auf Weinbau, oder auf Ackerbau und Obstbau wenigstens gleich, haben überdem eine vortheilhaftere Lage zum Handel, oder viel mehr Manufacturen, als Wirtemberg, und zählen doch nicht 3800, oder 4000 Menschen auf einer Quadratmeile, welche man dem letztern Lande zuschreibt. — Ein großer Theil des Herzogthums besteht aus den Alpen und dem Schwarzwalde, die nach dem Geständnisse selbst der Wirtembergischen Geographen eine sehr geringe, und zwar eine viel geringere Bevölkerung haben, als sie haben würden, wenn nur die übergroßen Bauerngüter mehr getheilt würden *). Man müßte in dem fast ganz allein Weinbau, Ackerbau und Obstbau treibenden Unterlande die Bevölkerung so ungeheuer groß annehmen, als die angezogenen Geographen thun, wenn der schwachen Bevölkerung der ausgedehnten Alpen und des ausgedehnten Schwarzwaldes ungeachtet gegen 4000 Menschen auf einer jeden Quadratmeile des ganzen Herzogthums leben sollten. Ich erwähne

---

*) Geogr. Lexikon. 1041. S.

hier nicht einmahl, daß es auch in Wirtemberg noch manche Oedungen giebt, die vormahls angebaut waren, und bis jetzt noch nicht wieder cultivirt worden sind.

Die Verfassung des Herzogthums Wirtemberg ist die Glücklichste oder eine der Glücklichsten, die man in größern Teutschen Ländern antrifft. Nirgends haben die Stände mehr Ansehen und Gewicht, als in Wirtemberg, wo auf Landtagen nicht bloß die Nachkommen der ehemahligen Geistlichkeit (denn landsäßigen Adel giebt es gar nicht) und nicht bloß die Städte, sondern auch das Land, oder der Landmann repräsentirt wird, indem die größern Flecken selbstgewählte Deputirte schicken, und die Einwohner vieler kleinen Städte, die sich meistens mit dem Weinbau oder Ackerbau beschäftigen, als Landleute zu betrachten sind. Nach dem berühmten Tübinger Vertrag, der noch immer als ein heiliges Grundgesetz von jedem neuen Regenten bestätigt wird, darf der Landesherr ohne die Einwilligung der Stände keinen Krieg anfangen: Neue Steuern können nur mit beiderseitiger Bewilligung des Landesherrn und der Stände ausgeschrieben werden. Wirtembergische Unterthanen dürfen an Ehre, Leib und Leben nicht anders, als nach Urtheil und Recht angegriffen werden. Wenn ein Eingesessener anderswo ein größeres Glück, als in seinem Vaterlande zu finden glaubt; so hat er die Erlaubniß, ohne Hinderniß und Verlust mit seinem Vermögen von dannen zu ziehen. Die Gemeinden auf dem Lande wählen ihre Schultheißen, und die Bürgerschaft in den Städten ihre Bürgermeister selbst. Die Mitglieder der Magistrate hingegen werden von den Magistraten gewählt: Dörfer und Städte haben ihre eigenen Gerichte, und wenn Parteyen mit den Aussprüchen der ersten und zweyten Instanz nicht zufrieden sind, so können sie, vorausgesetzt, daß die streitigen Sachen nicht unter gewissen Summen sind, an das Hofgericht appelliren, das jährlich ein- oder zweymahl in Tübingen gehalten wird, und aus Mitgliedern der Regierung sowohl, als der Landschaft besteht. Wenn Günstlinge von Regenten in vorigen Zeiten die Grundgesetze verletzten; so wandte sich die Landschaft an das Oberhaupt des Reichs, wo sie bisher kräftige Hülfe fand. In minder bringenden Fällen macht die Landschaft Vorstellungen an den Herzog, und schickt diese Vorstellungen an alle Städte und Aemter umher: ein Vorrecht, dessen Ausübung in vielen Teutschen Ländern als offenbare Rebellion geahndet werden dürfte. Dies herrliche Vorrecht übte die Landschaft während meiner Anwesenheit in Stuttgart, als der letztverstorbene Herzog eine Aushebung von 4000 Mann

ausschrieb, und es zugleich verlautete, daß der
gröste Theil dieser Mannschaft nicht zur Ergän-
zung oder Verstärkung des gestellten Contingents
gebraucht, sondern einer fremden Macht in Sold
gegeben werden sollte.

Es erging Wirtemberg eben so, wie andern
wohl eingerichteten Staaten. Der Buchstabe des
Grundgesetzes stimmte sehr oft nicht mit der wirk-
lichen Praxis überein. Es ist notorisch, daß in
unserm Jahrhundert Wirtembergische Regenten
Tausende von Landskindern mit Gewalt geworben,
und in unnöthige Feldzüge geführt: daß sie, oder
ihre Günstlinge, die verdientesten Männer nicht
nur ihrer Aemter entsetzt, sondern auch in Ge-
fängnisse geworfen: daß die Einen oder die Andern
ungesetzliche Auflagen zu erzwingen gesucht, und
da dieses nicht gelang, daß die Landschaft aus Liebe
zum Frieden für die Anerkennung und Bestäti-
gung von Gesetzen, die nie hätten angetastet werden sollen, einen großen Theil der landesherrlichen Schulden übernahm. — Und doch hat Wirtemberg vielleicht kaum in einem andern ähnlichen
Zeitraum so sehr an Bevölkerung und Wohlstand
gewonnen, als in den letzten 20 bis 30 Jahren! Man
sieht, was ein Land, das einer fruchtbaren Boden
und fleißige Einwohner hat, alles ertragen kann.

Die

Die Prälaten, und die Deputirten der Städte und Aemter kommen, wie es heißt, um der Vermeidung der Kosten willen, die damit verbunden seyn würden, nur selten zu einem eigentlichen Landtage zusammen. Der engere und größere Ausschuß stellt der Regel nach die Landesstände vor. Der engere oder wichtigere Ausschuß besteht aus zwey Prälaten, sechs Bürgermeistern, den Consulenten, welche Rechtsgelehrte seyn müßen, dem Landschaftsadvocaten, und Secretair; und der Größere wieder aus zwey Prälaten, und sechs Bürgermeistern, die aber kein für sich bestehendes Collegium ausmachen, sondern sich bloß mit dem engern Ausschuß versammeln können. Der engere Ausschuß wählt so wohl seine eigenen Mitglieder als die des Größern; und wenn beyde Ausschüße nicht versammelt sind, so führt der Landschaftssecretair die Aufsicht über die übrigen Bediente der Landschaft. — Ich habe in Gesellschaften mehrmal das Urtheil gehört: daß wenn die Wirtembergische Verfassung einmahl gründlich reformirt werden sollte, eine solche Reformation zuerst mit einer neuen Organisation der Landschaft selbst angefangen werden müße. Ich bin zu wenig unterrichtet, als daß ich entscheiden könnte, ob und in wiefern dieses Urtheil gegründet ist.

Eins der gröſten Gebrechen der Wirtembergiſchen Verfaſſung ſcheint mir dieſes zu ſeyn, daß die Städte keine wahre Municipal-Verfaſſung haben, und daß die herzoglichen Oberamtleute in den Städten, wie auf dem Lande, die erſte oder vornehmſte Inſtanz ſind, oder wenigſtens einen zu überwiegenden Einfluß haben. Ungeachtet die Dörfer Dorfgerichte haben; ſo können doch die Partheyen dieſe vorbeygehen, und ſich unmittelbar an die Stadtgerichte wenden. In den Stadtgerichten führen die Oberamtleute den Vorſitz, und hier müſſen ihre Stimmen und Urtheile nothwendig allgeltend ſeyn, da ſie unter den Richtern die einzigen Rechtsgelehrten ſind. Die Einkünfte der Bürgermeiſter, der Stadtſchreiber, und der übrigen Rathsverwandten in den kleinen Städten ſind zu geringe, als daß Gelehrte ſich um ſolche Stellen bewerben ſollten. — Außer dem Vorſitz in den Stadtgerichten haben die Oberamtleute noch die Aufſicht über die Güter der Communen, die oberſte Polizeyinſpection in ihren Aemtern, und die erſte Inquiſition von eigentlichen Verbrechen, die in ihren Bezirken ausgeübt werden. Wenn Wirtembergiſche Oberamtleute ſo viele Kenntniße und Rechtſchaffenheit beſitzen, als der Herr Oberamtmann Limp in Kirchheim, der Herr Oberamtmann Jäger in Hirſchau und einige andere wür-

nach Schwaben.

olge Männer; so können sie wegen der großen Gewalt, die ihnen anvertraut ist, unendlich viel Gutes stiften. — Nach der allgemeinen Stimme des Publicums hat der Diensthandel, der unter der letzten Regierung getrieben, aber doch einige Jahre vor dem Ende derselben aufgehoben wurde, nirgends mehr geschadet, als bey der Besetzung der Oberamteyen, und diesen Schaden wird das Land noch lange nicht verwinden. — Die Wirtembergischen Oberamtleute sind keine Pächter, da fast gar keine herrschaftliche Domänen mehr übrig sind. Die Landesherrlichen Gülten, Zehenten an Wein und Früchten, Zölle, u. s. w. werden von besonders dazu bestellten Kellern, Verwaltern, u. s. w. gehoben. Die Oberamtleute berechnen der Cammer bloß Strafen, Confiscationen, und andere ähnliche Einkünfte, die von keiner großen Bedeutung sind.

Eins der größten Kleinode der Wirtembergischen Verfassung ist die Erhaltung und Abgesondertheit des geistlichen Guts von der Cammer, und die Unabhängigkeit des Collegiums, welches das geistliche Gut verwaltet, von der Willkühr des Cabinets: ein Kleinod, welches Wirtemberg dem großen Herzoge **Christoph** zu verdanken hat. Das Collegium, dem die Verwaltung des geistlichen Guts übergeben ist, heißt der Kirchenrath. Der Ertrag des geistlichen Guts, welches die Besizungen und Einkünfte der ehemaligen Manns- und Frauenclöster umfaßt, steigt über eine Million Gulden: woraus man schließen kann, daß Wirtemberg vor der Reformation nicht weniger mit reichen Clöstern gesegnet gewesen sey, als das übrige Schwaben. Die Angelegenheiten des Kirchenraths sind in der besten Ordnung, und vorzüglich hat das wichtige Collegium es dem unverdroßenen Eifer seines jetzigen Directors des Herrn von Hochstetter zu verdanken, daß es zu einem genauen und vollständigen Etat seiner Besitzungen, Einkünfte, und Ausgaben gelangt ist. Die Einkünfte des Kirchenraths werden dem bey weitem grösten Theile nach zweckmäßig angewandt, und es ist beynahe unglaublich, was aus dem Schatze des Kirchenguts alles bezahlt und geleistet wird. Der Kirchenrath unterhält, außer mehr als tausend eigenen Dienern und mehr als dreytausend Gebäuden, die niedern und höhern Clöster, und deren Schulen, das theologische Stift und Collegium in Tübingen, das Gymnasium in Stuttgard und mehr als zweytausend dreyhundert Kirchen- und Schullehrer. Er zahlt ferner jährlich seine Quota in die Steuercaße, in die Wegbaucaße, und Brandcaße: giebt große Beiträge zur Unterhaltung der Armen, besonders in der Residenz, des Stuttgarter Waysenhauses, des Zucht- und Arbeitshauses in Ludwigsburg, der Universität und Bibliothek, der herzoglichen Jägerey, Hofmusik, und Gestüte: der Hohentwieler Besatzung: des Geheimenraths, der Regierung, des Consistoriums, und der Leibärzte: und endlich zur Unterstützung von Studirenden, und auswärtigen Kirchen, die für ihren Bau, oder große Verbeßerungen sammeln laßen. Wenn der Bau des neuen Schloßes in Stuttgard fortgesetzt wird; so zahlt der Kirchenrath auch dazu vertragsmäßig jährlich 10000 fl.

Es ist anfangs auffallend, daß das Kirchengut so große Summen zur Unterhaltung des herzoglichen Hofstaats, und der herzoglichen Diener hergibt, besonders, da es in dem 1565 errichteten Landtagsabschiede heißt: daß das, was nach der Unterhaltung der Kirchen, Clöster, Pfarrer, und Schullehrer übrig bleibe, „zu nothwendigen „Schutz und Schirm des Landes, und der Leute, „als des Vaterlandes mit gutem Rath verwahrlich „behalten, und solches allein auf dem leidigen Falle „angegriffen werden solle." Allerdings würde der Kirchenrath noch viel mehr, als er jetzt thut, zu den öffentlichen Lasten, oder zur Erfüllung von andern gemeinnützigen Absichten beytragen können, wenn er nicht so große Abgaben in die Cammer zu entrichten hätte. Deßen ungeachtet ist es weder neu noch unbillig, daß das geistliche Gut etwas beträchtliches an die jedesmahligen Regenten von Wirtemberg abgibt. Die Herzoge waren die Schirmherren der meisten Clöster, und genossen als solche viele und wichtige Vorrechte und Einkünfte, denen sie zur Zeit der Reformation, und auch nachher weder entsagen durften, noch auch vielleicht entsagen konnten. Der Kirchenrath unterhandelte zu verschiedenen Zeiten mit den Herzogen wegen der Verautung der schirmherrlichen Vorrechte: und so wurden diese allmählich auf jährliche Beiträge in Geld gesetzt.

Außer dem Kirchenrath sind in den 98 Aemtern des Herzogthums noch 853 Spitäler, oder so genannte Armenkasten, und andere milde Stiftungen. Diese pia corpora besitzen außer ihren übrigen Gütern und Einkünften einen Capitalienfond von beynahe viertehalb Millionen Gulden. Das reichste Spital des Landes ist das in Nürtingen, dessen jährliche Einkünfte man auf 20000 Gulden schätzt. Diese und ähnliche Spitäler sind nicht Wohnungen von Armen, Kranken, oder andern Nothleidenden, sondern zum Theil große und prächtige Gebäude, die von den Verwaltern und deren Gehülfen bewohnt werden. Die Stellen solcher Spitalverwalter sind so einträglich, daß auch angesehene Personen sich darum bewerben. Aus dem Spital einer jeden Stadt werden, die

Armen, Kranken und Nothdürftigen meistens
reichlich erhalten, Aerzte und Wundärzte besoldet,
und hin und wieder auch Pensionen und Besol-
dungszulagen für die Diener der Stadt gezahlt.
Keine andere Teutsche Provinz hat daher in den
kleinen Städten und auf dem Lande so viele Aerzte
und Wundärzte, als Wirtemberg. Ich sage nichts
von andern Wirkungen, die aus den großen Einkünften des Kirchenguts und der übrigen milden
Stiftungen entstehen. Nur eine einzige Wirkung
kann ich nicht unberührt lassen: die außerordentliche Menge von Bedienungen, die durch die Verwaltung des Kirchenguts und der Spitäler nothwendig gemacht werden. So wenig ein anderes
protestantisches Land ein so reiches Kirchengut, und
so viele und reiche pia corpora hat, als das Herzogthum Wirtemberg; eben so wenig wird man
in andern protestantischen Ländern eine so große
Menge von Bedienungen finden. Und doch wird
keine wichtige oder unwichtige Bedienung erlediget,
ohne daß nicht zwanzig oder noch mehrere Compe-
tenten sich meldeten: vielleicht aus eben dem Grunde, aus welchem man die meisten Armen da antrifft, wo die verschwenderischste Mildthätigkeit
geübt wird. Es ist auch allgemein anerkannt, daß
selbst der Pfarreyen zu viele sind, und daß manche
kleine Dörfer, die eigene Pfarrer haben, von den

zunächst benachbarten Pfarrern ganz bequem könnten versorgt werden. Mit dieser Bemerkung ist meistens der Wunsch verbunden: daß die Pfarreyen möchten vermindert: daß aus den Einkünften der eingezogenen Pfarreyen die Schulmeisterstellen möchten verbessert, und ein gutes Schulmeister-Seminarium errichtet werden. Bey der übermäßigen Begünstigung des theologischen Studiums im Herzogthum Wirtemberg, und der großen Menge von Geistlichen, die das Land bisher brauchte, ist es befremdend, daß sich bis jetzt nicht mehrere vortreffliche Canzelredner gebildet haben. Selbst in Stuttgart hört man die katholischen Geistlichen lieber, als die protestantischen Prediger. Wenn ich nicht das Unglück hatte, grobe Uebertreibungen als bekannte Facta zu hören; so sind auch die Sitten eines großen Theils der Landgeistlichen nichts weniger als erbaulich Sollte der Grund hievon in der eigenthümlichen Bildung der Wirtembergischen Geistlichkeit liegen; so müsten freylich mit den Closterschulen und dem theologischen Stipendio in Tübingen große Veränderungen vorgenommen werden. Die Universität in Tübingen war eine Zeitlang sehr gesunken. Seit einigen Jahren hebt sie sich wieder, und wahrscheinlich steht ihr bey der künftigen Aufhebung der Akademie in Stuttgart eine glückliche Wiedergeburt bevor. Man macht der Akademie, wie es scheint, nicht ohne Grund den Vorwurf, daß sie der Universität Tübingen sehr geschadet, und den Reiz zum Studiren, wenigstens anfangs, zu sehr vermehrt habe. Dabey aber läßt man ihr die Gerechtigkeit wiederfahren, daß sie nicht nur viele große Künstler, sondern auch viele gründliche Gelehrte, und treffliche Geschäfftsmänner erzogen habe, die sich schon lange um ihr ursprüngliches, oder neues Vaterland verdient machen. Die Akademie war gewiß nie besser eingerichtet, und mit fleißigeren, gelehrteren, und talentvolleren Lehrern besetzt, als in den letzten Jahren; und doch hat dieses Institut schon eine Zeit lang beständig an Zöglingen verlohren. Im letzten Herbste sagte man, daß etwa 150 junge Leute in der Akademie selbst, und ohngefähr eben so viele in der Stadt wohnten, um die Lehrstunden zu besuchen. Als den Hauptgrund dieser Abnahme gab man die längst bekannte Erklärung des jetzt regierenden Herzogs an, daß er die Akademie nach dem Antritt seiner Regierung aufheben werde*). Je mehr diese Absicht auswärts bekannt wurde, desto mehr scheuten sich entferntere Eltern, ihre Kinder in eine Lehranstalt zu schicken, aus welcher sie dieselben vielleicht bald zurücknehmen müßten. Der

---

*) Die Akademie wird wirklich Ostern 1794 ganz aufgehoben.

letztverstorbene Herzog hatte schon lange seine ausserordentliche Vorliebe für die von ihm geschaffene Akademie verlohren. Er entzog derselben in den letzten Zeiten auf einmahl eine jährliche Summe von 17000 Gulden, und doch behauptet man, daß sie auch nach dieser Schmälerung ihres Fonds jährlich noch 60 bis 70000 Gulden gekostet habe.

Viele Wirtemberger reden von ihrer Verfassung mit dem lebhaftesten Enthusiasmus, und äussern hingegen, oder hier muß ich vielmehr jetzt sagen, äußerten hingegen mit der Verwaltung die lauteste Unzufriedenheit. Nur über die Regierung war eine einzige Stimme: daß sie das respectabelste Collegium, und, mit den rechtschaffensten, fleißigsten, und fähigsten Männern besetzt sey. Auch Unzufriedene geben zu, daß in den letzten Zeiten in die meisten übrigen Collegia Männer gekommen seyen, die Arbeitsamkeit und tiefe Einsichten mit wahrem Patriotismus verbinden, und allmählich immer mehr Gewicht erhalten. Am meisten klagt man des neuen Cammerplans ungeachtet, den man vor einigen Jahren entworfen hat, über die Vernachläßigung der Bergwerke, des Forstwesens, u. s. w. Verbesserungen sollen in diese Theile der Administration auch deßwegen schwer einzuführen seyn, weil mehrere Liebhaber des Hergebrachten alle Veränderungen als verfassungswidrig, oder als Nachäffungen preußischer Einrichtungen verdächtig zu machen suchen *).

Am nothwendigsten scheint nach meinen geringen Einsichten eine Verbesserung des bisherigen Steuerfußes, oder der Einrichtung der öffentlichen Abgaben zu seyn. Die ordentliche und außerordentliche Steuer, die von der Landschaft gehoben wird, trifft den Landmann am meisten, der ohnedem durch die Menge und Schwere der alten Feudalabgaben, und durch die Höhe des Zinsfußes sehr niedergedrückt wird. — Capitalisten sollen nach der Vorschrift des Gesetzes von jedem Hundert Gulden, welche sie belegen, jährlich 20 Creutzer Vermögensteuer geben. Allein von dieser Abgabe sind zuerst alle Personen frey, die in öffentlichen Diensten stehen. Zweytens entrichten dienstlose Capitalisten diese Steuer bloß von Capitalien, welche sie Communen vorgestreckt haben, weil diese nur in öffentliche Pfandbücher eingetragen werden. Und wenn endlich ein Capitalist diese Vermögensteuer auch von solchen Capitalien bezahlt, die Privatpersonen vorgestreckt werden; so zwingt er den Schuldner, daß er die Abgaben übernehmen muß. — Fremde Weine ausgenommen, wird von aus-

---

*) Das Holz ist in keiner Teutschen Stadt so theuer, als in Stuttgard. Ein Mäß, das 4 Fuß lang, und 6 Fuß breit und hoch ist, kostet 16 bis 18 Gulden.

ländischen Waaren des Luxus wenig, oder gar keine Accise, oder Licent bezahlt. Dagegen kann der Landmann kein Pferd, nicht einmahl an seinen Nachbarn, verkaufen, ohne zwey- oder dreyerley Abgaben entrichten zu müssen. Der Landmann oder geringe Städter trinkt in und aus Wirths- und Weinhäusern keinen Wein, von welchem nicht das zehnte Maaß als Ohmgeld an die Cammer bezahlt worden wäre. — Die herzogliche Cammer trägt nicht allein nichts zu den öffentlichen Lasten bey, sondern sie hebt sogar Steuern und Accise in den so genannten Cammerämtern, und erhält große jährliche Zuschüsse aus dem Kirchengut, so wie die Landschaft unter dem letztverstorbenen Herzoge 50000 Gulden in die Chatouille bezahlte, weil der Herr keine . . . . Prinzessinn geheirathet hatte: zu geschweigen, daß der größte oder ein großer Theil der Schulden, welche die vielen und großen öffentlichen Abgaben nothwendig machen, von der Cammer auf die Landschaft übertragen worden sind. — Außer dem großen Zehent ist auch der kleine Zehent auf dem Lande sehr gemein. In manchen Gegenden wird neben der zehnten Garbe auch die dritte von dem Zehentherrn gehoben. Wenn die Besitzer solcher beschwerten Güter noch überdem Gülten und Steuern zahlen müssen; so läßt sich abnehmen, was dem Arbeiter übrig bleibt.

Selbst von wüsten Ländereyen, die mit großen
Kosten und ungewissem Erfolge angebaut worden
sind, fordert die Cammer sogleich den Normalze-
hent: ein Vorrecht, dessen Ursprung und Gültig-
keit ich gern bewiesen sehen möchte. Die Rent-
cammer dehnte bisher die Regalien so weit, als
möglich aus. Ich habe es mehrmal, dem Anschein
nach, nicht im Scherz in gemischten Gesellschaften
erzählen gehört, daß sie eine Sandgrube, die auf
einem Felde zwischen Stuttgart und Kanstatt gefunden wurde, sich als ein Regal zugeeignet habe.
— Leibeigenschaft hat im Wirtembergischen noch
nicht aufgehört: doch soll sie mehr im Nahmen,
als in beschwerlichen Lasten bestehen. Genauere
Erläuterungen konnte ich da, wo ich mich zufällig
erkundigte, nicht erhalten. — Die Klagen über
Wildschäden haben merklich abgenommen, seitdem
der verstorbene Herzog allen Communen erlaubte,
Wildschützen anzustellen, und das Wild, das sich
in die Markungen der Städte, Flecken und Dörfer wagen würde, niederschießen zu lassen. Gröś-
sere Gemeinden gewinnen durch diese Einrichtung
beträchtlich. Aermere Dörfer hingegen büßen
durch die Besoldung des Wildschützen, und durch
die Lasten des Transports des niedergeschossenen
Wildes fast eben so viel, als vorher durch den
Wildfraß ein. Da die eben erwähnte Erlaubniß

den Unterthanen gegeben wurde, so kostete es viele Mühe, geschickte Wildschützen ausfindig zu machen. Man hatte nämlich in frühern Zeiten, wo man auf einen Hirsch oder ein Schwein mehr, als auf die Bauern eines ganzen Dorfs hielt, die von den ältesten Zeiten her gewöhnlichen Schießübungen in den Flecken und Dörfern aufgehoben, und den Landleuten noch oben darein alles Schießgewehr abgenommen, damit sie es nicht gegen das unverletzliche Wild brauchen möchten *). Aus dieser Entwaffnung entstand eine gänzliche Wehrlosigkeit des Landmanns; und diese Wehrlosigkeit und Mangel von Uebung in den Waffen ist noch jetzt so groß, daß Einwohner von großen Flecken und Dörfern mir versicherten: sie würden sich ohne Gegenwehr dahin geben müssen, wenn auch nur kleine Haufen von Franzosen, und selbst von entlaufenen Seressanern kämen, welche letzteren sich hin und wieder gezeigt, und Gewaltthätigkeiten ausgeübt hatten **).

Die Beschreibung des Wirtembergischen Kriegswesens überlasse ich dem künftigen Biographen des

---

*) Ich habe dieses Factum in der Folge bezweifeln gehört. Im Lande selbst hingegen ist es mir an mehrern Orten von sachkundigen Männern bestätigt worden.

**) Das ganze Land wird es gewiß mit dem innigsten Danke erkennen, daß der jetztregierende Herzog die ehemahligen Schießübungen, und die alte Landmiliz wieder hergestellt hat.

letzten Herzogs: von welchem Biographen ich wünsche, daß er neben den nicht lobenswürdigen Dingen, welche er zu erzählen haben wird, das ausgezeichnet Gute nicht vergessen möge, was der Herzog wirklich besaß, und gethan hat. Jeder Reisende muß zur Steuer der Wahrheit versichern, daß man über den Herzog Carl im Lande viel günstigere Urtheile hörte, als auswärts über ihn gefällt wurden. Das ganze Land liebte und verehrte die jetzt verwittwete Herzoginn auch deßwegen, weil sie durch ihren sanften und unmerklichen Einfluß sehr viel zur Milderung des Charakters, und der Regierung ihres Gemahls beygetragen hatte.

Ueber die Fruchtbarkeit, den Anbau, den Wohlstand, und die Schönheit des Herzogthums Wirtemberg kann ich den im Lande herrschenden Begriffen nicht beystimmen: Nt, als wenn ich zweyfelte, daß Wirtemberg ein fruchtbares, gutgebautes, schönes, und glückliches Land sey, sondern weil ich glaube, daß es andere Länder in allen diesen Rücksichten nicht so sehr übertreffe, als die gemeine Meynung in Wirtemberg will. Ein Land ist um desto fruchtbarer, je reichlichere, mannichfaltigere, und vollkommnere Producte es erzeugt, und je weniger Zeit, Arbeit und Unkosten die Hervorbringung dieser Producte verlangt. Die ergiebigsten Gegenden am Rhein und Main liefern alles das, was Wirtemberg hervorbringt, und erzeugen überdem edlere Weine und Obstarten, feinere und mannichfaltigere Gemüse, größeres Rindvieh, bessern Hanf, Taback, Krapp u. s. w. Bey der unparteyischen Vergleichung finde ich, daß weder die Rheinländer, noch die Franken im geringsten Ursache haben, ihren Boden und ihr Klima mit dem Wirtembergischen zu vertauschen.

Die Wirtembergischen, oder so genannten Nekkarweine können mit den besten, und selbst mit den guten Rheinischen und Fränkischen Weinen auf keine Art verglichen werden. Sie stehen sogar dem Obermarkgräfler, und wie man wenigstens in Mergentheim behauptet, bey welcher Stadt die besten Tauberweine wachsen, auch diesen nach. Die Mergentheimer sind stolz darauf, daß ihre Weine von den Schwaben nicht getrunken, und von den Rheinländern zur Vermischung mit den Rheinweinen gesucht werden. Ausgemacht ist es, daß mehrere Personen in Wirzburg den Tauberwein allen übrigen Fränkischen Weinen vorziehen, weil sie ihn für den Gesundesten halten. Der Neckarwein hat im Durchschnitt wenig oder gar keinen Geruch; und Liebhaber des Rheinweins können sich lange nicht an einen dem Neckarwein eigenthümlichen Medizingeschmack, und seine hohe gelbrothe Farbe gewöhnen, dergleichen die geschmierten

schmierten Franzweine in Niedersachsen haben. So viel ich weiß, ist der Wein, der bey dem Dorfe Stetten, fünf Stunden von Stuttgard gebaut, und Brodwasser genannt wird, der einzige Wirtembergische gute Wein, der die hohe Farbe der Uebrigen nicht hat, und sich auch in Ansehung des Geschmacks dem Rheinwein nähert. Wenn man die zahllosen Weinberge zwischen Weinsberg und Stuttgard, im Ramsthale, auf dem Wege nach Bruchsaal, und um die Hauptstadt selbst gesehen hat, und dann noch die vielen Weinberge im Oberlande antrifft; so sollte man denken, daß Wirtemberg das ganze übrige weinarme Oberteutschland versorgen könnte. Allein die Ausfuhr von Nekkarweinen außer Schwaben, ist mit der Ausfuhr der Rhein- und Frankenweine verglichen sehr unbedeutend. Vormahls verkaufte man viele Nekkarweine nach Baiern, oder tauschte Salz dagegen ein. Dieser Austausch von Weinen und Salz hat seit der neuern Einrichtung des Salzhandels, und der begünstigten Einfuhr von Pfälzischen Weinen in Baiern fast ganz aufgehört. Die meisten Neckarweine gehen in das Oberland das keinen Weinwachs hat, und nach Oberschwaben, wo man auch Tyrolerweine, Seeweine vom Bodensee, Markgräfler, und Elsaßerweine trinkt, welche letztern selbst in mehrern Oertern des Wirtembergischen Schwarzwaldes den Neckarweinen vorgezogen werden. Der geringen Exportation ungeachtet findet man nach den vergangenen vier Fehljahren in Wirtemberg fast gar keine große Vorräthe von alten und guten Weinen mehr, die in Franken und selbst am Rhein auch nach der ungeheuern Consumtion welche die Französischen und Teutschen Armeen verursacht haben, noch immer so häufig, und manchem Capitalisten beschwerlich sind. Selbst die sonst so reichen öffentlichen Keller der Cammer, der Cammerschreiberey, des Kirchenraths, und mehrerer Spitäler sind großentheils erschöpft. Der Kirchenrath, der in guten, oder gewöhnlichen Jahren 10000 Eimer Zehent- und Gültwein empfängt, und jährlich 5500 Eimer auszutheilen hat, wird in diesem Herbst nur die Hälfte des abzureichenden Weins in Natura geben, und die übrige Hälfte mit Geld bezahlen: wodurch die geistlichen und weltlichen Beamten einen großen Verlust leiden werden. Der älteste Neckarwein, den man jetzt noch in Wirtemberg hat, ist vom J. 1766. Diesen und andere alte Weine findet man am lautersten in dem Keller der Chatouilleguter der regierenden Herzöge, oder der Cammerschreiberey, welche einen beträchtlichen Weinhandel treibt. Wohlgeschmack, Kraft und Lieblichkeit nehmen so wenig bey Neckarweinen, als bey aldern Weinen in gleichem Verhältniße mit dem Alter zu. Ueberhaupt aber können Ausländer die Grade von Güte, wodurch Neckarweine von verschiedenem Alter und Gewächs von einander abstehen, nicht so gut unterscheiden, als einheimische Weinkenner. Die neuesten Geographen Wirtembergs*) geben den Elfinger Wein, der bey Maulbronn wächst, für den Edelsten aller Neckarweine aus. Im Lande selbst hörte ich, daß der größte Werth dieses Elfingerweins in seiner Seltenheit bestehe; da er nur in einem einzigen Weinberge von 40 Morgen gewonnen wird. Hingegen war das allgemeine Urtheil, daß der Wein, der um das Dorf Ulbach, gleich hinter dem Stammschlöße Wirtemberg gebaut wird, der Beste unter allen Neckarweinen sey. Auf diesen folgen die Weine von Ober- und Untertürkheim, von Weinberg, Laufen, Besigheim, und die meisten Ramsthaler Weine. Um Stuttgard selbst wächst kein vorzüglicher Wein, ausgenommen am Kriegsberge. An Statt, daß sonst ein Eimer Most, oder jungen Weins 10, 12, 15 fl. kostete, wird man ihn dieses Jahr nicht unter 50 bis 60 und in Ulbach nicht unter 70 bis 75 fl. kaufen können. Man hat sogar im Oberlande, um Kirchheim, Neuffen, u. s. w.

------

*) Geographie von Wirtemberg S. 56. Lexicon II. 561 S.

wo ein höchst saurer Wein wächst, den Eimer Most um 30, 40, 44 fl. gekauft: welche bisher unerhörten Preise doch nicht zu hoch sind, da man 30 fl. für einen Eimer Birn, oder Aepfelmost gibt. Eine sonderbare Erscheinung war es mir, daß man für ganz jungen Wein eben so viel giebt, als wofür man guten alten haben könnte. Ein erfahrner Mann gab mir als den Grund davon an: daß die meisten gemeinen Leute, und auch manche angesehene Personen den jungen, selbst noch trüben Wein wegen seines größern Feuers lieber tränken, als alte Weine. Der hohe Preis des Weins macht es den geringen Leuten unmöglich, Wein zu trinken; und diese wenden sich daher zum Bier, das jetzt in viel größerer Menge gebraut, und getrunken wird, als sonst. Auch in guten Häusern gibt man den Dienstboten, Arbeitsleuten, u. s. w. Weingeld statt des sonst gewöhnlichen Weins, weil die Consumtion einer jeden Familie, mit Ausschließung der Bedienten und Tagelöhner, schon eine große Summe ausmacht. Auch die nüchternsten Männer trinken in Schwaben mehr Wein, als in Niedersachsen, weil der Wein schwächer ist, als unsre Rhein, oder Franzweine. Diesen schwachen Wein mischt man allgemein mit Wasser, wovon man im Wirtembergischen gleichfalls eine ungleich größere Quantität zu sich nimmt, als bey uns. Eine Familie, die in Göttingen jährlich 2¼ oder 2½ Rheinische Ohme brauchen würde, muß in Wirtemberg ihre Wein-consumtion auf 5 Eimer rechnen, wovon Jeder zwey Rheinischen Ohmen gleich ist. Wenn also der Eimer 50 und mehrere Gulden kostet, so macht der Wein einen viel theurern Artikel in der Haushaltung, als bey uns aus. Strohwein aus Neckartrauben habe ich sonst nirgends gefunden, als bey Herrn Prof. Groß. Der zehnjährige Strohwein schien mir dem Elsaßischen, Rheinischen, und Fränkischen gleich, oder nahe zu kommen. Der Jüngere blieb weit hinter diesen zurück. Ich ermunterte den genannten gelehrten Naturforscher, daß er seine Methode, Strohwein zu bereiten, bekannt machen möchte. Er glaubte aber, daß die häufigere Verfertigung desselben dem Credit des Nekkarweins schaden würde. Kein anderer ausländischer Wein steht in Wirtemberg in so großer Achtung, als der Rheinwein, welchem man fast ohne Ausnahme einen entschiedenen Vorzug vor dem Neckarwein beylegt. Nur einer und der Andere glaubte, daß guter Neckarwein es wohl mit gutem Rheinwein aufnehmen könnte.

Der Weinbau ist in der Gegend von Stuttgart und Kanstatt durch ausländische edlere Rebstöcke verbessert worden, welche der berühmte Bilfinger, und einige andere gelehrte, oder sorgfältige Weinbauer kommen ließen. Doch schränken sich diese Verbesserungen nur auf wenige Weinberge ein. Der große Haufe der Winzer tritt blindlings in die Fußstapfen der Väter und Großväter, und behält sogar die Fehler und Vorurtheile der Letztern bey. Das Schädlichste unter den Vorurtheilen der Winzer ist wohl dieses, daß sie häufig die Rebstöcke einknicken, in der Meynung, daß die Reben alsdann besser tragen werden. Wenn man die Industrie des Schwäbischen Landmanns preist, so beruft man sich gemeiniglich auf den Fleiß der Winzer, womit sie kleine Winkel an Felsen oder Bergen untermauern, dann Erde hinauftragen, und das gewonnene Fleckchen mit Weinstöcken besetzen: eine Betriebsamkeit, die man in andern Weinländern eben so häufig, als in Wirtemberg bemerken kann. Sonderbar kam es mir vor, daß man die tiefsten, oder äußersten Gränzmauern der Weinberge nicht einige Zoll höher aufführt, sondern sie gleich da abbricht, wo die fruchtbare Erde des Weinbergs anfängt. Wenn man die äußersten Mauern nur um ein Geringes erhöhte; so würde die fruchtbare Erde, von welcher man beträchtliche Haufen unten an den Mauern liegen sieht, nicht so sehr, als jezt, durch starke Regen herabgespült werden.

Auch an den Trauben konnten wir es wahrnehmen, daß Boden und Sonne den Reben in Wirtemberg nicht so günstig sind, als denen in Wirzburg. Im vergangenen Jahre hinderte das nasse und kalte Wetter die Zeitigung der Trauben viel mehr, als in dem Gegenwärtigen. Nichtsdestoweniger fanden wir in der Mitte des Septembers 1792 in Wirzburg reifere Trauben, als man dieses Jahr in Stuttgart gegen die Mitte des Octobers hatte. Vollkommen reife Trauben, die einen süßen und gewürzhaften Geschmack hatten, die die Finger des Essenden klebrig machten, und beym Genuß fast gar keine Sättigung erzeugten, habe ich in und um Stuttgart nur einigemahl getroffen. Trauben aus Weingärten dürfen eigentlich gar nicht verkauft werden, weil durch einen solchen Verkauf der herzogliche Weinzehent geschmälert wird.

Der diesjährige Herbst hatte gar keine Aehnlichkeit mit den Herbstfeierlichkeiten in Schwaben, wie ich sie sonst wohl beschrieben gelesen, oder erzählen gehört hatte. Häufiges Schießen in den Weinbergen, und das Fahren von Karren und Tonnen, die den ausgetretenen Most enthielten, waren beynahe die einzigen Merkmahle, an welchen man erkannte, daß die Weinlese gehalten werde. Uebrigens hörte man weder fröhlichen Gesang, noch muthwilliges Geschrey, oder Geschäcker von Winzern, Winzerinnen oder Tanzenden; noch weniger das Geräusch von zahlreichen Gesellschaften, die mit Fackeln und Gesang aus den Weinbergen in ihre Wohnungen zurückkehrten. Der schlechte Herbst schlug den Muth der Weingärtner nieder, und vereitelte die Freudenfeste der Reichen und Wohlhabenden. Eine Zeitlang glaubte man, daß im Durchschnitt der Morgen von 150 Ruthen, jede von 16 Fuß, nur ein drittel Eimer tragen würde, da man in guten Jahren acht bis zehn Eimer von dem Morgen erhält. Wir feierten am Tage vor unserer Abreise den Anfang der Weinlese in dem Weinberge des Herrn Expeditionsraths Landauer mit: welcher Garten in Rücksicht auf Aussichten eine der besten Lagen um Stuttgart hat. Auf der Terrasse dieses Weinbergs hat man die ganze Stadt und das Thal bis Kanstatt unter sich. Man übersieht alle umliegenden Weinberge, und bey heiterm Wetter soll das Auge Ludwigsburg und die Solitüde, oder doch die Gegend um die Solitüde entdecken. Diese entzog uns ein dunkler Himmel. Nur das Schloß Wirtemberg schien uns ganz nahe zu seyn.

Der Obstbau im Wirtembergischen entspricht meinen Beobachtungen nach ganz dem Weinbau. Man sucht mehr vieles, als feines Obst, so wie vielen, wenn gleich nicht guten Wein zu erhalten. Das meiste Obst wird im Oberlande, an den Füssen, und in den engen und wärmern Thälern der Alpen gewonnen. Einen Theil dieses Obstes trocknet man: aus dem Andern verfertigt man Obstwein, oder gebrannte Wasser, besonders Kirschgeist, der dem Schweizerischen nicht gleich kommt. Im Unterlande sind die Felder an beiden Seiten der Chausseen mit Obstbäumen besetzt. Diese Obstbäume stehen so nahe, daß, wenn sie auch noch lange nicht ihre völlige Größe erreicht haben, sie sich doch schon mit ihren Zweigen verwickeln, und sich gegenseitig durch ihren Schatten schaden. Da sie nur in einer einzigen Reihe gepflanzt sind, und also keinen Schutz haben; so werden sie durch die herrschenden Winde nach einer Seite hinüber getrieben, so, daß man selten einen geraden Stamm an den großen Wegen sieht. Wenn die an den Chausseen hergepflanzten Bäume auch gute und reichliche Früchte tragen, wie in diesem Jahre die Zwetschenbäume zwischen Lausen und Besigheim wirklich hatten; so kommt nur ein kleiner Theil davon den Eigenthümern zu Gute. Alles, was vorübergeht, reitet und fährt, bricht reife und unreife Früchte ab. Ueberhaupt habe ich nirgends über Feld- und Gartendieberey so häufig klagen gehört, als in Wirtemberg. Nicht bloß die Besitzer von offenen, sondern von geschlossenen Gärten müssen Obst und Gemüse vor der Zeit in Sicherheit bringen, wenn sie nicht wollen, daß es ihnen gestohlen werden soll. Aecker sind ungleich seltener, als in der Pfalz, der Wetterau, u. s. w. mit Obstbäumen besetzt. Reife Zwetschen hatte man in diesem Jahre fast nicht vor dem Ausgange des Septembers. Pepins kannte man in Stuttgart, wenigstens da, wo ich darnach fragte, gar nicht. Borstorfer Aepfel sind, wie es scheint, überhaupt, waren wenigstens in diesem Jahre weniger häufig in Stuttgart, als bey uns, und eben daher brachten die Tyroler ihre Borstorfer nach Stuttgart, die einzeln oder bey Hunderten verkauft wurden. Das Hundert solcher Aepfel kostete einen Dukaten. Die Tyrolischen Borstorfer waren größer, als diese Aepfel gewöhnlich bey uns sind. Auch waren Farbe und Gestalt sehr schön. Allein in Ansehung des Geschmacks erreichten sie die Unsrigen bey weitem nicht. An Spalieren gezogene Pfirschen hat man in Stuttgart weniger, als bey uns, weil die in den Weinbergen wachsenden Pfirsichbäume häufiger sind. Wallnußbäume sind durch die harten Winter und späten Frühlingsfröste seit 1788 fast alle getödtet worden. Man braucht daher zum Salat kein Nußöhl, sondern Mohnöhl, das gleichfalls sehr theuer ist.

Reineclauden und Mirabellen habe ich nie besser gegessen, als in dem Garten des Herrn Reichshofraths von Moser, der jetzt mit seiner verehrungswürdigen Gemahlin in Ludwigsburg von seinen großen Arbeiten und Leiden ausruht.

In Ansehung der Gemüse gilt von Wirtemberg eben das, was ich anderswo von dem ganzen südlichen Teutschland angemerkt habe: daß nämlich die feinsten und besten Arten von Spargel, von Gartenerbsen, (die so genannten Zuckererbsen ausgenommen,) von Garten- oder Türkischen Bohnen, von Blumen- und anderem feinern Kohl, und von Cartoffeln entweder gänzlich unbekannt, oder ungleich seltener, als im nördlichen Teutschland sind. Man zieht in Schwaben die Zuckererbsen den in unsern Gegenden am meisten geschätzten Erbsen, die ohne Schaale gegessen werden, weit vor; und die Letztern ißt man um desto lieber, je größer und härter sie sind. Auch von Rüben scheint man eine geringere Mannichfaltigkeit und weniger gute Sorten, als in unsern Gegenden zu haben. Weißer Kohl wird in großer Menge gebaut, weil man sauern Kohl öfter, als bey uns ißt. Der frische weiße Kohl soll weniger zart, als in Göttingen seyn, und wenigstens eine Stunde länger gekocht werden müssen. Cartoffeln, die man aus unsern Gegenden nach Wirtemberg geschickt hat, sind in einigen Jahren ausgeartet: woran höchst wahrscheinlich nicht der Boden, sondern die weniger sorgfältige Bearbeitung Schuld ist.

Der Ackerbau in Wirtemberg unterscheidet sich von dem des nördlichen Teutschlandes noch mehr als der Gartenbau. Waizen, Rocken und Gerste werden im Unterlande, oder in dem fruchtbarsten Theile des Herzogthums verhältnißmäßig nur wenig gebaut. Die beiden Hauptgetraidearten sind Dinkel und Haber. Man behauptet in Wirtemberg, daß der Dinkel ergiebiger sey, und einen bessern Boden verlange, als Rocken und selbst Waizen. Gewöhnlich soll der Dinkel zum wenigsten zehnfältige, oft zwölf- und funfzehnfältige Früchte tragen. Daß der Dinkel einen bessern Boden verlange, als andere Getraidearten, scheint dadurch bestätigt zu werden, daß man auf den höchsten Flächen des Schwarzwaldes, zum Beyspiel in der Gegend von Dobel, Waizen, Rocken und Gerste, aber keinen Dinkel baut. Ein stärkerer Gegengrund liegt aber meiner Meynung nach darin, daß die gelehrtesten und größten Oekonomen im nördlichen Teutschland, in den Niederlanden, und in England auch in den fruchtbarsten Gegenden keinen Dinkel zu säen versucht, sondern dieser Getraideart stets den Waizen vorgezogen haben. Sollte der Dinkel nur im südlichen Deutschland, und nicht im nördlichen, nicht in den Niederlanden und in England gedeihen; so müßte nicht die Fruchtbarkeit, sondern eine andere Eigenschaft des Bodens oder des Klima die Ursache davon seyn. Wahrscheinlicher ist es mir, daß die Niederteutschen, die Niederländer, und die Engländer dem Dinkelbrode keinen Geschmack haben abgewinnen können. Alles Brod aus Dinkelmehl ist, wenigstens nach dem Urtheil unsers Gaumens, trockner und zäher, als Rocken- und Waizenbrod. Das weiße Dinkelbrod hat gewöhnlich einen sauern Geruch und Geschmack; und wenn es nur einen Tag alt ist, so wird es so lederartig, daß man es fast gar nicht genießen, und nur kaum auseinander ziehen kann. Dinkel und Haber sind seit dem Anfange des Krieges außerordentlich, wiewohl dieser mehr, als jener gestiegen. Ein Scheffel oder Sack Haber, der sonst 2 oder 2½ Gulden galt, kostete bey unserer Ankunft sechs, und bey unserer Abreise acht, der Dinkel hingegen nur sechs Gulden. In den Rheingegenden, wo die Armeen stehen, soll der Scheffel Haber um 16 bis 18 Gulden gekauft werden. Wegen dieses ungeheuern Preises wird der Haber jezt mit Dinkel vermischt, und aus eben diesem Grunde sind Postgelder und Frachten um ein Fünftel, oder noch mehr erhöht worden. Und doch erhielten die Fuhrleute, die Haber, Mehl, oder Munition für kaiserliche Rechnung von Günzburg nach Kanstatt, auf einem Wege von 22 bis 23 Stunden lieferten, für den Centner nur einen Gulden. Frachtwägen mit zwey Pferden bespannt, hatten 24 bis 24½ Centner geladen. — Die Frachtwägen in Schwaben und dem übrigen südlichen Teutschland haben, um dies im Vorbeygehen anzumerken, niedrigere Räder und höhere Leitern, als bey uns. Diese Leitern oder Seiten sind in der Mitte bauchicht, und offen, und an diesen offenen Seiten werden von außen noch Säcke, Fässer, oder andere Kasten mit Ketten und Stricken befestigt. — Ein Malter Rocken ist noch einmahl so schwer, als ein Malter Dinkel, weil dieser gewöhnlich in seinen Hülsen verkauft wird. Enthülseter Dinkel, oder Kernen ist um ein Viertel theurer, als der Rocken.

Nach dem Getraidebau ist die Viehzucht die zweyte Hauptquelle des Reichthums des Landes. — Schade, daß man die Summen, welche das Herzogthum durch den Einen, und die Andere jährlich gewinnt, nicht genau weiß. Die Viehzucht hat sich unter dem verstorbenen Herzoge merklich gebessert, kann aber noch vielmehr, als bisher geschehen ist, verbessert werden. Zur Veredelung der Pferderacen schickte der Herzog Bescheler aus seinen Gestüten auf das Land. Nichts war billiger als daß die Bauern die Liebesdienste, welche die herzoglichen Hengste den bäurischen Mutterpferden erwiesen, vergalten. Ungewöhnlich hingegen war es, daß der Herzog sich die Freiheit vorbehielt, unter den Füllen, die von seinen Bescheleren fallen würden, diejenigen, die er brauchen könne, zu einem beliebigen Preise, ich glaube, von zwanzig und einigen Gulden zu behalten. Auf herzoglichen Befehl reiste der Oberstallmeister jährlich im Lande umher, und suchte mit äußerster Schonung des Landmanns höchstens 15 — 16 junge Pferde für die herzoglichen Ställe oder Gestüte aus. Die Reise des Oberstallmeisters kostete viel mehr, als man an den Preisen der ausgelesenen Pferde gewann. Die Bauern hingegen, die junge Lieblingspferde um den halben Preis hingeben musten, verlohren nicht nur an Geld, sondern wurden auch dadurch gekränkt: und beydes konnte der Verbesserung der Pferdezucht nicht anders, als nachtheilig seyn. Als einen Beweis der Geduld und des Gehorsams des Wirtembergischen Landmanns erzählte mir Jemand folgendes Factum. Wenn der verstorbene Herzog eine kleine, oder größere Zahl von Pferden zu gemeinem Gebrauch nöthig hatte; so befahl er diesem oder jenem Oberamtmann, daß er die Bauern seines Amts mit ihren Pferden an einem bestimmten Tage zusammen kommen lassen möchte. Der Amtmann that, was ihm sein Herr befohlen hatte: die Bauern desgleichen, und wenn also der Herzog anlangte, so fand er 6. 7. 800 Pferde zur Auswahl vor. Oft kaufte der Herzog nur einige Wenige, und die Bauern murrten doch nicht, wenn ihnen gleich weder Zeit, noch Mühe, und Zehrung vergolten wurde. Die Ergebenheit der Bauern ging aber nie so weit, daß sie ihre Pferde ohne baare Bezahlung hätten verabfolgen laßen. Wenn der Herzog handeln wollte, so muste er den ungläubigen Bauern klingende Münze zeigen. — Wirtemberg verkauft jährlich wie es heißt, für 50000 fl. Pferde vorzüglich in die Schweiz. Die Wirtembergischen Pferde sind groß, und dem Ansehen nach auch stark genug, aber nicht schön. Besonders sind die Köpfe zu groß und breit; weßwegen solche Pferdeköpfe in Franken Schwabenköpfe genannt werden. Man fand es beynahe unglaublich, daß Reuter mit unsern Miethpferden eilf Meilen in einem Tage zurücklegen, und daß Miethkutscher mit denselbigen Pferden an einem Tage eben so viel Weges machen könnten, ohne die Pferde zu Grunde zu richten.

Das Rindvieh ist in Wirtemberg bey weitem nicht so groß und schön, so wie auch die Stallfütterung, und das Mästen von fetten Vieh nicht so allgemein, als in Franken ist. Wenn ich das Schweizer-

Schweizervieh des Herzogs ausnehme, so habe ich in Wirtemberg nirgends so großes und schönes Rindvieh, als in Göppingen gesehen. In Ansehung der Cultur, und der Wässerung der Wiesen wetteifert der Wirtembergische Landmann mit dem Schweizerischen. In manchen Gegenden ist es durch Statuten bestimmt, wann und wie lange ein jeder Besitzer seine Wiesen wässern darf. Das Wasser wird durch Schleusen und Canäle allenthalben hingeleitet, und oft kauft ein Bauer dem Andern seinen Antheil am Wasser oder an der Wässerung ab. Wenn man von vielen tausend Stücken fetter Ochsen spricht, die jährlich aus Wirtemberg verkauft werden; so übertreibt man die Sache augenscheinlich. Felder, und Bauernhäuser, oder Ställe müsten es verrathen, wenn die Exportation von fettem Vieh so groß wäre. Selbst auf dem untern, oder mitleren Schwarzwalde sind zu wenig Wiesen und Bergweiden, als daß man einen großen Ueberfluß an Hornvieh haben könnte. Als ich mich in Kalmbach, einem der wohlhabensten Oerter des untern Schwarzwaldes darnach erkundigte, wie groß wohl der jährliche Verkauf von Rindvieh sey; so antwortete man mir, daß man jährlich höchstens 40 bis 50 Kühe entbehren könnte. Man unterscheidet in Wirtemberg Ochsenfleisch und Rindfleisch. Unter jenem versteht man das

Fleisch von großen, unter diesen das von kleinern nicht ausgewachsenen Rindern, welches letztere man daran erkennen kann, daß es viel weißer, als das so genannte Ochsenfleisch ist. Ochsenfleisch ißt man in Stuttgard, wo das Pfund 8 Creutzer kostet; und Rindfleisch in den Landstädten, wo die Consumtion nicht so groß ist, daß man große Ochsen schlachten könnte. Das Ochsenfleisch in Stuttgard ist nicht besser, als in Wirzburg: vielleicht nicht einmahl so gut.

Die Schaafzucht ist in Wirtemberg viel wichtiger, als die Pferde- und Rindviehzucht. Auch ist sie viel mehr, als diese verbeßert worden; und zwar durch Spanische Schaafe, welche man im J. 1786 kommen ließ. Die Abkömmlinge der Spanischen Schaafe, und selbst die halbschlächtigen, die von Spanischen und einheimischen entsproßen sind, unterscheiden sich durch ihre Wolle noch immer vortheilhaft von den unvermischten eingebohrnen Schaafen. Die Wirtembergischen Fabriken haben durch die Verbesserung der Schaafzucht in gewißen Rücksichten eher verlohren, als gewonnen. Man kann die Spanische, und überhaupt die feinere Wolle auswärts zu solchen Preisen verkaufen, um welche die Landesfabriken sie nicht nehmen können, und unter die Spanische Wolle, die ausgeführt wird, werfen die Schäfer jedes Flöckchen feinere Wolle, das sie von einheimischen Schaafen gewinnen. Durch dies Auslesen hat sich daher die gemeine Wolle, die im Lande zurückbleibt, eher verschlechtert, als verbessert. Die Wirtembergischen Schäfer haben ihre Gilde, ihre Statuten, ihre Oberaufseher, und jährlichen Zusammenkünfte. Das ächte Vaterland der Wirtembergischen Schaafe sind die Wirtembergischen Alpen, wohin jährlich große Heerden aus dem Unterlande getrieben werden. Auf dem Schwarzwald hält man vielweniger Schaafe, und noch weniger Ziegen. Die Saffianfabriken in Kalw und Hirschau erhalten ihre Felle aus der Schweiz, und in einer dieser Fabriken versicherte man mir, daß die Schweiz jährlich für eine Million Gulden Ziegenfelle ausführe: welche Summe mir doch zu groß scheint. Hut und Weide machen auch in Wirtemberg viel mehr Brache nothwendig, als den betriebsamen Landleuten lieb ist.

Schweine werden am häufigsten auf dem Schwarzwalde gehalten und gemästet. Ein witziger Kopf sagte daher, daß wenn man in den Oertern des Schwarzwaldes morgens die Schweine austreiben sehe, man glauben sollte: die Bauern thäten weiter nichts, als Schweine machen. Alles zahme Geflügel ist in Stuttgard seltener und theurer, als in Göttingen. So auch Fische und Wildprett, ungeachtet des Letztern genug da ist, und auch genug geschoßen wird. Die herzogliche Jägerey verkaufte bisher kein Wild in der Stadt, während daß die Akademie damit übersättiget wurde. Es gibt also auch keine Wildhändler in Stuttgard. Wenn Familien aus ritterschaftlichen Orten, oder anders woher Wild bekommen; so legt man das, was man nicht gleich brauchen kann, nicht bloß in Eßig, sondern man salzt es auch ein: ein Verfahren, das in Niedersachsen unbekannt ist.

Wenn auch nicht die physische und politische Lage von Wirtemberg sich einem ausgebreiteten auswärtigen Handel widersetzte; so würde dieser doch immer durch die Form erschwert werden, die er seit langer Zeit genommen hat. Handel und Fabriken sind dem grösten Theile nach in den Händen von geschlosenen, und meistens privilegirten Gesellschaften. Hieher gehören die Einfuhr des Bairischen Salzes, die ausschließliche Verfertigung oder der Ankauf und Verkauf von wollenen Waaren, von Leinwand, und Schiffbauholz, und die Pachtung von mehrern Bergwerken, und den dazu erforderlichen Hammerwerken, und Schmelzhütten. Es ist ein Glück, daß nicht auch der Wein, und das Getraide monopolisirt worden sind.

Unter den Wirtembergischen geschlossenen Handlungsgesellschaften finden sich allein fünf in Kalw, eine sechste in Urach, und eine siebente in Heidenheim. Die Aelteste ist die Zeughandlungsgesellschaft in Kalw, die in der Mitte des letzten Jahrhunderts errichtet wurde, und deren Firma noch immer Maier, Schill, und Compagnie ist. Diese Gesellschaft hat theils das Recht, gewisse wollene Zeuge, welche sie zuerst im Lande verfertigen ließ, allein zu verkaufen, und theils übt sie über etwa 900 Zeugmacher in 12 Oberämtern den Zwang aus: daß die gebannten Arbeiter die von ihnen verfertigten Waaren roh zu Preisen verkaufen müssen, welche dem Nahmen nach durch gegenseitige Uebereinkunft, im Grunde aber von der Gesellschaft vorzüglich bestimmt werden. Wenn gewisse Stücke Zeuge der Gesellschaft nicht gefallen; so muß der Verkäufer leiden, daß die Compagnie sie stempelt: wodurch sie für Ausschuß, oder schlechte Waare erklärt werden. Gleiche oder ähnliche Rechte haben die Leinwandshandlungen in Urach und Heidenheim über die Weber in diesen Städten und Aemtern. Der Vertrieb der Zeughandlungsgesellschaft in Kalw hat schon lange sehr abgenommen, und man g'aubt, daß die Gesellschaft nicht lange mehr bestehen, oder sich selbst aufheben werde. Die Arbeiten der auswärtigen Wollenmanufacturen wurden mit jedem Jahre besser und wohlfeiler: und hingegen stieg der Preis der

Wolle und der Arbeit, welche für die Compagnie gekauft und verfertigt werden sollte. Eine große Verlegenheit für die Compagnie entstand daher, daß seit dem letzten Türkischen Kriege keine grobe Wallachische Wolle nach Teutschland kam: daß die Ausfuhr dieser Waare noch immer nicht in den alten Gang eingeleitet worden ist: und daß die einheimische Wolle immer theurer, und eher schlechter, als besser wurde. In dem gegenwärtigen Jahre waren die Zeugmacher, welche für die Compagnie arbeiten, und die Compagnie selbst in Ansehung des Preises der Wolle, welche gekauft werden muste, und in Ansehung des Preises der daraus zu verfertigenden Waaren so weit von einander entfernt, daß man zweyfelte: ob beide Parteyen sich mit einander vereinigen würden. Und wenn dieses jetzt oder in der Folge einmahl nicht geschehen kann, so ist eben dadurch das bisherige Verhältniß der Arbeiter, und der Abnehmer der Arbeit von selbst aufgehoben. Die Zeugmacher wollen und müssen doch leben. Wenn die Gesellschaft ihre Arbeiten nicht mehr bezahlen kann; so sind die Arbeiter gezwungen, andere Abnehmer dieser Waaren ausfindig zu machen. Die Gesellschaft besucht die Messen in Frankfurt nicht mehr, weil sie mit den Sächsischen Fabrikanten keinen Preis halten kann. Nur allein Mühlentuch wird in Frankfurt abgesetzt. Außer Landes verkaufte die Gesellschaft bisher die meisten Waaren auf den Messen in Zurzach und Botzen, und überhaupt nach Italien. Die Strumpfweber, und die Weber von ganzen Manns- und Frauenröcken in Kalw und den umliegenden Gegenden, waren dem Monopol der Gesellschaft nie unterworfen. Die kleinen Städte Ebingen und Göppingen haben einen großen Theil ihres Wohlstandes den wollenen Zeugen zu verdanken, die ohne Zwang und Vorschriften darin verfertigt und verkauft werden.

Eine der reichsten Handlungsgesellschaften war vormahls die Floß-Compagnie, welche die so genannten Holländerbäume aus den Waldungen des Kirchenraths und der Cammer kaufte, sie nach Manheim hinunter bringen ließ, und in dieser Stadt an die Factoren Holländischer Kaufleute ablieferte. Die Mitglieder dieser Gesellschaft wohnen nicht bloß in Kalw, sondern auch in andern Orten des Schwarzwaldes. Der Gewinn derselben hat sich sehr vermindert, seitdem man zur Verhütung der fernern Verheerung der Wälder jährlich bey weitem nicht mehr so viele Bäume schlagen läßt, als vormahls. Die Gesellschaft litt in diesem Jahre dadurch einen großen Verlust, daß sie aus Furcht vor den Franzosen ihren Vorrath von Holländerbäumen, der an der Murg lag, und auf einen Werth von vielen tausend Gulden stieg, nicht auf dem Rhein herunter flößen lassen konnte.

Die drey übrigen Compagnien in Kalw sind die Bergwerksgesellschaft, die Salzcompagnie, und endlich diejenige, welche außer ansehnlichen Wechselgeschäften einen Specereyhandel im Großen treibt, und der das schöne Kalwerhaus in Stuttgart gehört. Unter diesen, und wahrscheinlich unter allen geschlossenen Handlungsgesellschaften in Wirtemberg ist die Salzcompagnie diejenige, die am meisten gewinnt: welcher man aber eben deßwegen auch am wenigsten gewogen ist. Sie nimmt von dem Baierischen Hofe eine bestimmte Menge Salz um einen bestimmten Preis, unter der Bedingung: daß der Bairische Hof an keinen Wittemberger Salz anders, als um einen solchen Preis verkaufen darf, wobey der Käufer die Concurrenz mit der Compagnie nicht aushalten könnte. Vormahls holte man Salz aus Baiern, und brachte so viel als möglich Wein dagegen hinein. Dieser Tauschhandel hat nun ganz aufgehört.

Baumwolle wird in Schwaben überhaupt, und auch in Wirtemberg viel mehr gesponnen, gewebt, und gedruckt, als in unsern Gegenden. Baumwollene Zeuge, und solche, in welchen baumwollenes und leinenes Garn mit einander vermischt sind, kann man daher in Wirtemberg zu billigen Preisen kaufen, oder verfertigen lassen. Der Flachs- und Hanfbau, die Leinenweberey, und der Leinwandhandel sind in Wirtemberg beträchtlich: wiewohl lange nicht so sehr, als in Schlesien, Sachsen, Westphalen, und vielen Gegenden von Niedersachsen. Gröbere und mittelmäßige Leinwand ist in Wirtemberg wohlfeiler, sehr feine hingegen wenigstens in Stuttgart seltener und theurer, als bey uns. Die Wirtembergische Leinwand ist, so viel ich erfahren habe, ganz allein das Product von eigentlichen Webern; und es ist in Schwaben nicht, wie in Westphalen und Niedersachsen gewöhnlich, daß die Landleute sich in müßigen Stunden mit dem Webstuhle beschäfftigen. An Statt, daß in unsern Gegenden der Leinwandhandel fast ganz liegt, blüht er in Schwaben mehr, als sonst: vermuthlich deßwegen, weil man durch die Schweiz einen neuen und großen Absatz nach Frankreich hat.

Aus den angeführten Datis kann man sich von dem Wohlstande des Herzogthums Wirtemberg wenigstens einigermaaßen einen Begriff machen. Ungeachtet der Landmann in den letzten Jahren durch die hohen Getraidepreise, durch die beständigen Fuhren, und selbst durch die Durchmärsche viel baares Geld gewonnen hat; so ist doch dieses noch nicht so sehr angewachsen, daß der Zinsfuß unter fünf Procent herabgefallen wäre. Sollte sich die Baarschaft noch immer mehr anhäufen, so wird der bisherige Zinsfuß unaufhaltsam sinken, gesetzt auch, daß die öffentlichen Cassen eine Zeitlang fortfahren, fünf von hundert zu geben. Der größte Geldreichthum findet sich nicht in der Hauptstadt, sondern in Kalw, wo mehrere Handlungshäuser sind, die eine halbe Million und darüber besitzen; und Manche, die 150 bis 200000 Gulden im Vermögen haben: welches in Stuttgart selten ist. Gerade in den fruchtbarsten Gegenden ist der Weinbau die Hauptbeschäfftigung der Einwohner, und wo dieses ist, da findet nie ein großer und allgemeiner Wohlstand Statt. Auch haben die Städte und Dörfer des Unterlandes z. B. Laufen, Besigheim, Kanstatt, u. s. w. ein viel schmutzigeres und armseligeres Ansehen, als die Städte und Dörfer des Oberlandes. Der Betriebsamkeit in den kleinen Städten, und der Vervollkommung des Ackerbaues, und der Landescultur widersetzten sich der hohe Zinsfuß, die Einrichtung der öffentlichen Abgaben, die reichen Communen, die großen Gemeingüter und Gemeinweiden, und die Beybehaltung der Hut und Weide. Kleine Städte haben Gemeinweiden von mehr als 500 Morgen, und in mehrern Landstädten wird das Bürgerrecht auf 1000 Gulden geschätzt. Wo dieses so viel werth ist, da läßt man nicht gern Fremde zu, und Professionen werden beynahe, wie die Aemter in den Städten erblich. Nachtheilig für die Vervollkommnung des Ackerbaues ist meiner Meynung nach auch dieses, daß in den fruchtbaren Gegenden die Bauerngüter zu klein, so wie sie auf den Alpen und dem Schwarzwalde zu groß sind. Die Besitzer von kleinen oder mittelmäßigen Höfen haben weder die Kenntnisse, noch die Lust und das Vermögen, Verbesserungen zu wagen, oder ihr Land auf die bestmöglichste Art zu nutzen; und vielleicht liegt in der zu großen Theilung, oder zu geringen Größe der Bauerngüter der Hauptgrund, warum die Dörfer im Wirtembergischen nicht so schön, und Pferde oder Ochsen, Geschirr, und Ackergeräth nicht so wohl behalten sind, als in Oesterreich, Baiern, manchen Gegenden von Niedersachsen, u. s. w.

Wenn man das Herzogthum Wirtemberg mit einem großen Theile von Oberschwaben, mit Baiern, oder mit den sandigen und unfruchtbaren Gegenden in der Mark Brandenburg, in Westphalen und Niedersachsen vergleicht; so verdient es allerdings ein sehr schönes Land genannt zu werden. Hingegen verliert es mehr oder weniger in Rücksicht auf Schönheit, wenn man es mit den Gegenden am Bodensee, mit vielen Ländern am Rhein, nahmentlich mit der Pfalz, dem Rheingau, und dem Striche zwischen Andernach und

Bonn, oder mit den mahlerischen Gegenden an der Werre, der Weſer, der Elbe, und der Oſtſee zuſammenhält. Mangel von großen Seen, von großen Flüſſen und von vielen und reichen Bächen ſetzen Wirtemberg unter die zuletzt genannten Länder herab. In wiefern Wirtemberg große Naturſchönheiten enthalte, kann ich nicht entſcheiden, da ich die wildeſten Gegenden des Schwarzwaldes, und der Alpen nicht geſehen habe. Die reitzendſten aber unter allen Wirtembergiſchen Landſchaften ſcheinen mir die um Lauſen, und von Lauſen bis Beſigheim. Auf dieſem ganzen Wege findet man ſich nicht ſo enge beſchränkt, wie im Remſe- oder Ramsthale; und hingegen hat man mahleriſche Weinberge, fruchtbare Aecker, Wieſen und Gärten, und den hellen und lebendigen Neckar ſo nahe vor und um ſich, daß man durch dieſe zuſammengedrängte Fülle von Segnungen und Schönheiten der Natur nothwendig in ein ſanftes Entzücken verſetzt werden muß. Uebrigens ſind die Wirtembergiſchen Flüſſe, die Fils, die Enz, der Neckar, u. ſ. w. eben ſo wild, als die meiſten übrigen Oberteutſchen Flüſſe. Sie ſchwellen plötzlich und ungeheuer an, verheeren die benachbarten Güter, und laſſen breite Betten, oder Inſeln von unfruchtbarem Kies, oder Geſchiebe als Spuren ihrer Verwüſtungen zurück.

Der Schwäbische Dialekt hat sich in der Hauptstadt, und überhaupt unter den beßer erzogenen und unterrichteten Classen in Wirtemberg seit funfzehn Jahren sehr gebessert. Das Besuchen von auswärtigen Universitäten, der Auffenthalt von Fremden, und selbst von vielen jungen Leuten aus Gegenden, wo das Teutsche gut gesprochen wird, und die häufigen Reisen von jungen Gelehrten sind gewiß die Hauptursachen, wodurch die Schwäbische Mundart in Wirtemberg berichtigt, und gemildert worden ist. Das Auffallende des Schwäbischen Dialekts besteht nicht so wohl in eigenthümlichen Worten und Redensarten, die anderswo nicht üblich sind, (und manche dieser Schwäbischen Worte verdienten durch ihre Kraft oder Naivetät in die Büchersprache aufgenommen zu werden:) sondern vielmehr in dem Gesange oder der Accentuation, womit man redet, und selbst einzelne Worte und Sylben hervorbringt: in der Art, wie man Vocale, Diphtongen, und manche Consonannten ausspricht: in den Abkürzungen oder Verlängerungen von Worten: und in den falschen Geschlechtern, die man mehreren Substantivis gibt. Das Singende, oder die Accentuationen der Schwäbischen Mundart sind den Niederteutschen anfangs so fremd, daß Reisende, die noch nicht daran gewohnt sind, bisweilen vor der Aufmerksamkeit, welche sie auf den Gesang wandten, die Worte der Redenden nicht hörten. Vocalen und Diphthongen werden nach der ächten Schwäbischen Mundart fast nie rein ausgesprochen, oder vielmehr mit einander verwechselt. A klingt bald wie Ue, oder O, z. B. gedon, für gethan: E, wie Ae, oder Oe: denn statt Hehlische Anlagen sagt man Hällische: O, bald beynahe wie A, und bald wie U: J, wie ie, z. B. gewieß für gewiß, lied für litt, so wie man Li-e-be für Liebe sagt: U, wie Ue, z. B. in Mutter. Für Ae, und Oe hört man fast immer nur das einfache E, z. B. Schell für Schoell. Daß man das einfache S, besonders wenn es vor einem T oder P steht, als Sch ausspricht, ist bekannt: z. E. ischt für ist. Schtinken für stinken. Die Consonannten D und T, P und B, werden nicht allein nicht unterschieden, sondern häufig gegen einander verwechselt: so daß man das T, für D, und umgekehrt braucht. Das Wort Dobel auf dem Schwarzwalde wird beständig wie Tobel, und Tuttlingen wie Dudlingen ausgesprochen. Eben so häufig sind unrichtige Abkürzungen oder Verlängerungen von Worten, und besonders von Endsilben. Man sagt J, für ich, die Rechten für die Rechte, die gute Menschen, statt die guten Menschen, gegebe für gegeben. Weniger wichtig sind die falschen Geschlechter die man braucht: z. B.

der Pracht, der Luft, der Butter, u. f. w. Wenn alle Fehler der Schwäbischen Mundart sich in einer Person vereinigen, so veranlaßen sie solche seltsame Verzerrungen des Mundes und der Lippen nach allen Richtungen, und eine so schreiende Accentuation, daß man ungewiß wird, ob das breite Schwäbische, oder das grobe Bairische, Oestreichische oder Schweizerische unangenehmer sey. Selbst in der Sprache des gemeinen Mannes in Wirtemberg habe ich mehrere fremde Ausdrücke gehört, die in Niedersachsen unbekannt sind. Dergleichen sind bastant, ein bastanter Mann, rafraichiren, und einige andere. Man ist in Wirtemberg nicht einig darüber wo das Schwäbische am schlechtesten gesprochen wird. Gewiß aber ist es, daß dies nicht im Unterlande, sondern im Oberlande geschieht.

In Ansehung des Cörperbaus und der Gesichtsbildung habe ich unter den Bewohnern des Oberlandes und Unterlandes, die ich diesmahl zu beobachten Gelegenheit hatte, keine merkliche Unterschiede gefunden. Die Wirtembergischen Bauern kleiden sich fast eben so, wie in unsern Gegenden: nur unterscheiden sich Jene von diesen durch den Gebrauch des Hosenträgers. Die Bauernweiber sind sowohl in den Oertern des Unterlandes, welche Weinbau treiben, als im Oberlande, und am meisten auf dem Schwarzwalde im Durchschnitt äußerst schmutzig, und nicht weniger häßlich, besonders durch ihre lederartige gelbe Farbe. Diese gelbe Farbe des Gesichts und des Halses wird durch die herrschende schwarze Tracht nur noch mehr gehoben, vorzüglich alsdann, wenn die schwarzen Mieder und Röcke verbleicht, oder abgetragen sind. Sehr gemein ist unter den Bauerweibern das Flechten der Haare mit langen Bändern, die bis an den Saum des Rocks, oder noch tiefer herabhangen. Artige Trachten sind mir auf dem Lande eben so wenig, als schöne Gesichter vorgekommen, und ich habe auch hier gefunden, daß sich die Trachten des Landvolks in Kupfern besser, als in der Natur ausnehmen. Stuttgart enthält manche schöne Frauen und Mädchen, die sich auch zum Theil mit Geschmack zu kleiden wissen. Unter den Stuttgartischen Schönen schienen mir mehr kleine und runde Brünetten, als große und schlanke Blondinen zu seyn. Es ist jezt herrschende Mode unter den Stuttgartischen Mädchen, daß sie auf Spatziergängen mehr laufen, als gehen. Wenn sie wüßten, wie viel sie durch diesen unweiblichen Gang, und den zum Theil daher entstehenden weiten Schritt an Reitzen verlieren; so würden sie der neuen Mode, sobald als möglich, entsagen.

Unter den größern Städten Teutschlandes ist schwerlich nur noch eine, deren Lage der Zufall in jeder

jeder Rücksicht so unglücklich bestimmt hat, als die von Stuttgart. Diese Stadt ist von allen übrigen Seiten mit nahen und hohen Bergen umgeben; und der Kessel, in welchen sie gleichsam eingesenkt ist, öffnet sich bloß gegen Nordost, oder gegen Kanstatt hin. Selbst das Thal, was von Stuttgart nach Kanstatt läuft, ist höchstens eine halbe Stunde breit, und wird von zwey Armen von Hügeln bis an den Neckar begleitet. Bey dieser, wenn auch nicht schlechtweg ungesunden, wenigstens beklemmenden Lage, die alles Fahren, Gehen, und Arbeiten auf den Gütern erschwert, hat Stuttgart keinen großen Fluß, keinen starken Bach, ja nicht einmahl reine und reichliche Quellen. Das Trinkwasser, was die fließenden Brunnen geben, wird in offenen Wasserbehältern auf den nächsten Bergen gesammelt, und ist deswegen so lau und weich, als gekochtes Wasser, das sich noch nicht ganz abgekühlt hat. Etwas frischer ist das Wasser aus den Ziehbrunnen. Allein auch dieses ist noch so weich, daß alle wohlhabende Familien lauter Sauerwasser entweder von Kanstatt, oder von dem Dorfe Berg trinken. Endlich können weder der Lauf und die Zusammenkunft von großen besuchten Landstraßen, noch die Fruchtbarkeit des Bodens, noch der nahe Schuß des Stammschlosses der regierenden Familie, die Wahl der Lage, und die Vergrößerung von Stuttgart veranlaßt haben. Stuttgart würde die Vortheile eines schiffbaren Flusses, und die Frequenz einer der gröſten Landstraßen in Teutschland genossen haben, wenn es da läge, wo Kanstatt liegt. Der Neckar wird bey Kanstatt schiffbar, und durch Kanstatt gehen die Posten und Frachtfuhren nach Böhmen, Oesterreich, Ulm, Augsburg und Italien. Stuttgart erhält daher auch seine Briefe und Zeitungen von Kanstatt, und schickt die Seinigen zur weitern Beförderung wieder dahin. Aller dieser ungünstigen Umstände ungeachtet würde die Lage von Stuttgart noch zu erklären seyn, wenn die umliegenden Gegenden so fruchtbar wären, als die von Wirzburg, oder wenn das Stammschloß Wirtemberg auf einem der benachbarten Berge läge. Die Gegend von Stuttgart bringt weder vorzüglichen Wein, noch andere vorzügliche Gewächse und Früchte hervor; und das Stammschloß Wirtemberg ist mehr, als eine Stunde von Stuttgart entfernt.

Der Boden, auf welchem man die Hauptstadt in Wirtemberg erbaut und erweitert hat, ist sehr ungleich. Die Schönste der Vorstädte, die so genannte reiche Vorstadt, liegt viel höher, als die Altstadt. In dieser sind die Straßen, wie in allen alten Städten, schmaal und krumm: in den Vorstädten hingegen breit und gerade. Das Pflaster ist, einige wenige Stellen ausgenommen, allenthalben schlecht. Die Steine des Pflasters sind meistens klein und spitzig: und die Gossen sind in der Mitte der Straßen, wohin die Unreinigkeiten aus allen Häusern in offenen und wenig vertieften Canälen laufen. Die Häuser in Stuttgart haben sich seit 15 Jahren, wo ich die Stadt kenne, ausserordentlich vermehrt. Man baut, oder erneuert Häuser noch immer fort, und mehrere Straßen konnte ich kaum wiedererkennen. Die Miethe von Häusern und Zimmern ist eben so hoch, als in Göttingen. Die Häuser selbst sind nicht so theuer, welches wahrscheinlich von der Verschiedenheit des Zinsfußes herrührt. Da Stuttgart weder eine vorzüglich schöne Lage, oder Spaziergänge, noch auch schönes Pflaster, eine schöne Bauart, oder schöne öffentliche Plätze hat; so kann man sie zwar keine eigentlich schöne Stadt nennen. Nichtsdestoweniger macht sie dadurch auf den Reisenden einen angenehmen Eindruck, daß man allenthalben Beweise von nicht geringem, stets zunehmenden Wohlstande, und wenige oder gar keine Spuren von Armseligkeit, oder Verfallenheit von Wohnungen sieht. Gerade das Gegentheil empfindet man in mehrern schönen Teutschen Städten, wo Straßen, Plätze und Häuser vortrefflich, der Einwohner aber zu wenige, oder zu wenig Wohlhabende sind. Stuttgart ist ringsumher mit Bergen umgeben, und hat in der Nähe sehr gute Steinbrüche; und doch sind die Privathäuser aus Holz gebaut, das Mauerwerk des untern Stocks ausgenommen. Außer einigen wenigen ganz neuen Häusern haben die Häuser in Stuttgart, selbst die meisten in dem letzten Jahrzehent gebauten, hohe gegen die Strassen gekehrte Giebeldächer. Diese Giebeldächer fallen um desto mehr in's Auge, da jedes Stockwerk um einen halben, oder ganzen Fuß, über das Untere hinausgebaut ist. Dieses Herausrücken mit den obern Stockwerken ist vielleicht nirgends weiter getrieben worden, als in der Reichsstadt Eßlingen, wo das zweyte Stockwerk in vielen Häusern wenigstens zwey Fuß über das Untere herausragt, und dieses von jenem ganz verfinstert wird. Im Durchschnitt scheinen mir die Häuser in Stuttgart noch weniger innere Bequemlichkeit, als äußere Schönheit zu haben. Das Stockwerk an der Erde bleibt nach der Stuttgartischen Bauart fast ganz ungenutzt. Wenn man in die Hausthüre hineintritt, so sieht man weiter nichts, als eine große Diele, die entweder ganz leer ist, oder etwa einen Wagen, oder altes Hausgeräth enthält. Diese Dielen sind meistens so dunkel, daß, wenn man nicht in den Häusern bekannt ist, man die Treppe in den ersten Augenblicken nicht anders, als mit der Hand, oder mit dem Stocke finden kann. Die Dunkelheit des untern Theils der Häuser verbreitet sich auch über die Treppen, die sehr oft entweder zu steil, oder zu schmaal sind. Diese Einrichtung der Häuser ist für einen Fremden um desto beschwerlicher, da gewöhnlich, wenn man nach vorhergegangenem Klingeln in ein Haus eingelassen worden ist, weder Bediente noch Mädchen erscheinen, um den Kommenden anzumelden, oder zu befragen. Man wird also sehr oft gezwungen, selbst anzuklopfen, und in die Zimmer hinein zu gehen: wodurch sonderbare Ueberraschungen veranlaßt werden. In größern Häusern ist jedes Stockwerk ein abgesondertes Ganzes, und eben deßwegen mit einer Thür verwahrt, die Nachts geschlossen wird. Manche Häuser haben nicht bloß mehrere Bewohner, sondern mehrere Besitzer, von welchen ein Jeder seine Hälfte ohne die Zuziehung des Andern verkaufen kann: woraus nothwendig verwickelte Fälle bey großen Reparaturen entstehen müssen. In den Zimmern läuft gewöhnlich eine Reihe Fenster ununterbrochen, ohne alle Spiegelwände, oder doch ohne gehörig breite Spiegelwände fort, und in Eckzimmern ist fast immer der vordern Reihe von Fenstern eine andere eben so große gegenüber geordnet. Diese vielen einander entsprechenden Fenster verursachen auch bey mäßigen Winden eine merkliche Zugluft: welche man aber eben so wenig achtet, als eine andere noch gefährlichere, die durch das gleichzeitige Oeffnen von Fenstern und Thüren entsteht. Man glaubt in Stuttgart, daß Zugluft nicht schade: in welchem Puncte die aufgeklärten Wirtembergischen Aerzte ganz anderer Meynung sind. Die Tapeten und übrigen Möblen sind in guten Häusern geschmackvoller und neuer, als die Oefen, oder als die Schlösser an den Thüren: doch habe ich hin und wieder schöne Oefen von gebrannter Erde gesehen, die in Ludwigsburg gemacht werden. Die Fensterscheiben sind meistens in Bley gefaßt, und nicht so groß, als man sie in den größern Niedersächsischen Städten hat. An Statt daß bey uns ein Fensterrahmen zwey große regelmäßige Scheiben enthält, sind in den neuern Häusern in Stuttgart drey länglichte vorhanden, welche Abtheilung ich auf der Rückreise häufig noch über Frankfurt heraus bemerkt habe.

Unter allen Mängeln der Häuser und des Pflasters in Stuttgart verdient meinem Bedünken nach kein anderer eine so ernstliche Aufmerksamkeit, und so schleunige Verbesserung, als die Einrichtung der Abtritte und der Canäle, wodurch die Unreinigkeiten der Häuser in die Gossen, und die der Gossen aus der Stadt abgeleitet werden. Die Abtritte sind in den meisten Häusern so wenig von den bewohnten Theilen derselben entfernt, und überhaupt so fehlerhaft angelegt, daß gewöhnlich Vorplätze, Treppen, und nicht selten auch die Zimmer mit Kloakgeruch angefüllt sind. Aus vielen Häusern rinnen die flüßigen Unreinigkeiten der Abtritte durch offene Canäle unter den Häusern hervor in die Gossen, und aus den Gossen werden sie endlich in einen Canal gesammelt, der an dem Garten der Akademie fortläuft, und in welchen man den Nesenbach hineingeleitet hat. Wenn dieser Bach Wasser genug hätte, um das, was er abführen soll, einzuwickeln, oder zu verschlucken; so würde man wenigstens außer der Stadt vor beleidigenden Uebelgerüchen sicher seyn. Allein der Nesenbach ist viel zu wasserarm, als daß er die in denselben fließenden Unreinigkeiten ganz auflösen könnte. Er selbst wird vielmehr in ein Kloak verwandelt, und haucht im heißen Sommer, und sogar an heitern und kalten Octoberabenden solche Ausdünstungen aus, daß empfindlichen Personen, die sich ihm nähern, die Brust dadurch beklemmt wird. Unglücklicherweise läuft dieser stinkende Bach nahe an der Chaußee bis nach Berg, oder nahe vor Kanstatt hin, wo er in den Neckar fällt. Schon dieser Uebelstand, daß alle diejenigen, welche die

Hauptstadt Wirtembergs von Kanstatt her besuchen wollen, eine Stunde lang neben einem Kloak hergehen oder herfahren müssen, wäre der schnellsten und kräftigsten Gegenanstalten werth. Noch mehr aber werden diese durch die schädlichen Wirkungen nothwendig, welche die Ausdünstungen des Nesenbachs auf die Gesundheit aller Einwohner von Stuttgart haben müssen. Wenn Ost- und Nordwinde wehen, so werden die Dünste des Nesenbachs gegen Stuttgart zurückgetrieben, und über der Stadt zusammengedrängt, weil die umliegenden Berge sich ihrer weitern Verbreitung oder Fortführung widersetzen. Bey solchen Winden ist daher auch der Uebelgeruch in der Stadt am stärksten und anhaltendsten. Die zurückkehrenden Dünste des Nesenbachs treffen die Akademie und das neue Schloß am ersten, und meisten. Wenn der verstorbene Herzog das neue Schloß beständig bewohnt hätte, so würde wahrscheinlich das jetzt beschriebene Uebel lange gehoben worden seyn, indem es sich gewiß auf mehrere Arten heben, oder mildern läßt. Die Cämmerey von Stuttgart soll zu arm seyn, als daß sie allein die Stadt von den Uebelgerüchen der Gossen und des Nesenbachs befreyen könnte. Wenn die Sache einmahl recht zur Sprache kommt, so werden ohne Zweyfel die grossen öffentlichen Cassen in Stuttgart eine so gemeinnützige Unternehmung unterstützen helfen, da allen Bewohnern von Stuttgart, die nicht zur Bürgerschaft gehören, eben so sehr, als dieser, daran liegt, daß die Luft an dem Orte ihres gewöhnlichen Aufenthalts nicht verdorben werde. Sollten alle übrige Hülfsquellen fehlen, so wäre es vielleicht am rathsamsten, ein Capital zu dieser nützlichen Absicht aufzunehmen, und zugleich nach dem Beyspiel anderer Städte ein Sperr- und Pflastergeld einzuführen, aus dessen Ertrag Zinsen und Capital allmählich wieder abbezahlt würden.

Aus mehrern angeführten Datis sollte man schließen, daß Stuttgard eine sehr ungesunde Stadt sey. Auch steht Stuttgard im Lande selbst wirklich in dem Rufe, daß darin mehrere und gefährlichere Krankheiten herrschen, als in andern Gegenden des Herzogthums. Dieser Ruf ist ganz, oder größtentheils ungegründet. Nach den genauen Untersuchungen, welche Herr Hausleutner in dem Schwäbischen Archiv angestellt hat*), verhielt sich in einem Zeitraum von sechzig Jahren die Zahl der Gestorbenen zur Zahl der Gebohrnen, wie 100 zu 107. Die Mittelzahl der in Stuttgart jährlich Gebohrnen war 614, und der Gestorbenen 572. In den letzten zwanzig Jahren verhalten sich die

---

*) 2 B. 295 u. f. S.

Gestorbenen zu allen Lebenden wie 1 zu 29. In Stuttgard herrschen keine endemische Krankheiten, und epidemische, oder contagiöse Krankheiten sind in der Hauptstadt nicht gefährlicher, als in andern Städten des Herzogthums. Auch ist, so viel ich weiß, die Zahl von alten Leuten zwischen 70 bis 80, und zwischen 80 bis 90. Jahren eben so groß, oder noch größer, als in andern Städten von ähnlicher Bevölkerung. Von keiner Krankheit hört man in Stuttgart, und im übrigen Herzogthum so viel, als vom Schleimfieber: unter welchem Nahmen man, wie es scheint, mehrere ganz von einander verschiedene Krankheiten, am häufigsten aber gallichte mit Brustentzündungen verbundene Fieber versteht. Das, was man in Wirtemberg Schleimfieber nennt, ist nach allem was ich gehört habe, eine stehende Krankheit, die nie ganz aufhört, und die in der Hauptstadt weder gemeiner, noch bösartiger ist, als auf dem Lande. In den Geburts- und Sterbelisten, die jährlich in Stuttgart herauskommen, sind die verschiedenen Arten von Fieber, und die Verheerungen, welche eine jede Art angerichtet hat, nicht genug unterschieden. Auch ist die Zahl der Personen, die am Nachlaß der Natur gestorben seyn sollen, unverhältnißmäßig groß; denn es ist gar nicht glaublich, daß 50, 60 und mehrere Per-

sonen in einer Stadt, wie Stuttgart, deren Bevölkerung 19700 Menschen ausmacht, am Nachlaß der Natur sterben sollten.

Aeußerst auffallend ist in Stuttgart die Seltenheit der Ehen, und die ungewöhnlich große Zahl
von Kindern, und besonders von Knaben, die vor
dem zweyten und siebenten Jahre sterben. In
Stuttgart verhält sich die Zahl der Ehen zu der
Zahl aller lebenden Menschen, wie 1 zu 141, da
selbst in Berlin das Verhältniß, wie 1 zu 102. ist.
Bey dieser Seltenheit der Ehen ist die Zahl der un-
ehlich Gebohrnen unerwartet klein. Im Jahre
1784 zum Beispiel fanden sich unter 710 Gebohrnen nur 34 uneheliche Kinder: aus welchen und
ähnlichen Verhältnißen man aber, wie auch Herr
Hausleutner bemerkt, nicht sicher auf eine vorzügliche Reinheit der Sitten unter den Nicht-Ver-
heiratheten schließen kann. Unter den Ehen in
Stuttgart sind nach den Resultaten des eben genannten Schriftstellers viel mehr unfruchtbare, als
in andern ähnlichen Städten. Herr L. fand unter
1511 Ehen 194 unfruchtbare: welche Erscheinung
er am meisten daher ableitet, daß beynahe der
vierte Theil aller dieser Ehen aus solchen bestand,
in welchen Jungfrauen oder Jünglinge mit Witt-
wern oder Wittwen von ungleichem Alter verbunden waren. Traurig merkwürdiger aber, als die

zuletzt angeführten Facta, ist die ungeheure Sterblichkeit der Kinder und besonders von Knaben in Stuttgard. Nach Süßmilch stirbt von sechs Kindern, die gebohren werden, eins vor dem zweyten Jahre: in Stuttgard wird von fünfen eins hingerafft, welche Sterblichkeit größer, als in Paris und London ist. Nach Süßmilch stirbt die Hälfte von Menschen, die zugleich gebohren werden, erst nach dem 20sten Jahre: in Stuttgard verschwindet die Hälfte der Gebohrnen schon mit oder gleich nach dem Ende des siebenten Jahrs wieder. Unter den Kindern, welche vor dem 9. und 14. Jahre sterben, ist die Zahl der Knaben ohne Vergleichung größer, als die der Mädchen: und hierin liegt der physische Grund, warum der verheiratbaren Mädchen in Stuttgard so viel mehrere sind, als der heirathsfähigen Jünglinge. Im Jahr 1784 starben 225 Kinder vor dem zweyten Jahre; und unter diesen 137 Knaben. Wiederum starben 39 Kinder zwischen 2 und 7 Jahren, und unter diesen 23 Knaben und 16 Mädchen. Wenn die schreckliche Sterblichkeit von Kindern, und besonders von Knaben sich nur in Stuttgart, und nicht in dem übrigen Wirtemberg findet; so ist es höchst wahrscheinlich, daß die Ursache nicht so wohl in der Luft der Hauptstadt, als in der Behandlung der Kinder gesucht werden müße. So viel ich bemerkt habe, ist es in Stuttgard seltener, als in andern mir bekannten Städten, daß Mütter ihre Kinder selbst säugen, oder lange genug säugen: von welchem seltenen oder zu kurzen Säugen ich aber nicht weiß, ob es durch ursprüngliche Cörperanlagen der Mütter, oder durch herrschende Schwächlichkeit, oder durch einmahl eingerißene Gewohnheit veranlaßt wird. Wenn Mütter nicht säugen können oder wollen, so nehmen sie nicht, wie bey uns geschieht, gesunde Säugammen, sondern lassen die Kinder mit Brey u. s. w. auffuttern. Wenn dieses Auffuttern auch mit der grösten Sorgfalt geschieht, so kann es doch nie die Stelle der Muttermilch, und nicht einmahl der Milch gesunder Säugammen vertreten*). Wie leicht können aber in einem Geschäft, das so oft wiederkehrt, und so lange dauert, das meistens von Wärterinnen, oder Kindermädchen verrichtet wird, große, und der Gesundheit der Kinder nachtheilige Versehen begangen werden! Sollte in dem so gemeinen Auffuttern der Kinder der Grund der außerordentlichen Sterblichkeit der Kinder in Stuttgard liegen; so dürfte man hoffen, daß dieser Grund allmählich

---

*) Ich weiß es sehr wohl, daß manche Aerzte die Milch von Thieren der Milch von Säugammen vorziehen. Wenn auch die meisten Aerzte in dieser Meynung übereinstimmen sollten; so bleibt doch gewiß die Muttermilch unter allen die gesundeste.

gehoben werden würde. In jedem Falle ist die ausgezeichnete Mortalität der Kinder in der Hauptstadt Wirtembergs der genauesten Untersuchung der vielen großen Aerzte würdig, deren sich Stuttgart vor andern Teutschen Städten rühmen kann. — Die Seltenheit der Ehen, und die überwiegende Zahl von Mädchen haben die Wirkung, daß die Eltern oder Verwandte oder Freunde heirathsfähige Mädchen heirathslustigen jungen Männern viel häufiger antragen oder antragen laßen, als ich es in andern Städten von Teutschland gefunden habe.

Das Armenwesen in Stuttgart ist von mehrern Seiten betrachtet, musterhaft eingerichtet. Die Armencommißion braucht alle Mittel, welche die menschliche Vorsicht nur darbietet, um die Würdigkeit oder Unwürdigkeit, und die Grade der Hülfsbedürftigkeit von Armen, und Nothleidenden zu erfahren; und nach diesen Resultaten theilt sie denen, welche es verdienen, reichliche Almosen aus. Nach der Armenliste von 1791. empfingen in Stuttgart 910 bis 920 Personen beständige Almosen. Die Ausgaben der Armencasse betrugen in demselbigen Jahre über 27000 fl., oder mehr als 15000 Thlr. unsers Geldes: zu welcher beträchtlichen Summe der Kirchenrath allein 5000 fl., halb in Geld, und halb in Naturalien beytrug. Dem Publicum in Stuttgart bleibt in Rücksicht auf Arme wenig oder gar nichts zu wünschen übrig, als daß man mit der Sorgfalt in der Prüfung von Armen, und mit der unpartheyischen Freygebigkeit gegen alle wahre Nothleidende eine gleiche Strenge gegen fremde und gegen muthwillige einheimische Bettler verbinden möchte. Die Haus- und Straßenbetteley ist durchaus verboten, und es sind auch Bettelvögte angeordnet, welche auf die Uebertreter dieses Verbots achten sollen. Nichts desto weniger werden die Familien in ihren Häusern täglich und oft überlaufen; und auch auf den Straßen wird man häufig angebettelt. Noch unerträglicher ist die Zudringlichkeit von Bettlern vor den Thoren, und an den Eingängen der Allee, die beständig von Schaaren von Bettlern, meistens von bettelnden Kindern besetzt sind. Die Polizey allein kann diesem Uebel in Stuttgart so wenig, als anderswo abhelfen. Das Publicum selbst muß mitwirken, und muß gegen Haus- und Strasenbettler unerbittlicher seyn, als es bis jetzt in Stuttgart zu seyn scheint.

Wenn ich des Hrn. Consistorialdirectors Ruoff Sammlung von schönen und kostbaren Handzeichnungen und Kupferstichen ausnehme, welche gewiß eine der Schätzbarsten und Reichsten ist, die von Privatpersonen in Teutschland besessen werden; so hat Stuttgart keine so große öffentliche, oder Privatsammlungen von Werken der Kunst wie man sie in andern Residenzen unsers Vaterlandes findet. Dagegen kann Stuttgart um desto stolzer auf seine lebenden Künstler seyn, unter welchen Müller, Hetsch, Scheffauer, und Dannecker in und außer Teutschland berühmt sind. Die Arbeiten von Müller waren schon lange in Frankreich und England eben so bekannt, und wurden noch eifriger gesucht, als in Teutschland. Die Verdienste von Hetsch, Scheffauer, und Dannecker werden in ihrem Vaterlande nicht weniger anerkannt, als in Paris und London geschehen könnte: allein sie können nicht in dem Grade belohnt werden, wie in den grösten Hauptstädten Europens. Der Geschmack für die Kunst, den der verstorbene Herzog angefacht hat, wird von den würdigen durch ihn gebildeten Künstlern unterhalten, und immer mehr verbreitet Mehrere Künstler und Freunde der Kunst versammeln sich zu gewissen Zeiten, um sich gegenseitig ihre Nachrichten und Entdeckungen mitzutheilen. Eine gemeinschaftliche Idee dieser Kunstfreunde veranlaßte eins der schönsten Werke von Dannecker, nämlich ein Urgestell, an welchem: die Zeit, und die den Faden der Zeit spinnenden Parcen meisterhaft ausgeführt sind. Die Hauptarbeit des Herrn Professors Müller ist jetzt eine

Platte,

Platte, auf welcher er ein Gemählde des Americanischen Obersten Trumbull nachsticht. Dieser Oberste Trumbull arbeitete die wichtigsten Scenen des Americanischen Krieges in einer Reihe von Gemählden aus, und vertheilte die Gemählde an die grösten Kupferstecher in Europa. Dasjenige, was Herr Müller erhielt, stellt die berühmte Schlacht bey Bunkershill nicht weit von Boston, mit einer unbeschreiblichen Kraft und Kunst dar; und Herr Müller selbst urtheilt von diesem Gemählde, daß durchaus nichts wichtiges daran zu tadeln, und eben so wenig etwas hinzuzusetzen sey. Herr Müller hat von seiner Platte, so weit sie jetzt ausgearbeitet ist, einige Abdrücke nehmen lassen. Nichtkenner könnten nach diesen Abdrücken glauben, daß die Arbeit ihrer Vollendung nahe sey. Der Künstler hingegen versichert, daß noch eben so viel zu thun übrig, als schon gethan worden sey. Allgemein bekannt ist die hohe Vollendung, welche Herr Müller allen seinen Werken giebt. Nicht so bekannt ist der außerordentliche Fleiß, mit welchem er unabläßig, und wie seine Freunde fürchten, bis zum Schaden seiner Gesundheit arbeitet. Ueberhaupt verdienen die Stuttgartischen Künstler den seltenen Ruhm, daß sie eben so untadelich in ihrem Wandel, als angenehm im Umgange sind. Die schönsten Arbeiten, die ich von Hetsch und Scheffauer gesehen habe, sind ein Gemählde des Erstern, und eine Büste des Andern, in welchen diese Künstler ihre liebenswürdigen Gattinnen abgebildet haben.

Auch das Theater hat Stuttgart dem letztverstorbenen Herzoge zu danken, so wie die Schauspieler und Schauspielerinnen, Tänzer und Tänzerinnen, u. s. w. ihm ihre Erziehung und Bildung schuldig sind. Musik, Tanz, Decoration, Kleidung, Maschinerie und Gesang sind auf dem Theater in Stuttgart meistens vortrefflich. Auch finden sich unter den weiblichen sowohl, als männlichen Schauspielern mehrere recht gute: welches um desto mehr zu verwundern ist; da sie fast alle in Stuttgart erzogen sind, und weder große Reisen gemacht, noch viele Theater gesehen haben. Meinem Urtheile nach werden Singspiele besser, als Lustspiele, und Lustspiele besser, als Trauerspiele, oder als die jezt mehr gewöhnlichen Ritterspiele gegeben. Das Schauspielhaus, das eigentlich für den Brunnen in Deinach gebaut worden war, und nachher nach Stuttgart versetzt wurde, ist für diese Stadt viel zu klein, so lange die jezt herrschende Liebhaberey für das Theater dauert. Alle Logen, und selbst die vier oder fünf ersten Bänke im Parterre sind durch Abonnements versperrt; und wenn also Fremde, oder Einheimische, die nicht abonniren konnten, oder nicht abonnirt haben, das Theater besuchen wollen; so müssen sie eine, anderthalb oder zwey Stunden vor dem Anfange des Schauspiels hineingehen, um nur einen erträglichen Platz zu bekommen. Die Preise der Abonnements steigen noch immer, und doch nimmt die Theatercasse, wie man leicht denken kann, bey weitem nicht so viel ein, als das Theater dem Herzoge kostet, oder bisher kostete.

Die beiden Hauptspatziergänge in Stuttgart sind die Allee, und die Planie: diese innerhalb, und jene gleich vor der Stadt. Auf keiner von diesen Promenaden genießt man eine freye Aussicht, oder eine reine und frische Landluft. Die Allee läuft an einem Theile des ehemahligen Stadtgrabens her, der jezt so ausgefüllt, oder ausgetrocknet ist, daß man keinen Sumpfgeruch mehr empfindet. An der von der Stadt abgewandten Seite der Allee erheben sich bald die Füße der benachbarten Berge, die mit Gärten besetzt sind, und daher den Gesichtskreis ringsherum verschließen. Wegen der niedrigen und beschränkten Lage der Allee muß ihres dichten Schattens ungeachtet die Luft im heißen Sommer sehr drückend seyn. Die Planie ist ein mit mehrern Reihen von Bäumen besetzter Platz zwischen dem alten Schlosse auf

X 5

der einen, und dem neuen Schlosse und der Akademie auf der andern Seite. Dieser Platz war vormahls durch schlechte und schmutzige Häuser entstellt, welche der letztverstorbene Herzog kaufte und wegbrechen ließ, um die jetzige Planie anzulegen. Der breitere Weg der Planie ist eine Chaußee, die nach Kanstatt führt, und eben deßwegen bey trocknem Wetter zu staubig, und bey Regenwetter zu feucht ist. Auch die Nebenwege werden und bleiben lange feucht, weil die Planie nach keiner Seite ganz offen ist, und die Bäume zu niedrig sind.

Viel angenehmer, als die Allee und Planie, ist der Spatziergang nach dem Vogelsange, der südwestlich von Stuttgart liegt. Der Weg dahin läuft anfangs neben Gärten vorbey, dann durch Wiesen hin, und endlich in ein liebliches sich immer mehr zusammenziehendes Thal, wo man hin und wieder und vorzüglich auf dem Abhange des Bergs, über welchen man nach der Stadt zurückkehrt, erquickenden Schatten findet. Nur Schade, daß die Wiesen nicht mit Fruchtbäumen, oder mit andern Bäumen besetzt sind! Wir machten diesen Spatziergang an einem der vielen warmen und schönen Octobertage, die wir im verflossenen Herbste hatten, und litten sehr von Hitze, ob uns gleich ein kühler Wind entgegen wehte. Wie vielmehr muß man im Sommer leiden, wenn die Luft heiß, und wenig bewegt ist!

Manche Einwohner von Stuttgart wählen die Chaußee nach Kanstatt des Uebelgeruchs ungeachtet, den der Nesenbach verursacht, zu ihrem gewöhnlichen Spatziergange; und für Spatzierfahrende ist diese Chaußee der einzige Weg, welchen sie nehmen können. Wenn ich in Stuttgart wohnte, so würde ich die Chaußee nach Kanstatt nur alsdann besuchen, wenn ich die Absicht hätte, entweder auf dem Kirchhofe von Berg, oder in dem neuen und schönen Weinberge, welchen der jetzige Herr Amtmann von Berg angelegt hat, oder auf dem Kahlenberge am Neckar freyer zu athmen und meine Augen durch einen weitern Horizont zu erfreuen. Auf allen diesen Standpuncten bietet sich ein größerer oder kleinerer Theil des schönen Nekkarthals dar. Besonders übersieht man aus dem eben angeführten Weinberge nicht nur den Lauf des Neckars, und das Schloß Wirtemberg, sondern auch acht bis neun andere Orte, die links und rechts zerstreut sind, und endlich einen Abschnitt von Stuttgart. Alle diese Aussichten würden noch schöner seyn, wenn nicht der nächste Vorgrund, die jenseitigen Ufer des Neckars, aus schlechten mit Weiden besetzten Wiesen oder Gemeinweiden beständen, die bey jedem starken Anschwellen des Flusses überschwemmt, und mehr oder weniger verschüttet werden.

Selbst die Rebhügel am Neckar verschaffen dem Freunde der Natur nicht so viel Vergnügen, als die so genannten Hehlischen Anlagen, oder ein neun Morgen großer Garten, welchen der Herr Stadtsecretär H e h l vor etwa zehn Jahren eine halbe Stunde von Stuttgart auf einem bis dahin unangebauten Berge angelegt hat. Da Herr H e h l der Erste war, welcher den wüsten Berg anzubauen wagte; so hatte er freylich die Erlaubniß, den schönsten Platz auszusuchen, und diese Erlaubniß benutzte er auf die weiseste Art. Der Garten liegt an dem südöstlichen Abhange des Berges, und steigt bis zu seiner obersten Fläche hinauf. Vermöge dieser Lage besteht er aus einer Folge von Terrassen, auf deren jeder sich der Gesichtskreis erweitert, und neue Oerter sichtbar werden, so daß man an den höchsten Stellen des Gartens dreyßig verschiedene Orte zählen kann. Der ganze Garten ist, so weit der Besitzer seinen Plan ausgeführt hat, ein zauberisches Gemische von Rebenlauben und Rebengeländern, von Gruppen fruchtbarer oder seltener und schöner ausländischer Bäume, von Blumenbeeten und Gemüsebeeten, von Baumschulen und Grasplätzen, die von labyrinthischen Gängen durchschnitten, und mit einer lebendigen Hecke eingeschlossen sind. Allenthalben ist das Nützliche mit dem Schönen verbunden, und gerade dadurch wird das Vergnügen des Anblicks sehr erhöht. Das Obst und Gemüse aus diesem Berggarten soll schmackhafter, als aus den Gärten um Stuttgart seyn, weil das Eine und das Andere mehr Sonne und freye Luft, als in dem engen Thale der Hauptstadt genießt. Viel mehr wunderte ich mich darüber, daß die Trauben im Hehlischen Garten süßer waren, als alle andere, die ich bis dahin erhalten hatte. Ungeachtet der Garten nur noch mit einer niedrigen Hecke umzäunt, und auf eine gewisse Art offen ist; so ist doch bisher nichts daraus gestohlen worden. Ob dies Glück dauernd seyn werde, ist zweyfelhaft, da das lobenswürdige Beyspiel des Herrn Hehl Andere zur Nachahmung gereizt hat, und der ganze übrige Berg jezt an neue Anbauer ausgetheilt worden ist.

Unsere lieben Freunde und Freundinnen hatten die Güte, uns nach den interessantesten, von Stuttgart etwas entfernten Oertern und Plätzen zu führen. Unter diesen verdient der rothe Berg, auf welchem das Stammschloß Wirtemberg liegt, daß ich zuerst davon rede. Fast möchte ich sagen, daß das allmählige Hinansteigen an diesem Berge mir eben so viel Freude verschafft habe, als die Ausſichten, die ich auf ſeiner oberſten Höhe hatte. Beynahe der ganze Berg iſt mit Reben bepflanzt; und wo dieſe aufhören, fangen die fruchtbaren Felder des hinter Kanſtatt ſich ausbreitenden Neckarthals an, in welchem man beim Hinaufgehen faſt eben die Oerter entdekt, die man von oben ſieht. Von der Chauſſee hinter Kanſtatt zeigt ſich der rothe Berg ganz inſulariſch, und ſcheint ſich über die benachbarten Berge ſo ſehr zu erheben, daß man glauben ſollte: man würde auf ſeinem Gipfel einen unermeßlichen Geſichtskreis haben. Allein der rothe Berg iſt nach allen Seiten hin mit nahen, höhern, oder gleich hohen Bergen umgeben, ausgenommen nach Weſten und Nordweſten, oder in den Richtungen nach Ludwigsburg und Hellbronn hin. Auch iſt gegen Süden ein ſchmaler Einſchnitt in die einander begegnenden Berge, durch welchen der Neckar hervorſtrömt, und der Teckberg ſowohl, als der entferntere Neuffen ſich ganz deutlich darſtellen. So ſchön das Wetter, und ſo ſehr die Luft durch einen lebhaften Oſtwind erheitert war; ſo war doch der Horizont gegen Weſten und Nordweſten mit einem Schleier von zarten Düften bedeckt. Aſperg ſah man mit bloßen Augen, nicht aber Ludwigsburg. Durch ein Fernrohr, welches der Herr Oberamtmann Seyffer von Kanſtatt hatte heraufbringen laſſen, nahm man ein Kelterhaus zwey Stunden vor Heilbronn wahr. Dagegen blieb der Berg hinter dieser Stadt unsichtbar. Am erfreulichsten war für mich der Blick auf das friedliche Uhlbach, das in einem engen geschlossenen Thale zwischen dem rothen Berge, und der östlichen Kette von Bergen liegt, und mit lauter reichen Rebhügeln umringt ist. Die drey Mauern, wodurch das Stammschloß der Grafen von Wirtemberg beschützt wurde, sind noch unversehrt, oder wenig versehrt. In den beiden Gräben werden Obstbäume gezogen, und Gemüse, oder Feldfrüchte gebaut. Die oberste Fläche, auf welcher die Wohnung der alten Grafen von Wirtemberg steht, ist so klein, und das Schloß selbst so beschränkt, daß man nicht begreift, wie so mächtige Herren mit ihrem Hofe Platz darin gefunden haben. Die Capelle wird jetzt zu einem Viehstall gebraucht. Ueber dem Eingange ist ein großer Stein mit einer Inschrift eingemauert, welche sagt, daß die Capelle im Jahr 1083 von Adalbert von Worms eingeweiht worden. Der Brunnen auf dem rothen Berge ist schlecht, und der Castellan, welcher jetzt noch darauf wohnt, muß sein Trinkwasser heraufbringen lassen. Am rothen Berge sind schöne Alabasterbrüche, aus welchen man die Platten zur Verzierung der Prachtzimmer in Hohenheim genommen hat. Auch Strahlgyps findet sich am rothen Berge häufig.

Angenehme Fahrten sind auch die nach dem Dorfe Stetten, und der herzoglichen Fasanerie. Stetten liegt etwa zwey Meilen von Stuttgart in einem tiefen Thale, wo wir am eilften October wahre Juliushitze empfanden. Im Dorfe ist ein Schloß, welches von der Gemahlinn des Herzogs Eberhard Ludewig, und von diesem Herzoge selbst lange bewohnt, nachher der Gräfinn von Würben geschenkt, und zuletzt wieder zu den Kammerschreibereygütern gezogen wurde. Alle gute Möblen sind aus dem Schloße weggenommen, und das Schloß ist schon mehrere Jahre lang nicht mehr erhalten worden. Auch an diesem Schloße sieht man, daß noch im Anfange dieses Jahrhunderts Fürsten und Fürstinnen nicht so gut wohnten, als wohlhabende Personen unsers Standes jetzt in den größern Städten wohnen. Der Garten entspricht dem Schloße vollkommen. Den grösten Theil deßelben nimmt ein Fischteich ein, der jetzt abgelaßen war, und einen solchen Umfang hat, daß man kleine Lustfahrten darauf anstellen konnte. Der ganze Fischteich ist mit Blumenhecken oder fruchtbaren Gesträuchen, und Alleen von hohen Linden und Buchen umgeben, die nicht durch eins traurige Mauer beschränkt seyn sollten. Das Abgesonderte, und Einfachländliche des Schlosses und Gartens, und die schattenreichen Gänge, die hinzuführen, erregen den Wunsch, daß Schloß und Garten wieder möchten hergestellt, und besucht werden.

Die herzogliche Fasanerie liegt etwa drittehalb Stunden von Stuttgart nicht weit von der Chaussee, die nach Echterdingen und Tübingen führt. Die Gebäude, in welchen der verstorbene Herzog abtrat, wenn er hinkam, (und er kam oft hin), sind im Türkischen Geschmack gebaut, und ohne Pracht, aber niedlich verziert und eingerichtet. In der Fasanerie selbst werden ohngefähr 550, Gold- und Silberfasanen unterhalten, unter welchen die Erstern etwa den sechsten Theil ausmachen. Die Silberfasanen gehen auf eingezäunten, aber sonst freyen Plätzen. Die Plätze der Goldfasanen hingegen sind mit Netzwerken überzogen, weil sie viel scheuer, und unbezähmbarer, als die Erstern sind. Beide verlangen eine unaufhörliche Aufsicht, nicht nur wegen des Futtes und Waßers, das ihnen gereicht, und der Häuser, die im Winter für sie geheitzt werden müssen, sondern vorzüglich deswegen, weil sie so jähzornig sind, daß sie sich leicht zu Tode beißen. Bisweilen erregen sie in der Nacht auf einmahl einen Tumult, als wenn ein Donnerwetter losbräche; und ein solcher Aufstand kann nur durch mehrere Laternen gestillt werden, die man plötzlich in ihre Behälter oder Häuser bringt. Eine noch größere Sorgfalt, als ihre Erhaltung fordert, wird durch die unaufhörlichen Nachstellungen von Raubvögeln und andern Raubthieren nothwendig gemacht. Um Füchse, Marder, und andere Raubthiere abzuhalten, hat man in dem waldigen Bezirk, der die Fasanerie umgibt, achtzig Fallen aufgestellt, in deren einer oder andern fast jede Nacht etwas gefangen wird. Zur Verminderung der Raubvögel unterhält man zwey Schuhus, die auf dem Schwarzwalde nicht selten jung gefangen und das Stück um einen Gulden verkauft werden. Man bringt diese Schuhus von Zeit zu Zeit auf das freye Feld, wo sich gleich eine große Menge von Raubvögeln um sie versammeln, und den versteckten Jägern Gelegenheit geben, eine nicht geringe Niederlage anzurichten. Die Fasanerie soll jährlich nicht mehr, als 12 bis 1300 Gulden kosten. Ich hätte den Aufwand, den sie erfordert, wenigstens zweymahl so hoch angeschlagen.

Es schien beynahe bis in die Mitte des Octobers, daß wir in diesem Herbst ähnliche Dinge in Schwaben, wie vor einem Jahre in Franken erleben würden. Es hieß bis wenige Tage vor der Verlaßung und Ersteigung der Lauterburger, und

Weissenburger Linien, daß die Franzosen über den Rhein gehen, und daß sie dieses in drey starken Colonnen thun würden. Von Basel an bis über Carlsruhe hinaus, hatte man an den Ufern des Rheins herunter die besten Sachen fortgeschickt, oder wenigstens eingepackt. Manche Clöster und reiche Privatpersonen, die beträchtliche Weinläger hatten, verkauften diese um einen geringen Preis, weil sie fürchteten, daß sie ihnen in kurzer Zeit doch würden geraubt werden. Alles was aus dem kaiserlichen Lager herkam, oder zurückkam, versicherte einstimmig, daß die Linien der Franzosen unersteiglich seyen, und daß der General von Wurmser zwanzig tausend Krieger mehr haben müße, wenn er die verschanzten Franzosen mit einiger Hoffnung eines glücklichen Erfolgs angreiffen wolle. Als daher kurz vor unserer Abreise die Nachricht von der Einnahme der Französischen Linien ankam; so war sie nicht weniger unerwartet, als die von der Uebergabe von Mainz, und erregte auch dieselbigen Vermuthungen. Bey Lauterburg hatten die Franzosen ihre Linien so still verlaßen, daß die Teutschen es nicht wahrgenommen hatten: so erzählten wenigstens Briefe, die man in Stuttgart aus dem Lager erhielt. Die Teutschen geriethen in nicht geringe Verwunderung, als sie gegen die Linien anrückten, sie zu beschiessen anfingen, und kein Franzos sich zeigte, auch kein Gegenschuß geschah. Man argwohnte in diesem Stillschweigen eine Zeitlang eine Kriegslist, bis man endlich durch ausgeschickte leichte Truppen erfuhr, daß die Franzosen abgezogen seyen. Bey den Canonaden am 12. 13. Sept. u. s. w. hörte man das Schießen sehr deutlich in Stuttgart, und bis nahe an die Gränze von Franken hin. In den Tagen, wo ich auf dem Schwarzwalde war, geschah nur ein Schuß; und diesen Schuß hörte ich etwa eine Meile hinter Hirschau so deutlich, als wenn er in der Entfernung von wenigen Stunden gefallen wäre. Während der Gefechte am 12. und 13. Sept. bebte in Carlsruhe die Erde, und zitterten die Fenster unaufhörlich fort.

In Stuttgard, Ludwigsburg, und andern Schwäbischen Städten halten sich viele Emigrirte auf. Die Meisten sind in einem beklagenswürdigen Zustande, und Mehrere derselben würden ohne die Unterstützung einer erlauchten, und durch ihre Mildthätigkeit noch mehr, als durch ihren Stand verehrungswürdigen Person schon lange nicht mehr haben leben können. Ich hatte Gelegenheit, mit einigen Ausgewanderten zu reden. Wenn man aus dem Munde dieser Unglücklichen selbst, und in dem Tone des bittersten Gefühls hört, was sie vor ihrer Auswanderung alles zu leiden und zu fürchten hatten: wie man ihnen nicht erlaubte sich ruhig zu verhalten, sondern sie zwingen wollte, gegen ihren Eid und Gewißen zu handeln; so muß nothwendig einem jeden Unpartheyischen das Herz vom peinlichsten Mitleid, und von dem lebhaftesten Unwillen über die Urheber der Unordnungen zusammen gepreßt werden, wodurch außer anderm unsäglichen Jammer, der daraus entstand, so viele tausend unschuldige und verdienstvolle Personen von Weibern und Kindern getrennt, ihres Vermögens beraubt, und in ein schmachvolles, vielleicht nie aufhörendes Elend hinausgestoßen wurden. Ein großer Theil der Emigrirten ist gegen Neckern noch mehr, oder wenigstens eben so sehr, als gegen die jetzigen Jacobiner aufgebracht. Befremdender war es mir, daß Mehrere selbst Ludwig XVI. als einen der vornehmsten Urheber ihres eigenen, und des Unglücks von ganz Frankreich anklagen. Wenn der König, sagen sie, seinem Gewissen und seiner Pflicht gemäß nicht so früh die heiligsten Rechte der Crone aufgeopfert, und in die Vernichtung der Geistlichkeit und des Adels eingewilligt hätte; so würde er seinen und seines Reichs Untergang gewiß haben verhüten können. Leider gleicht die Reihe von Ursachen, wodurch die letzten fürchterlichen Revolutionen veranlaßt worden sind, einem Baume von unermeßlicher Höhe, deßen Wurzeln und Zweige zahllos, und von unendlich verschiedener Länge und Dicke sind. Man weiß nicht, wie weit man zurückgehen, und wo man stehen bleiben, oder wie man die ungeheure Schuld an die vielen lebenden und verstorbenen Schuldigen vertheilen soll. Je eingenommener und beschränkter die Urtheilenden sind, desto mehr sind sie geneigt, bey einer oder einigen meistens nahen Ursachen, stehen zu bleiben, und auf einige wenige, meistens die letzten handelnden Personen des schrecklichen Trauerspiels die ganze Schuld zu werfen. Die aufgeklärtern und billigern Emigrirten erkennen weder die Jacobiner für die einzigen Urheber ihres Unglücks, noch auch die ganze Nation für schuldig, sondern vielmehr für irregeleitet. Sie geben zu, daß in Frankreich große Misbräuche zu verbeßern waren: daß die willkührliche Gewalt der Könige und Minister eingeschränkt werden muste: daß die Abgaben über alle Stände gleichförmig hätten vertheilt, und nicht der Geburt allein der Zutritt zu den höchsten Ehrenstellen hätte gestattet werden müßen. — Die Emigrirten, die jetzt in Schwaben leben, erhielten anfangs noch Geld und Wechsel von ihren Anverwandten. Da dieses immer mehr und mehr erschwert wurde, so ließen sie sich kostbare Waaren schicken, und man konnte deßwegen in Würtemberg

die

die treflichsten seidenen Zeuge, Sever Porzellan, u. s. w. viel wohlfeiler, als sonst kaufen. Seit einiger Zeit ist auch die Versendung von Waaren beynahe unmöglich gemacht, und die armen Verlaßenen müßen sich glücklich schätzen, wenn sie von den Ihrigen nur bisweilen ein kleines räthselhaftes Briefchen erhalten. Reisende, die aus der Schweiz kommen, erzählen, daß dies Land noch viel mehr mit Emigrirten angefüllt sey, als Schwaben; und daß man in Basel nicht selten Kaiserliche und Schweizerische Officiere, Emigrirte, und Nationalgarden aus Hüningen an einer Wirthstafel beysammen sehe. Ueberhaupt war es im October nicht bloß in Schwaben, sondern bis nach Frankfurt herab bemerkbar, daß die Emigrirten sich gegen die Schweiz zogen. Dies kann den Jacobinern nicht unbekannt geblieben seyn, und eben deswegen boten sich alle ihre Kräfte auf, um Lyon, und das übrige südliche Frankreich so schnell als möglich zu unterjochen.

Ich glaube kaum, daß anderswo in Teutschland eine größere Freyheit zu reden, und alles, was geschrieben wird, zu lesen herrscht, als in Stuttgart. Diese Freyheit hat hier, wie anderswo, die glückliche Folge, daß man in kleinern und größern Gesellschaften von allen öffentlichen Angelegenheiten ohne leidenschaftliche Hitze spricht, und daß die Parteyen, oder die Verfechter von entgegengesetzten Meynungen viel weniger gegen einander erbittert sind, und weniger aufgebracht werden, als an solchen Orten, wo die Freyheit, seine Gesinnungen zu äußern, durch ausdrückliche Befehle, oder durch die Furcht vor heimlichen Angebereyen beschränkt ist. Selbst große Unvorsichtigkeiten im Reden übersah der verstorbene Herzog, weil er wohl wuste, daß diese nicht sowohl verführen, als den Unvorsichtigen in den Augen der Vernünftigen schaden würden. Vor nicht gar langer Zeit war die Freyheit zu schreiben in Stuttgart fast eben so groß, als die Freyheit zu reden, bis sie durch die Verwendungen einiger auswärtigen Höfe in engere Schranken gezogen wurde. Hin und wieder soll auch hier der Wahn herrschen, daß fast alle Gelehrte Demokraten seyen. Hingegen habe ich hier nichts von dem Vorurtheile gehört, welches sich in mehrern Gegenden von Teutschland verbreitet hat: daß man besonders in Göttingen demokratische Grundsätze hege: welches Vorurtheil um desto grundloser und ungerechter ist, da man sich auf keiner andern hohen Schule so früh und so ernstlich gegen die in Frankreich entstandenen Unordnungen, und überhaupt gegen alle gewaltthätige Revolutionen erklärt hat, als gerade in Göttingen.

nach Schwaben.

Unter andern Fremden, die ich in Stuttgart kennen lernte, war auch ein gelehrter, und als Schriftsteller bekannter Engländer, der sich kurz vor dem ersten Decret des Nationalconvents gegen die Fremden unter unsäglichen Gefahren in die Schweiz gerettet, und Paris erst vor drey Wochen verlassen hatte. Dieser Englische Gelehrte hielt sich vom Anfange der Revolution an fast immer in Paris auf, weil er die Geschäffte eines großen Handlungshauses in London, mit welchem er in Verbindung ist, zu besorgen hatte. Seit den letzten acht Monaten war er allein deßwegen in Paris, um beträchtliche Reste von Forderungen für Mehl, das vor dem Kriege zwischen England und Frankreich nach Paris geliefert worden war, heraus zu negociiren. Meine erste Frage an diesen Reisenden, der alle Hauptpersonen in Paris genau kennt, war diese: ob es denn keine Möglichkeit sey, die unglückliche Königinn zu retten, die durch ihre Leiden, und die Würde und Standhaftigkeit, womit sie ihre Leiden ertrug, die Theilnehmung von ganz Europa erregt habe? Schwerlich, war die Antwort, werde die Königinn gerettet werden können, da Robespierre sie im Jacobinerclubb angeklagt habe, und ihr Urtheil im Jacobinerclubb schon gesprochen worden sey. Dieser Clubb herrsche jezt so allmächtig über Frankreich, daß man sicher annehmen könne: alles, was derselbe beschließe, werde acht oder vierzehn Tage nachher vom Convent decretirt, und vom Revolutionstribunal vollzogen werden. Auch Custine sey zuerst vom Jacobinerclubb verurtheilt, und bald nachher zum Tode geführt worden, ungeachtet man in Paris selbst nicht gewußt habe, um welcher Verbrechen willen der von Merlin und Reubel angeklagte Feldherr hingerichtet worden. Wegen des unwiderstehlichen Einflusses der Jacobiner sey keine Zeitung, oder anderes öffentliches Pariser Blatt jezt so interessant, als das Journal des Jacobins, weil man aus den Verhandlungen des Clubbs fast unfehlbar vorhersehen könne, was in Kurzem geschehen werde. Eine zweyte Frage: ob denn die die Französische Nation und ihre Führer nicht bald des Krieges überdrüßig werden, und billige Bedingungen annehmen würden: beantwortete mir der Reisende folgendergestalt. Im Jacobinerclubb seyen jezt zwey Parteyen, die von Danton, und die von Robespierre. Jener wünsche den Frieden, weil er, als ein reicher Mann, seine Reichthümer gern in Ruhe genießen wolle. Dieser stimme für den Krieg, weil er nur bey der Fortsetzung desselben seinen einzigen und sehnlichsten Wunsch, Protector zu werden, erreichen könne. Robespierre sey ein Mann von 34 bis 35 Jahren, der einen unbegränzten Ehrgeiz *) besitze, aber frey von aller Begierde nach Reichthümern sey; und gerade diese einseitige Uneigennützigkeit habe ihm, wie dem verrückten Marat, das große Ansehen in Paris verschafft oder doch mit verschaffen helfen. Wenn es, wie bisher, gehe, und der Wüthendste die Oberhand behalte, die Gemäßigten hingegen unterdrückt würden; so werde kein Friede zu hoffen seyn. Man könne sich, setzte der reisende Britte hinzu, keine Vorstellung von der Unwissenheit der herrschenden Partey in Handlungs- und Finanzsachen machen. Seit der Absetzung von Claviere habe man in den Finanzeinrichtungen ein großes Versehen nach dem Andern gemacht; und doch sey der Credit nicht so tief gesunken, als er nach dem Urtheile aller Handlungsverständigen hätte sinken müssen. Da man jezt in Frankreich ohne Rücksicht auf Billigkeit und Klugheit allenthalben nehme, wo etwas zu nehmen sey; so müsse man fürchten, daß die herrschende Partey den Krieg viel länger werde aushalten können, als man auswärts zu glauben scheine. Frankreich habe unglaubliche Hülfsquellen, und werde vielleicht mehrere benachbarte Län-

*) Nach den neuesten Nachrichten scheint Robespierre doch mehr Ruhmbegierde, als Ehrgeiz zu besitzen.

der zu Grunde richten, ehe es selbst in den schon lange geöffneten Abgrund hinunterstürze.

* * *

Nun noch eine kurze Beschreibung von zwey kleinen Reisen, die ich in das Oberland gemacht habe! Die eine ging über Eßlingen und Plochingen nach Kirchheim, Nürtingen und Göppingen: die Andere über Kalw und Hirschau nach dem Dorfe Dobel auf dem Schwarzwalde. Beide machte ich in Gesellschaft meines vortrefflichen Freundes, des Herrn Expeditionsraths Knapp in Stuttgart, bey welchem wir die ganze Zeit über wohnten. Die Letztere machten mein Freund und ich allein: auf der Erstern wurden wir von der liebenswürdigen Gattinn unsers Freundes Knapp und von meiner Frau begleitet.

Göppingen, Nürtingen und Kirchheim sind unstreitig die schönsten Landstädte in Wirtemberg, und zwar verdient unter diesen Göppingen wieder bey weitem den Vorzug. Diese Stadt wurde im J. 1782 fast ganz von einer schrecklichen Feuersbrunst verzehrt, und doch stieg das wohlhabende, betriebsame, und glücklich gelegene Städtchen allmählig schöner aus seiner Asche empor. Die Strassen sind breit und regelmäßig. Die neuen Häuser weichen natürlich in Rücksicht auf Breite von einander ab; hingegen in Rückſicht auf Höhe und gefällige Bauart ſind ſie einander alle ähnlich. Lebhaft wird Göppingen nicht bloß durch ſeine blühenden Gewerbe, ſondern auch durch die unaufhörlichen Fuhren, die von oder nach Ulm, Augsburg und Italien durchgehen. Manche Frachtwägen, welche dieſe Straße fahren, ſind aller Verbote ungeachtet mit acht, zehn, zwölf und noch mehrern Pferden beſpannt. Auf Göppingen folgt in Anſehung der Schönheit der Häuſer und Straßen unter den Wirtembergiſchen Landſtädten zunächſt Nürtingen, in welcher Stadt vorzüglich die große Mühle am Neckar merkwürdig iſt, worin man, wie ich glaube, faſt alle Arten von Mahl- und Schneidemühlen vereinigt hat. Zu dieſem prächtigen Bau ſind allein tauſend Eichen gebraucht worden. Auch wird ihr Ertrag täglich auf 36 fl. geſchätzt. Gegen die Straßen und Häuſer in den kleinen Städten des Wirtembergiſchen Oberlandes ſtechen die in der Reichsſtadt Eßlingen auffallend ab. Die Straßen und Häuſer in Eßlingen werden nicht bloß durch das unmäßige Ueberbauen, ſondern auch dadurch verunſtaltet, daß die Erdgeſchoſſe gleichſam in die Erde eingeſenkt ſind, und alſo das Anſehen von Erdhöhlen erhalten. Kein Reiſender kann es jetzt vermuthen, daß Eßlingen noch im J. 1360, wo Carl IV. einen Reichstag in dieser Stadt hielt, sich gegen den anwesenden Kaiser und die Fürsten empörte, und beide aus ihren Mauern trieb. Carl IV. trug die Bestrafung des ihm und den Fürsten angethanen Schimpfs dem Grafen Eberhard von Wirtemberg auf. Dieser belagerte die Stadt, und Eßlingen mußte seine Schuld durch sechszig tausend Goldcronen büßen, welche der Kaiser, und durch dreyßig tausend andere, welche der Graf Eberhard für die aufgewandten Kriegskosten erhielt. Die Gegend um Eßlingen ist vortrefflich angebaut. — Das Gemüse und Obst wird vorzüglich geschätzt, und in die benachbarten Städte versendet. Ueberhaupt sind die Landschaften zwischen Eßlingen und Plochingen die Mahlerischsten, die ich auf der ganzen erstern Landreise angetroffen habe. Nur waren die Wiesen am Neckar zu kahl, und der Neckar sowohl, als die Fils zu oft durch breite Kies- und Steinufer entstellt. Wenn man die letzte Anhöhe erreicht, von welcher man nach Kirchheim hinabfährt, so erhält man einen ergötzenden Blick in das fruchtbare unten liegende Thal, so wie auf die erste prächtige Alpenkette, womit dies Thal umzäunt ist, und aus welcher die Teck mit ihren Ruinen, und der Neuffen mit seinen Festungswerken vor allen andern hervorragen.

Gleich am ersten Tage unserer Ankunft in Kirchheim fuhren wir nach Bißingen, um von da aus den Wohnsitz der alten Herzöge von Teck zu ersteigen. In Bißingen wohnt ein Prior aus dem Closter St. Peter im Schwarzwalde, der gegen Fremblinge, welche die Trümmer der Teck besuchen wollen, nicht nur eine dankwürdige Gastfreundschaft übt, sondern sie auch, wenn seine Geschäfte es ihm erlauben, auf den Berg selbst begleitet. Wir brauchten von Bißingen aus, etwa fünf Viertelstunden, um auf die oberste Höhe des Berges zu kommen. Die eine Hälfte des Berges enthält Alpen, oder Bergweiden, und hin und wieder, selbst in beträchtlicher Höhe, Fruchtfelder. Die andere Hälfte ist mit schönem Laubholze bewachsen. Felsen, und Felsenstücke sieht man nirgends, sondern nur kleinere Steine, die alle kalkartig sind. Hin und wieder finden sich Marmorbrüche, aus welchen der Marmor zu allerley Gefäßen und Geschirr verarbeitet wird. Fast am Rande der obersten Höhe ist eine Erdhöhle, das Sibyllenloch genannt, von welcher man vorgiebt, daß sie bis nach Owen, der Grabstätte der ehemaligen Herzöge von Teck hinabgeführt habe. Auf der Fläche des Teckberges sind viele und weitläuftige Ruinen, die größtentheils neu, und vom Herzoge Alexander sind, welcher die Absicht hatte,

Y 5

auf der Teck wieder eine Festung anzulegen. Alt sind wahrscheinlich nur die äußersten am Rande des Berges hergeführten Mauern, wiewohl auch diese an einigen Stellen neu und ausgebessert scheinen. Die Aussicht von den Ruinen der Teck ist gegen Osten durch den nahen eben so hohen, oder noch höhern Breitenstein, und durch die nicht bebaute Hälfte des Teckberges eingeschränkt. Am freysten und weitesten hingegen ist die Aussicht gegen Westen über Nürtingen, und dann gegen Norden auf den Hohenstauffen, und die beyden dem Hohenstauffen zur Seite stehenden Berge. Man zählt in den Thälern, welche um die Teck ausgebreitet, und von ihrer Höhe sichtbar sind, über zwanzig verschiedene Oerter. Der Herr Prior von St. Peter vermuthete, daß die Gebirge, die gegen Westen und Nordwesten in ungeheurer Entfernung den Gesichtskreis schließen, Fränkische, oder Hohenlohische Gebirge seyen. Die Aussicht gegen Süden ist weniger ausgedehnt, als die gegen Westen und Norden, aber nicht weniger interessant, indem man zuerst auf den furchtbaren Neuffen, und dann in die hintereinander sich aufthürmenden Ketten von Alpengebirgen hineinblickt. Von keiner andern Entfernung stellt sich, glaube ich, der Hohenstauffen so majestätisch dar, als auf der Höhe und den Abhängen der Teck, an welchen man ihn beym

Heruntergehen stets vor Augen hat. Als wir die Teck herabstiegen, waren einige Minuten lang der Hohestauffen, und seine ihm zur Seite stehenden Brüder fast eben so vergoldet, wie die Schweizerischen Schneeberge beym Untergange der Sonne zu seyn pflegen; und diese Vergoldung entstand unstreitig aus den Wirkungen der letzten Sonnenstrahlen auf den Nebel, womit die Berge sich kurz vorher umzogen hatten: eine Erscheinung, die auch dem Herr Prior von St. Peter ganz neu war. Da ich den Hohenstauffen an und auf der Teck zum erstenmahl erblickte, so zog er mich so wohl durch seine prächtige Form, als durch das Andenken seiner ehemaligen Bewohner mehr, als der Teckberg an. Die Herzöge von der Teck sind vielleicht das Ruhmloseste unter allen erlauchten Geschlechtern, die vom eilften bis in das funfzehnte Jahrhundert geblüht haben. Die Geschichte erzählt fast nichts von ihnen, und auch Urkunden melden meistens nur ihre Geburts - und Sterbejahre, die Namen ihrer Weiber und Kinder, und die Epochen der Verpfändung, und des Verkaufs ihrer Güter, und zuletzt ihres Stammschlosses selbst. Vor Schöpflins bekanntem Werke vermuthete man es nur, aber man wuste es nicht gewiß, daß die Herzöge von der Teck von den Herzögen von Zäringen abstammten. Der Letzte aus der Familie der Herzöge von der Teck starb als vertriebener Patriarch von Aquileja auf der Kirchenversammlung zu Basel, wo er Hülfe gegen die Venetianer suchte *).

Eine andere angenehme Fahrt machten wir von Kirchheim aus nach dem Städtchen Weilheim, das am Fuße des Lyntberges, oder wie man ihn jetzt ausspricht, der Limburg liegt. Der Abt Tritheim erzählt in seiner Hirschauischen Chronik **), daß der Herzog Berchtold von Züringen im J. 1077 auf seiner Feste Lyntberg gestorben sey. Daß dies Lyntberg nicht, wie einige Gelehrte vermutheten ***), Limburg im Breisgau, sondern die Feste auf dem Lyntberge bey Weilheim sey, wird dadurch wahrscheinlich, daß der Herzog Berchtold in eben dem Jahre, in welchem er starb, ein Benedictinercloster in Weilheim, am Fuße seiner Burg gestiftet hatte †). Dies Closter vereinigte sein Sohn Berchtold II. im Jahre 1090 mit der neu errichteten Abtey St. Peter auf dem Schwarzwalde, welchem er auch alle Güter des von seinem Vater gegründeten Closters in Weilheim zuwandte ††): weßwegen die Abtey

---

*) Schoepflini Hist. Zaringo-Badensis. Tom. I. 205-220. p.
**) ad a. 1077.
***) Schoepfl. I. p. 17.
†) Schoepfl. l. c.
††) Schoepfl. l. c. p. 60.

St. Peter bis auf den heutigen Tag beträchtliche Gefälle in dieser Gegend hat, und durch ihren Prior zu Bissingen heben läßt. Als ich mich bey dem Herrn Pfarrer zu Weilheim, einem unterrichteten Mann, nach den letzten Schicksalen der Limburg, oder des Schlosses auf dem Lyntberge erkundigte; so sagte mir dieser aus Nachrichten, die er aus Schöpflins Zäringisch-Badischer Geschichte, und andern alten Schriften und Urkunden gesammelt haben wollte: daß die Herzöge von Zäringen die Limburg freywillig verlassen, und das Schloß Zäringen bey Freyburg im Breisgau erbaut hätten, nachdem ihre Widersacher, die Hohenstauffer, das Schloß Hohenstauffen bey Göppingen zwischen den Jahren 1070 bis 1080 zu befestigen angefangen hätten. Weil mir diese Data besonders wegen des Zeitpuncts der Erbauung von Hohenstauffen höchst wichtig waren; so schlug ich nachher Schöpflins Geschichte so weit nach, als ich Nachrichten über die Burgen auf dem Lyntberge und Hohenstauffen zu finden hoffen konnte. Allein ich fand in diesem Werke wenigstens nichts von dem, was ich gesucht hatte, und urkundlich bestätigt wünschte. Wenn die Herzöge von Zäringen ihre Burg bey Weilheim freywillig verließen, so folgten sie treulich den Eingebungen ihres Genius, der stets vor dem mächtigeren Genius der Hohenstauffer zurückwich, und wo er sich diesem entgegensträubte, allemahl im Kampfe unterlag. Von der alten Zäringischen Burg bey Weilheim sollen nur einige wenige Trümmer übrig seyn.

In der Kirche zu Weilheim finden sich mehrere Denkmähler, die dem Kunstkenner und noch mehr dem Forscher von Kunstalterthümern viel interessanter seyn müßten, als sie mir seyn konnten. Am merkwürdigsten schienen mir zwey Reihen von correspondirenden Gemählden an den beiden Wänden, oder Mauern, die in ihrer Mitte den Eingang in das Chor bilden. Die Gemählde zur Linken stellen den Himmel, und die Aufnahme der Seligen in das himmlische Paradies: die zur Rechten die Hölle, und die Höllenfahrten der Verdammten vor. Die letztern Gemählde sind dem Künstler viel besser gelungen, als die Erstern. In den monströs lächerlichen Gestalten und Attitüden der Teufel ist eben so viel Erfindung und Ausdruck, als in den Gesichtern und Lagen mancher Verdammten, die von den Teufeln in die Hölle gepeitscht, gestoßen, geworfen und geschaufelt werden. Am meisten stechen unter den Höllenfahrern Päbste, Cardinäle, Bischöfe, Aebte, und Aebtissinnen hervor; und aus diesem Umstande schloß der Herr Pfarrer von Weilheim nicht unwahrscheinlich, daß die Gemählde unter der Regierung Ludwigs des

Baiern verfertigt seyn möchten. Der Augenschein lehrt, daß die Gemählde sehr alt sind.

Das Ende und das Hauptziel unserer ersten Landreise war der Hohnstauffen, welchen zu besteigen ich schon so viele Jahre sehnlichst gewünscht hatte. Wir fuhren von Göppingen anderthalb Stunden, bevor wir an das Dorf Hohenstauffen kamen, das nur eine kleine halbe Stunde unter der obersten Höhe des Berges liegt. Dieser Fahrweg lief anfangs über Wiesen oder Weiden, und dann durch abwechselnde Laub- oder Nadelwälder. Er war an vielen Stellen sehr steil und rauh, und könnte mit schwachen Pferden und mit einem nicht starken Fuhrwerk schwerlich gemacht werden. Von dem Dorfe Stauffen führt ein ebener, und allmählig um den Berg sich windender Fußsteig, auf welchem zwey Personen bequem neben einander gehen können, auf den Gipfel des Hohenstauffens hinauf. Der Berg Hohenstauffen macht immer weniger Eindruck, je näher man ihm kommt; und am wenigsten erkennt man ihn hinter, oder in dem Dorfe gleiches Nahmens wieder. Der ganze Gipfel des Berges, der über dies Dorf emporsteigt, ist Alpe, und eben deßwegen ist dieser Gipfel in lauter kleine Terraßen, oder Gänge abgetheilt, die durch den Tritt der weidenden Schaafheerden hervorgebracht worden sind. Arme Hirten und kleine Heerden besuchen jezt allein den erhabenen Gipfel, auf welchem vor fünf und sechs Jahrhunderten, wenn auch nicht die größten und mächtigsten, wenigstens die glänzendsten und geräuschvollsten Teutschen Kaiser thronten. Und von dem Kaiserlichen Schlosse, aus welchem Teutschland und Italien beherrscht oder beunruhigt wurden, und auf dessen Bewohner die Augen von ganz Europa und selbst von einem großen Theile von Asien gerichtet waren, sind jezt nicht einmahl die Fundamente übrig! Auf der obersten Fläche des Hohenstauffens ist alles öde und leer. Der ganze Raum, der höchstens ein Paar Morgen beträgt, und also der Größe seiner Bewohner gar nicht entsprach, ist nur mit kleinen Stücken von Ziegeln, und Mauersteinen, nicht einmahl mit Trümmern von Quadern überstreut. Das Schloß Hohenstauffen wurde zuerst im Bauernkriege verwüstet, Doch standen noch im J. 1588. die Mauern, die Thürme, und das Thor, welches verschlossen werden konnte.*) Der Aberglaube, oder Wahn des umwohnenden Landvolks zerstörte nach und nach die Trümmer der Stauffenburg, welche die Wuth der Bauern verschont hatte, ganz und gar. Man glaubte unter den Ruinen des Schlosses Schätze

zu

*) Geogräph. Lexicon von Schwaben I. 766. S.

zu finden, und wühlte in dieser täuschenden Hoffnung die festesten und tiefsten Grundlagen um. Nur an dem äußersten südlichen Rande der obersten Bergfläche, wo allem Ansehen nach der Eingang in die Burg war, steht ein kleiner Rest der alten Mauer, und hier kann man es noch bemerken, daß der oberste Rand des Berges untermauert, oder durch eine Mauer gestützt war. Dies einzige Ueberbleibsel der Hohenstauffer Burg darf nicht mehr berührt werden. Es besteht nicht aus Quadern, sondern aus bloß gebrochenen Steinen, die aber durch einen so festen Kütt mit einander verbunden sind, daß ich auch nicht einmahl ein kleines Fragment herunterbringen konnte. Man unterscheidet noch deutlich die Vertiefungen der ehemahligen Gräben, und die Plätze des in zwey Abtheilungen abgesonderten Schloßes. Auch hier fand ich wieder, daß man die ursprünglichen ersten Wohnsitze von erlauchten Geschlechten nicht nur mit einem so lebhaften Interesse, sondern auch mit ähnlichen Gefühlen betrachtet, wie die Quellen von großen Flüssen, mit welchen sie viele Aehnlichkeiten haben. Weit herrschende Geschlechter vergrößerten sich langsam, wie mächtige Flüsse, und meistens auf Unkosten von Andern, die von ihnen verschlungen wurden. Sie richteten, gleich den großen Flüssen, bald schreckliche Verheerungen

Z

an, und bald goſſen ſie Seegen und Wohlſtand über ganze Länder aus; und die Spuren der Einen und der Andern erhielten und erhalten ſich gewöhnlich noch, wenn die Geſchlechter auch ſchon Jahrhunderte lang in das Meer der Ewigkeit verſchwunden ſind. Das Andenken an die Hohenſtauffer erfüllte mich auf der Stätte, welche ſie ſo lange bewohnten, ſo ſehr, daß ich darüber einige Augenblicke ſelbſt der Ausſichten vergaß, die ſich von der oberſten Höhe des Berges öffnen. In dieſem Stücke wäre ich auf das unangenehmſte getäuſcht worden, wenn nicht die Urtheile von mehreren ächten Kennern der Natur, mit welchen ich kurz vorher in Stuttgart geſprochen hatte, die außerordentlichen Erwartungen herabgeſtimmt hätten, welche durch die neuſten Beſchreibungen der Ausſichten von Hohenſtauffen in mir erregt worden waren.*) Nach dieſen Beſchreibungen ſoll ſich Hohenſtauffen über alle übrige Berge, ſelbſt über die höchſten Alpen erheben. Man ſoll nicht nur das Schloß von Elwangen, ſondern auch die Burg von Nürnberg: nicht bloß die Berge bey Heidelberg, ſondern den Münſter von Strasburg, die Lothringiſchen Gebirge, und die Schweizeriſchen Schneeberge entdecken. — Nichts iſt gemeiner,

---

*) Geographie von Wirtemberg S. 306. Geograph. Lexikon von Schwaben, I. 766. 767. S.

als daß Anwohner oder Führer auf hohen Bergen vieles zeigen, und sehen wollen, was sie wirklich nicht sehen. Allein solche Uebertreibungen, dergleichen die der Aussichten von Hohenstauffen sind, habe ich sonst nie weder gehört, noch gelesen. Wenn man selbst auf dem Hohenstauffen, in der Nähe der Alpen, und des Schwarzwaldes war, und nur einen Augenblick an die Entfernungen und Lagen von Strasburg, von den Vogesen, und den helvetischen Alpen denkt; so muß man es gleich für ganz unmöglich erklären, daß man von dem Gipfel des Hohenstauffens alles das übersehen könne, was man dem Vorgeben nach wahrgenommen haben will. Die Aussicht vom Hohenstauffen ist nicht allein bey weitem nicht so ausgedehnt, als seine Lobredner wollen: sie ist auch lange nicht so schön, so mannichfaltig und reich, als von vielen andern minder berühmten Bergen in Teutschland, und selbst nicht einmahl, als die Aussicht von dem Teckberge ist. Wir besuchten den Hohenstauffen an dem heitersten Herbsttage, und in der günstigsten Tageszeit, zwischen 3 und 4 Uhr. Und unter diesen Umständen zeigte sich uns gegen Süden die ganze nackte Kette der Wirtembergischen Alpen, in welcher wir des bläulichen Nebels, der sie verdunkelte, ungeachtet den Teckberg, und den Hohenstauffen gleich unterscheiden konnten. In der entgegengesetzten Richtung, also gegen Norden und Nordost breitete sich vor unsern Augen eine unübersehbare Ebene aus, an deren Ende wir wegen eines feinen Dufts nicht einmal Elwangen, und noch viel weniger Nürnberg erkannten. In dieser weit gestreckten Ebene sah man keinen Fluß, und nur wenige Oerter. Der größte Theil war mit Waldungen bedeckt, die etwas ödes und trauriges auf die ganze Landschaft warfen. Wenn man sich in derselbigen Richtung ein wenig links wandte; so fiel das Auge auf die Reihe von bewaldeten Bergen, die das Rhemsthal von der einen Seite begränzen, und hinter welchen Adelberg, Lorch, Schorndorf und Waiblingen liegen. Gegen Westen und Nordwesten blickte man in die Filsthäler hinein, und da die sinkende Sonne gerade auf diesen Fluß schien; so sah man hier und auch hier allein einen beträchtlichen Wasserstreifen. Gegen Osten und Südosten erhebt sich zuerst der Rechberg, auf welchem eine Wallfahrtscapelle und einige Häuser stehen: und hinter diesem ein anderer gleich hoher Berg, dessen Nahmen unser Führer nicht wuste, und dessen Haupt mit einigen hohen Bäumen gecrönt ist. Der zweyte Berg ist nicht weit von einer Gebirgkette entfernt, die gegen Osten und Südosten den Gesichtskreis ganz verschließen, und an welche sich in der Entfernung

nach Schwaben.

einer halben oder ganzen Stunde vom Stauffenberge die Stauffeneck anlehnt, welche gegen das
Ende des eilften Jahrhunderts von den Hohenstauffern bebaut seyn soll. — Beim Herabsteigen von dem Hohenstauffen gingen wir in die
Kirche des Dorfs, um das Gemählde des Kaisers
Friederich I. zu sehen, was sich an der gegen
den Berg gekehrten Wand der Kirche findet, und
mit Knittelversen begleitet ist, worin es heißt,
daß Kaiser Friederich durch eine jezt zugemauerte
Thür in diese Kirche eingegangen sey. Es ist nicht
unwahrscheinlich, daß auch Kaiser Friederich
ein- oder einigemahle die Kirche des zu seiner Burg
gehörigen Dorfs besucht, und daß dieses Anlaß zu
dem Gemählde in der Kirche gegeben habe. Ganz
unglaublich hingegen ist es, daß dieser Kaiser seiner Hof- oder Burgcapelle entsagt, und sich jedesmahl, wenn er dem Gottesdienst beywohnte, die
Mühe gegeben haben sollte, von der Burg herab
zu reiten, oder zu gehen, um in die Kirche seiner
Leibeigenen zu kommen. Ein Muthwilliger hat
dem Pfarrer, welcher die Knittelreime zu dem
Bilde gemacht hat, die Ehre mißgönnt, seinen Nahmen auf die Nachkommen zu bringen. Gerade der
Nahme des Dichters ist ausgekratzt worden.

Es ist, so viel ich weiß, gar nicht zweyfelhaft,
daß Hohenstauffen und Göppingen ein Eigenthum

des Herzoglichen, und nachherigen Kaiserlichen Hohenstauffischen Geschlechts gewesen sey. Allein zweyfelhaft ist es noch immer, ob man die Burg Hohenstauffen bey Göppingen als das Stammschloß der Hohenstauffer, oder wenigstens als dasjenige Schloß annehmen könne, von welchem die Hohenstauffer sich genannt haben. Die Zweyfelsgründe sind vorzüglich folgende. Erstlich gab es in Schwaben drey Burge Hohenstauffer, so wie es fünf Berge und Burgen gab, die Stauffen, und drey, welche Stauffenberge genannt wurden. Zweytens ist es gewiß, daß die nachherigen Herren von Hohenstauffen Gibelingen als ihren eigentlichen Stammsitz angesehen haben: von welchem Stammsitze der Hohenstauffischen Kaiser der Nahme der Gibellinen herrührte, welchen ihre Anhänger trugen. Nun gibt es zwey Oerter in Schwaben, welche sich die Ehre streitig machen können, der Stammsitz der Herren von Gibelingen gewesen zu seyn: die Stadt Waiblingen im Ramsthale, und das Closter und Dorf Wiblingen, eine Stunde von Ulm, nicht weit von dem Einfluß der Iller in die Donau. Sattler zweyfelt gar nicht, daß das jetzige Closter Wiblingen der Stammsitz der Hohenstauffer gewesen sey, und tadelt den Herrn von Bünau sowohl, als den gelehrten Verfasser des Chronicon

Gottwicenſe, daß ſie die Stadt Waiblingen dafür genommen haben. Sattler berufft ſich auf die Stelle eines Andreas Presbyter, *) welche ganz entſcheidend ſcheint, und ſo lautet: Friedericus ad confuſionem Welphonis praecepit clamari in exercitu ſuo: Hie Gibelingen. Eſt autem Gibeling Villa Auguſtenſis Dioeceſis ſita in montibus auf dem Harzfeld intra caſtrum Hochburg, et oppidum Neresheim in qua villa nutrix ipſum Fridericum infantem lactaverat.

Otto von Freyſingen, ſelbſt ein Hohenſtauffer, läßt es an der merkwürdigen Stelle, wo er von der Kaiſerwahl Friederichs I. und von dem Urſprunge ſeiner Familie redet, uhausgemacht, wo und welches das Guebelingen ſey, aus welchem Friederich I. abſtamme. Die Haupturſache, erzählt Otto von Freyſingen, um welcher willen die Fürſten des Reichs Friederich I. zum Kaiſer wählten, war dieſe: im Römiſchen Reiche waren bisher zwey erlauchte Familien, die Eine der Heinriche von Quebelingen,**) und die Andere der Guelfen von Altdorf. Die Erſtere hatte bisher große Kaiſer, und die zweyte große Herzöge hervorgebracht. Beide Fa-

---

*) Ap. Schilt. p. 25. Sattlers hiſt. Beſchr. von Wittemberg S. 83.
**) Una Henricorum de Guebelinga, alia Guelforum de Altdorfio. de Geſt. Frid. I. lib. II. c. 2.

milien wetteiferten lange und oft mit einander, und veranlaßten dadurch gefährliche Unruhen im Reiche. Nun geschah es durch eine besondere Fügung Gottes, daß der Herzog **Friederich**, der Vater des Unsrigen, der aus dem Geschlechte der Könige entsprossen war, sich mit der Tochter des Herzogs **Heinrich** von Baiern vermählte, und mit dieser den jungen **Friederich** erzeugte. Weil nun in diesem **Friederich** das Blut der Gibellinger, und der Guelfen verbunden war; so wählte man ihn gleichsam als einen Eckstein, der zwey bisher nicht zusammenstimmende Wände zusammenfügen könne, zum Oberhaupte des Reichs. — Die Hohenstauffer waren oder hielten sich für Verwandte des Fränkischen Kaiserstammes, und **Conrad II.** wurde vor seiner Erwählung zum Kaiser **Cono von Webelingen** genannt.*) Dies Webelingen hielt selbst der Verfasser des Chronic. Gottwic. für das jetzige Closter Wiblingen, wo schon zu den Zeiten der Carolinger eine curis regia war. **)

Es ist schwer diese streitenden Stellen, und die dadurch veranlaßten widersprechenden Meynungen mit einander zu vereinigen. Unterdessen wage ich

---

*) Chronol. ap. Leibnitz. Script. rer. Brunsv. p. 65. ad a 1022. Conradus primus rex imperat dictus prius Cono de Webelinge in Suevia.

**) C. c. und Sattler S. 82.

es, denen, welche mehr Zeit haben, diese Sache zu untersuchen, folgende Bemerkungen zur genauern Prüfung vorzulegen.

Unter allen Bergen und Burgen in Schwaben, welche den Nahmen Hohenstauffen, Stauffen und Stauffenberg trugen, scheint mir nicht ein einziger oder eine einzige zu seyn, welche den Ruhm, der Sitz der Hohenstauffer gewesen zu seyn, dem Hohenstauffen bey Göppingen streitig machen könnte. Von allen, oder fast allen übrigen weiß man, daß sie zur Zeit der grösten Macht des Hohenstauffischen Hauses in den Händen der Herzöge von Zäringen, oder der mit dem Kaiserlichen Geschlechte nicht verwandten Herren von Stauffen oder von Stauffenberg u. s. w. waren.*) Von dem Hohenstauffen bey Göppingen hingegen sagt es eine allgemeine und alte Ueberlieferung, daß dieser Berg sowohl, als die nahe Stauffeneck von den herzoglichen und kaiserlichen Hohenstauffern bewohnt und befestigt worden sey.

Es ist meinem Urtheile nach viel wahrscheinlicher, daß das Gibilingen oder Gibelingen, woher die Hohenstauffer sich schon im 12ten Jahrhundert ableiteten, und nannten, das Waiblingen

---

*) Man sehe die verschiedenen Artikel, Hohenstauffen, Stauffen und Stauffenberg im geographischen Lexikon von Schwaben.

im Remsthal, als das Wiblingen bey Ulm gewesen sey. Unverwerfliche Urkunden beweisen es, daß die Hohenstauffer vorzüglich im Remsthale begütert waren: daß sie aus ihren Gütern das Closter Lorch stifteten; daß Schorndorf ihnen gehörte, oder zum wenigsten mit Hohenstauffischen Besitzungen umgeben war:*) und nichts ist also glaublicher, als daß auch Waiblingen ein Erbgut der Hohenstauffer gewesen sey. Die Gründe, womit Sattler darthun will, daß die Stadt Waiblingen schon im J. 1253, also vor dem gänzlichen Untergange des Hohenstauffischen Hauses ein Stück der Grafschaft Wirtemberg ausgemacht habe,**) sind so schwach, daß sie gar keine Widerlegung verdienen. Wenn man Sattlers Behauptung auch zugibt, so folgt daraus gar nicht, daß Waiblingen nicht früher ein Eigenthum der Hohenstauffer gewesen sey. Graf Ulrich von Wirtemberg mit dem Daumen war den Nachkommen Friederichs II., dem Könige Conrad und dessen Sohn Conradin so furchtbar, daß sie ihn nur durch Geschenke oder Abtretungen von Besitzungen gewinnen, nie aber mit den Waffen bezwingen konnten.***) Vielleicht

---

*) Man sehe Sattlern selbst S. 88. 271.
**) l. c. 83 S.
***) Trithem. ad a. 1264. Sattler selbst führt diese Stelle an S. 88.

schenkten die entkräfteten Hohenstauffer unter andern auch Waiblingen dem tapfern und mächtigen Grafen, oder er entriß es ihnen mit offenbarer Gewalt. Daß man die Zeit und Art nicht weiß, wie Waiblingen an Wirtemberg gekommen, ist gar kein Einwurf. Man weiß eben so wenig, wie und wann Göppingen und Hohenstauffen von den Grafen von Wirtemberg erkauft, oder weggenommen worden sind. In den Zeiten der Verwirrung, Unwissenheit und Sittenlosigkeit, die von der Mitte des dreyzehnten Jahrhunderts über Teutschland hereinbrachen, schrieb man noch viel wichtigere Dinge nicht auf, als die Erlangung einiger Hohenstauffischen Güter und Aemter war. Wunderbarer ist es, daß selbst nicht einmahl die Schriftsteller des eilften, zwölften, und der ersten Hälfte des dreyzehnten Jahrhunderts den Ursprung der Hohenstauffer, ihre vornehmsten Sitze und Güter, und die allmähligen Vergrößerungen und Verminderungen der Letzteren genauer aufgeschrieben haben, als geschehen ist.

Das Zeugniß des Andreas Presbyter, worin Wiblingen bey Ulm als der Erziehungsort Friederichs I. und als die Veranlassung des Losungswortes, Gibellinen angegeben wird, verdient meinem Urtheile nach keinen Glauben, oder beweist wenigstens das nicht, was man dadurch beweisen wollte. Andreas Presbyter war ein Schriftsteller des 15ten Jahrhunderts, der ohne Unterschied aus unzuverläßigen und zuverläßigen Quellen schöpfte, und die Nachricht von dem Erziehungsorte Friederichs I. vielleicht in einer alten Closterchronik fand, deren Verfasser die Stadt Waiblingen mit dem Closter Wiblingen verwechselt hatte. Die Gegend, wo Wiblingen liegt, gehörte schon vor dem Ende des eilften Jahrhunderts nicht den Hohenstauffern, sondern den Grafen von Kirchberg und Weißenhorn, welche im J. 1097 die jetzige Abtey Wiblingen stifteten.*) Wäre Friedrich I., was man kaum voraussetzen kann, auf irgend einem Schloße nicht weit von Wiblingen erzogen worden; so könnte man daraus nicht folgern, daß das jetzige Closter gleiches Nahmens der Ort sey, von welchem die Hohenstauffer sich ableiteten, und sich selbst Gibellinen nannten.

Ich beschließe diese bisherigen Nachrichten mit einigen Beobachtungen, die ich auf einer zweyten kleinen Reise nach Kalw und dem untern Schwarzwalde gemacht habe.

Ich besinne mich nicht, eine andere Stadt gesehen zu haben, deren Lage beym ersten Anblick so ängstigend wäre, als die Lage von Kalw ist.

*) Geogr. Lexikon von Schwaben II. 1008.

Wenn man bis auf die letzte Anhöhe vor Kalw gekommen ist, so ziehen sich die Berge zu beiden Seiten auf einmahl ganz nahe zusammen, und in dieser immer enger werdenden Kluft führt ein schlechter, ravinenähnlicher Weg in die Stadt, von welcher man nur einen Theil erblickt. Wenn man in die Stadt selbst kommt, so sieht man, daß sie nicht nur den schmaalen Raum ganz ausfüllt, den die durchfließende Nagolt zwischen den beiden hier anfangenden Armen der Schwarzwaldgebirge übrig läßt, sondern daß sie sich sogar gegen die Seiten der Berge beträchtlich hineingedrängt hat. Auch hinter der Stadt laufen die das Kalverthal umfassenden Bergketten bald wieder so zusammen, daß sie nur durch die Nagolt, und den nach Hirschau gehenden Weg von einander getrennt werden. Nach der Hirschauer Seite hin war allein Platz genug für einige Spatziergänge an der Nagolt, und für einige Gärten, deren Aussicht freylich sehr beschränkt ist. Herr Fischer, einer der angesehensten Kaufleute in Kalw, und der Besitzer des schönsten, mit Geschmack und Pracht möblirten Hauses, hatte die Güte, uns in der Stadt, und in einigen Fabrikhäusern umherzuführen. Wenn ich einige große und neue Häuser von reichen Kaufleuten ausnehme; so ist Kalw keine schön gebaute, und noch viel weniger gut gepflasterte Stadt. Die Straßen sind meistens enge, holpericht, und schmutzig; und die in der obern Stadt auch fast alle abfallend, oder aufsteigend. Wegen dieser Bauart, und der ganzen Lage der Stadt sollte man denken, daß Kalw ein ungesunder Ort wäre. Allein nach den Versicherungen des Herrn Doktors Zahn, eines aufgeklärten und denkenden Arztes, herrschen in Kalw keine endemische Krankheiten. Faulfieber und intermittirende Fieber sind gänzlich unbekannt. Am häufigsten bemerkt man rheumatische Zufälle, die durch die Stöße des von den zur Linken liegenden Gebirgen zurückprallenden Nordwindes verursacht werden. Die Straßen der untern Stadt sind nur wenig über den Wasserspiegel der Nagolt erhaben, und sind deswegen oft den Verheerungen dieses austretenden Bergwassers ausgesetzt. Die obere Stadt zieht sich gegen die Anhöhe hinan, auf welcher vormahls das Schloß der alten und mächtigen Grafen von Kalw stand. Von diesem Schloße sind bloß die Fundamente der Mauern übrig. In einigen Theilen des Bezirks, den es vormahls einnahm, sind kleine Gärten angelegt. Das Meiste des innern Raums ist mit Pfählen und Gestellen besetzt, an welchen die Zeugmacher ihre Waaren ausspannen. Auf dieser Höhe allein wäre es der Mühe werth gewesen, einen großen Garten anzulegen. Die Fabrikgebäude, welche ich sah, schienen mir nicht reinlich genug, und auch nicht gut unterhalten. In Einem wurde ein Maschinenwerk von einem Pferde getrieben, ungeachtet das Haus nahe an der Nagolt stand. In mehrern Gaßen kann man es riechen, daß die Gerbereyen und überhaupt alle Lederarbeiten in Kalw vorzüglich blühen. Die Stadt ist nicht so lebhaft, als ich erwartet hatte. Sie hat gegen 400 Häuser, und viertehalb tausend Einwohner. Häuser und Bauplätze sollen theuer seyn, und doch hat die Volksmenge dieser Stadt in dem gegenwärtigen Jahrhundert weniger, als die von den meisten übrigen Wirtembergischen Landstädten zugenommen. So ungünstig die Lage von Kalw für die Handlung zu seyn scheint, so läßt es sich doch ganz natürlich erklären, nicht, daß Kalw die reichste Handelsstadt im ganzen Herzogthum geworden ist, sondern daß Handel und Gewerbe darin entstehen musten. Die Bedürfnisse der nahen Grafen von Kalw, und des reichen nur eine halbe Stunde entfernten Closters Hirschau veranlaßten nothwendig in Kalw sehr früh einen nicht geringen Handel, und eine diesem Handel entsprechende Betriebsamkeit. Beide erhoben Kalw sehr früh über andere Oerter des untern Schwarzwaldes, und wurden dadurch die Veranlassung, daß auch der

Handel mit Vieh, mit Fellen, mit Wolle und Holz aus dem größern Theile des untern Schwarzwaldes sich vorzüglich in Kalw vereinigte. Gerbereyen und Wollenmanufacturen entstanden gleichsam von selbst, sowohl wegen der Menge der ersten Materialien, als wegen der Menge von Spinnern und Spinnerinnen, die man auf dem Schwarzwalde fand, und wegen der Nagolt, welche die Arbeiten in Leder und Wolle erleichterte. Die allmählig sich vergrößernden Fonds, die man in den ersten oder ursprünglichen Fabriken nicht mehr brauchen konnte, reitzten zu neuen Unternehmungen, und diese neuen glücklich ausgeführten Unternehmungen vermehrten die Capitalien wieder.

Nachdem wir einen Tag in Kalw zugebracht hatten, so reisten wir am folgenden Morgen über Hirschau auf den Schwarzwald, wo mein Freund Geschäfte hatte, aßen in Kalmbach, und fuhren dann in einer leichten Chaise nach Dobel, welches Dorf unter allen Oertern des untern Schwarzwaldes der am höchsten liegende ist. Die Wege nach Kalmbach waren als Bergwege sehr gut. Der nächste Weg hingegen, den wir nach Dobel nahmen, war der Ungebahnteste, Steilste, Beschwerlichste, und hin und wieder auch Bedenklichste, den ich je im Wagen gemacht habe. Dobel
ist

ist nur sechs Stunden vom Rhein entfernt, und bey heiterm Wetter kann man die Wälder, und sogar die Weinberge bey Landau deutlich unterscheiden. Wir waren nicht so glücklich, diesen Anblick zu genießen. Bald nachdem wir angekommen waren, und dies geschah um fünf Uhr, fing es an, heftig zu regnen und zu stürmen, und dies Regnen und Stürmen dauerte die ganze Nacht fort. Anfangs zeigten sich noch die Gebirge jenseits des Rheins durch das Regengewölk, das sich aber immer mehr und mehr verdichtete, und bald den Rhein samt seinen Ufern unsichtbar machte. Ein kleiner Trost bey diesem Unfall war, daß wir in dem Wirthshause des Dorfs reinliche Zimmer und Betten, und ein sehr gutes Abendessen fanden. Am folgenden Morgen hatte der Regen aufgehört. Der Himmel heiterte sich auf, und wir sahen den Rhein, und die Berge, zwischen welchen er hinfließt, ganz klar. Genauer konnten wir die entfernteren Gegenstände auch jezt nicht wahrnehmen. Der Horizont war nicht ganz nebelfrey, und wir hatten keine Zeit, es abzuwarten, daß die Luft sich völlig reinigte.

Die Häuser sind auf dem Schwarzwalde größtentheils mit Schindeln gedeckt. Die Schindeln werden aber nicht, wie in der Schweiz, und manchen andern gebirgigen Gegenden durch Lasten von

Steinen befestigt, sondern sie sind angenagelt. Auch haben die Häuser nicht so platte, oder schräg liegende Dächer, wie in der Schweiz und auf dem Harze. Die Giebel der Schwarzwäldischen Häuser sind eben so hoch und steil, als sie in den flachen Gegenden des Landes sind. Bisweilen entstehen auf den Höhen des Schwarzwaldes Windstöße, wodurch die stärksten Eichen zerbrochen, und in die Luft geschleudert werden. Alpen sieht man auf dem von mir bereisten Theile des Schwarzwaldes fast gar nicht; und eben so selten sind kleine Bäche, oder lebendige Wasseradern. Der Boden in den Nadelhölzern ist meistens entweder ganz unbewachsen, oder trägt blos Heidekraut; und ein Reisender also, der den Schwarzwald nur von den Fahrwegen aus gesehen hat, sollte fast zweifeln, daß er noch so viel Vieh nähren könne, als er wirklich nährt. Die engen Gründe oder Thäler zwischen den Füßen der Gebirge enthalten trefliche Wiesen, oder sie sind auch mit Früchten, oder Flachs und Hanf angebaut. Spinnereyen, Verfertigungen von hölzernem Geschirr, und Uhren, Holzhauen, Holzfahren und Holzflößen sind die vornehmsten Beschäftigungen der Schwarzwälder. Die Nagolt, und die kleine und große Enz sind so unbedeutend, und haben so viele Krümmungen, daß es Einem beynahe unglaublich vorkommt, daß auf diesen schmaalen, krummen und waßerarmen Flüssen Haufen von großen Holländerbäumen sollten geflößt werden können. Dies würde auch unmöglich seyn, wenn man nicht durch Schleusen, oder schleusenartige Verdämmungen die Flüsse anschwellen machte, und ihnen dadurch eine größere Breite und Tiefe gäbe. Vermöge dieses Kunstgriffs können sechs Männer einen Floß von funfzig Holländerbäumen, jede drey oder vier zusammengebunden, auch auf der kleinen Enz herabbringen. Durch das Verdämmen der Flüsse, und das Fortschießen der zusammengebundenen Bäume werden die Wiesen, und die Verzäunungen der Wiesen häufig beschädigt. Eine noch schädlichere Folge des Holzflößens scheint mir diese, daß an den Flüssen, die dazu gebraucht werden, nie solche und so viele Mühlenwerke angelegt werden können, dergleichen man in der Schweiz und auf dem Harze sieht.

Unsern Rückweg von Dobel nahmen wir auf der gewöhnlichen Straße, die im Durchschnitt eben und bequem ist. Wir verließen Dobel um 6½ Uhr, und kamen doch erst um 1½ Uhr in Hirschau an, wohin wir von dem Herrn Oberamtmann Jäger zum Mittagessen waren gebeten worden. Nach Tische besahen wir die Trümmer des ehemahligen berühmten Closters, das vor ohngefähr hundert Jahren von dem berüchtigten Französischen Mordbrenner Melac zerstört wurde. Das scheußliche Andenken dieses Unmenschen wird hier, wie in der Pfalz und in Baiern dadurch erhalten, daß man seinen Nahmen den Hunden zu geben fortfährt.

Die Lage des Closters war eben so romantisch, als die Ruinen desselben groß und ehrwürdig sind. Das Thal, in welchem Hirschau liegt, ist weder so enge, noch so tief, oder versunken, als die meisten Thäler des Schwarzwaldes sind. Das Closter war allenthalben mit schönen Wiesengründen umgeben, die von Forellenbächen gewässert und durchschnitten werden. Wo die Wiesengründe aufhören, da fangen eben so schöne alpenähnliche Bergwiesen an. Die Abhänge der Berge sind nicht mit düstern und dichten Nadelhölzern bedeckt, sondern einzeln oder gruppenweise mit Laubbäumen überstreut. Auch der Schein aller Eingeschlossenheit verliert sich dadurch, daß die Berge sich an mehrern Stellen öffnen: welche Oeffnungen auf gewissen Standpuncten liebliche Aussichten in die Seitenthäler bilden. Das Hirschauer Thal ist das Einzige unter allen mir bekannten Thälern des Schwarzwaldes, das eine auffallende Aehnlichkeit mit den reitzendsten Thälern der hohen Schweiz hat, und das Einzige, wo man den Gedanken in sich aufsteigen fühlt, daß man in dem Schooße dieser milden und einsamen Natur seine Tage vergnügt zubringen könnte. Zwischen den Mauern der zerstörten Clostergebäude gedeihen alle Arten von Gartengewächsen vortrefflich, und selbst der Weinstock und Pfirsichbaum bringen reife und schmackhafte Früchte.

Unter allen teutschen Clöstern sind Fulda und St. Gallen die Einzigen, welche dem ehemahligen Closter Hirschau den Ruhm streitig machen können, sich um Religion und Wissenschaften am meisten und am längsten verdient gemacht zu haben. Hirschau war im neunten, und zehnten, und vorzüglich im eilften und zwölften Jahrhundert eine der berühmtesten Schulen in Teutschland, welche unzählige Lehrer, Vorsteher, und Oberhirten in andere Clöster und Stifter aussandte, und sehr viele erlauchte und edle Jünglinge, welche man dem Closter anvertraute, unterrichtete. *) Der Stifter des Closters Hirschau war der Graf Erlafrid von Kalw, und die Veranlassung zu dieser Stiftung wurde ein Sohn des Grafen Erlafrid mit Nahmen Nottingus, der ein Bisthum in Frankreich besaß. Nachdem der Bischof Nottingus die Reliquien des heiligen Aurelius in Mayland erhalten, und nach Frankreich

*) Spanhemii Chronic. Hirsaug. p. 99. 100.

gebracht hatte; so war er ungewiß, ob er dies große Kleinod in seinem Stifte lassen, oder vielmehr sein Vaterland damit beschenken sollte. In dieser Ungewißheit betete er zum heil. Aurelius um ein sicheres Zeichen, nach welchem er sich entscheiden könnte. Auf dieses Gebet erschien der Heilige dem Bischofe im Traum, und befahl ihm, daß er die Reliquien in sein Vaterland bringen, und ein Closter an der Stätte erbauen möchte, wo ein Blinder durch die Wunderkraft der Reliquien sein Gesicht wieder erhalten würde.*) Nottingus that, wie ihm der heil. Aurelius geheißen hatte. Er nahm die Reliquien mit nach Teutschland, und als er nicht weit von dem Schloße seines Vaters entfernt war, kam ihm ein Blinder entgegen, flehte die Wunderkraft des heil. Aurelius an, und wurde plötzlich sehend. In eben dem Jahre, in welchem dieses geschah, nämlich im J. 830., fing der Vater des frommen Bischofes an, dem heil. Aurelius ein Closter zu bauen, das nach sieben Jahren vollendet wurde. Dies erste Closter war weitläuftig genug, allein es war doch ganz aus Holz gebaut. Der Graf Erlafrid, sein älterer Sohn und künftiger Nachfolger, seine Gemahlinn, und der Bischof Nottingus begabten das neue Closter, das mit Mönchen aus

*) l. c. p. 4. 5.

St. Gallen besetzt wurde, nach ihrem besten Vermögen. Deßen ungeachtet waren nicht alle heilige Gefäße aus kostbaren Metallen. Diese Nachricht begleitet Tritheim mit folgender Bemerkung: Als die heiligen Gefäße noch kupfern waren, da waren die Mönche golden. Als aber die Gefäße golden wurden, da wurden die Geistlichen kupfern*).

Das neue Closter nahm an Ruhm, Bewohnern und Reichthümern bis in das Jahr 988 zu.**) In diesem Jahre raffte eine schreckliche Pest den grösten Theil der Ordensgeistlichen und mit diesem den Abt weg. Unter den zwölf übrig gebliebenen Mönchen entstand eine Spaltung wegen der Wahl des Abtes. Einige ernannten einen gewissen Conrad, Andere einen gewissen Eberhard. Da dieser merkte, daß er sich nicht behaupten könne, so raubte er alle Schätze des Closters, und begab sich zu dem damahligen Grafen von Kalw, welcher schon lange feindselige Gesinnungen gegen das Closter gehegt, und geübt hatte. Unter dem Vorwande, den rechtmäßigen Abt zu schützen, bemächtigte sich der Graf, als Schirmherr des Closters, fast aller Güter des Stifts, untersagte nach dem Tode des Abts Conrad im J. 1002. eine neue Wahl, und trieb die übrigen Mönche fort: wäh-

---
*) p. 6. ib.
**) p. 50. et sq. l. c.

rend welcher Gewaltthätigkeiten auch die Bibliothek des Closters zerstreut wurde.*) Von dieser Zeit an blieb das Closter Hirschau 63 Jahre verödet, und die Besitzungen desselben in den Händen der Grafen von Kalw. Vergebens ermahnte der Pabst Leo der Heilige im J. 1050. seinen Neffen den Grafen Adalbert zur Wiederherstellung des zerstörten, und unrechtmäßiger Weise eingenommenen Closters.**) Nur die beständigen und stets wiederhohlten Bitten der frommen Wiltrudis, der Gemahlinn des Grafen vermochten diesen zu einer Aufopferung, welche er seinem Oheim, dem Pabste Leo nicht gewährt hatte. Adalbert entschloß sich endlich, das verfallene Closter von neuem aufzubauen, und die Güter desselben herauszugeben. Der Bau wurde im J. 1060 angefangen, und 1070 vollendet.***) Schon im J. 1065 kamen Ordensbrüder aus Einsiedlen, zwölf an der Zahl, in das erneuerte Kloster, welches man aus Steinen erbaut hatte, oder zu erbauen fortfuhr.

Kein anderer Abt erwarb sich um sein Closter so große Verdienste, als der Abt Wilhelm, welcher bald nach der Wiedergeburt des erneuerten

---

*) p. 56.
**) p. 61.
***) p. 70 — 75.

Closters erwählt wurde.*) Der Abt Wilhelm befreyte sein Closter von allen Fesseln der bischöflichen und schirmherrlichen Gewalt, unterwarf es ganz allein dem päbstlichen Stuhl, vermehrte die Einkünfte und Besitzungen desselben, stellte die Schule in einem Glanze wieder her, den sie vorher nie gehabt hatte, vervielfältigte nicht nur die Zahl der Ordensgeistlichen, um das Lob des Herrn desto mehr preisen zu lassen, sondern rief auch die Annahme der sogenannten bärtigen Brüder, oder Conversen zurück, welche unter der Aufsicht der ehrwürdigen Väter die weltlichen Geschäffte des Closters besorgen musten.**) Unter den Ordensgeistlichen waren Viele aus erlauchten Geschlechtern, Grafen, Fürsten und Herren, welche durch den Ruhm des Abts Wilhelm, und seines Closters zum geistlichen Leben in Hirschau bewogen wurden.***) Das neuerbaute Closter war zu beschränkt, als daß es die 150 Ordensgeistlichen, und die vierzig Conversen, welche sich unter dem Abt Wilhelm versammelt hatten, alle hätte fassen können.****) Dieser entschloß sich daher, im J. 1082 ein größeres Closter zu errichten, von welchem auch die Kirche, und alle übrige Haupt-

---

*) p. 79.
**) p. 83.
***) p. 100.
****) p. 99.

theile in zehn Jahren fertig wurden. Er erbaute dies neue Closter an dem Platze, der jezt mit den Ruinen desselben bedeckt ist, weil dieser höher und gesunder war, als die Stelle, welche das bisherige Closter eingenommen hatte. Die Ueberbleibsel des alten Closters kann man noch jezt in der Wohnung, der Scheure, und den Ställen des jezigen Forst=verwalters in Hirschau sehen. Es ist höchst wahr=scheinlich, sagt Tritheim,*) daß das neue Clo=stergebäude ganz allein von den Mönchen und Con=versen von Hirschau aufgeführt worden. Denn da dieser beynahe zweyhundert waren, so fanden sich unter ihnen gewiß geschickte Steinhauer, Tischler, Schloßer und Baumeister. — Die be=nachbarten Berge gaben einen gar nicht harten, und doch sehr dauerhaften Sandstein, und die Wälder des Closters das nöthige Holz zum Bauen her.

Der große Nahme des Closters dauerte ohne beträchtliche Flecken und Schmälerung bis in den Anfang des dreyzehnten Jahrhunderts fort. Ge=gen die Mitte und in der lezten Hälfte dieses Jahr=hunderts versank Hirschau in eben die Ausgelaſ=senheit, in welche fast alle übrige Benedictiner=clöster, und auch die von allen andern Orden um dieselbige Zeit fielen, oder schon lange gefallen

---

*) p. 99.

waren. Aus der allgemeinen Sittenverderbniß der Mönche entstand eine eben so allgemeine Unwissenheit. Unter andern Wissenschaften vernachläßigte man die Geschichte so sehr, daß man nicht einmahl die wichtigsten Begebenheiten der grösten und berühmtesten Clöster aufzeichnete. Tritheim klagt daher an mehrern Orten darüber, daß er wegen der Lasterhaftigkeit und Unwissenheit der fleischlichgesinnten Mönche in Hirschau keine Chronik oder andere Handschriften gefunden habe, nach welchen er die Geschichte des Closters von der Mitte des dreyzehnten Jahrhunderts so hätte fortführen können, wie er sie von der Stiftung desselben an bis in die Mitte des dreyzehnten Jahrhunderts erzählt habe.*) Die Güter und Einkünfte wurden besser erhalten, als die Closterzucht, und Hirschau war zu den Zeiten der Reformation, wo es aufgehoben wurde, ein sehr reiches Closter.

Man kann selbst jezt noch aus dem Umfange der Ruinen auf die Wichtigkeit des zerstörten Closters schließen. Die Mauern und innern Räume, welche diese umfassen, entdecken fast allenthalben die Beschaffenheit und Bestimmung der ausgebrannten Gebäude. Auf dem Boden der alten Prälatur ist eine prächtige Ulme emporgewachsen. Vor einigen Jahren fand man einen Stein, der

---

*) p. 250. 251. 290. 291.

einem Grabſtein ähnlich ſieht, mit dem Bilde des heil. Aurelius, und mit einer Inſchrift, welche ſagt, daß die Gebeine des heil. Aurelius im J. 838 wären beygeſetzt worden. Das Bild des Heiligen iſt meinem Urtheile nach älter, als die Inſchrift, die mir weder im neunten Jahrhundert, wo die Gebeine des Heiligen nach Hirſchau kamen, noch im zehnten, wo ſie aus Furcht vor den Normännern an einem unbekannten Platze der Kirche vergraben, noch aus dem eilften, wo die Gebeine wiedergefunden wurden, gemacht zu ſeyn ſcheint.

Von Hirſchau kehrten wir nach Stuttgart auf demſelbigen Wege zurück, den wir auf der Hinreiſe genommen hatten.

www.ingramcontent.com/pod-product-compliance
Lightning Source LLC
Chambersburg PA
CBHW030401230426
43664CB00007BB/701